Mein Leben

Josiah Flynt

Writat

Diese Ausgabe erschien im Jahr 2024

ISBN: 9789359943992

Herausgegeben von
Writat
E-Mail: info@writat.com

Inhalt

EINFÜHRUNG

ICH

Es scheint lange her zu sein, seit Josiah Flynt zu mir in den Tempel kam, mit einem Empfehlungsschreiben seiner Schwester, die ich im Haus von Freunden in London kennengelernt hatte. Der Kontrast war verblüffend. Ich sah ein kleines, dünnes, weißes, verschrumpeltes Wesen mit entschlossenen Augen und zusammengepressten Lippen, schweigsam und gelassen, still und ruhelos; er musterte mich kritisch, wie mir schien, aus einem Gesicht, das für Verkleidungen präpariert war, aber unter dem ein seltsames Privatleben, zweideutig genug, hervorschaute. Er sprach eine hybride Sprache; er interessierte sich anscheinend nicht für irgendetwas, das mich interessierte. Ich hatte noch nie jemanden dieser Art getroffen, aber ich akzeptierte ihn fast augenblicklich als einen der Menschen, die mir etwas bedeuten sollten. Es gibt diese Menschen im Leben und die anderen; die anderen sind unwichtig.

Die Leute, die mich kannten, wunderten sich, glaube ich, über meine Sympathie für Flynt; seine Freunde wunderten sich, da bin ich mir sicher, dass er mit mir auskam. Trotz all unserer oberflächlichen Unähnlichkeit bestand etwas in uns darauf, dass wir Kameraden waren. Wir fanden heraus, an welchen Stellen unsere unterschwelligen Strömungen zusammenflossen. Wo ich abgetaucht war, war er eingetaucht, und das Ziel, das ich damals zum Ausdruck brachte, nämlich „mit Vagabunden in der Sonne und in der Luft umherzustreifen, die seltsamsten Winkel der Städte zu erkunden, all die nutzlosen, unanständigen und amüsanten Leute kennenzulernen, die allein schon sehr lohnenswert sind", hatte er erreicht. Ich war bereit für genau so einen Gefährten, zögerlich am Rande einer Straße, die er bereist hatte.

Wir unternahmen nicht nur gemeinsame Ausflüge in London, sondern auch kleine Reisen nach Frankreich und Belgien und einen längeren Besuch in Deutschland. All das war für mich unaufhörlich unterhaltsam und eine Art Randbemerkung zu den nicht ganz so ernsten Unternehmungen des „Savoy", aus der Zeit von Beardsley, Conder und Dowson. Flynt passte nie ganz in diese Gruppe, aber er beobachtete sie mit Neugier, als Teil des Materials für seine Lebensstudien.

Ich habe seine freundlichen und scherzhaften Aussagen über mich in diesem Buch gelesen, die im Wesentlichen wahrheitsgetreu genug sind, und es schmerzt mich, daran zu denken, dass ich nie wieder mit ihm ins Crown gehen oder mit ihm in einem Café in Berlin sitzen werde. Dort, in der Embergshalle, fand ich ein Gedicht von mir, das „Emmy" heißt, aber ich ging nicht des „Materials" wegen oder wegen der „Eindrücke und

Empfindungen", von denen er spricht, mit ihm umher, sondern wegen der Dinge selbst; und ich fragte mich, ob er sich dessen bewusst war. Was mich jetzt am meisten freut, ist, wenn er sagt, dass er nie an meine Bücher oder an mich als Literaten dachte, wenn wir zusammen waren. Weil er auf seine Weise so viel mehr war als ein Literat , mochte ich ihn so sehr, und ich sprach gern über intimere Dinge als Bücher mit ihm.

Seine Ideen waren immer seine eigenen und erschienen den meisten Leuten exzentrisch. Er war durch eigene Erfahrungen oder durch Schlussfolgerungen aus den Erfahrungen anderer, die er von innen heraus kennengelernt hatte, zu ihnen gekommen. Sein Geist war stur; man sah es an seinem verbissenen Gesicht, in dem die schmalen Lippen fest zusammengepresst und die Augen starr in die Tiefe gerichtet waren. Er ließ sich durch ein Argument selten aus der Fassung bringen, denn er vermied es, über Dinge zu diskutieren, die er nicht kannte. Ich habe nie erlebt, dass er sich der Schönheit von irgendetwas bewusst war; ich glaube nicht, dass er viel las oder sich für Bücher interessierte. Seine Reden waren im Allgemeinen zynisch, und er glaubte nur wenigen Menschen und wenigen Meinungen.

Flynt hatte keinen Sinn für Stil, und als er versuchte, niederzuschreiben, was er gesehen und was er davon hielt, war das erste Ergebnis zugleich langweilig und formell, das Leben war aus dem, was er so buchstäblich erlebt hatte, verschwunden. Ich war ein scharfer Kritiker und trieb und drängte ihn dazu, in seinem Schreiben natürlich zu sein, so zu schreiben, wie er sprechen würde, auf eine trockene, knappe, oft ironische Art. Beim Schreiben bestand die Gefahr, dass er für die Kunst zu wörtlich und für die Wissenschaft nicht wörtlich genug war. Er war zu sehr in Menschen und Dinge vertieft, um jemals Abstand von ihnen gewinnen zu können; und um gut über das zu schreiben, was man getan und gesehen hat, muss man in der Lage sein, Abstand von sich selbst und von anderen zu gewinnen. Wenn es je einen Mann gab, der das Wandern um seiner selbst willen liebte, dann war es George Borrow; aber George Borrow hatte ein ernstes und launisches Gehirn, das immer am Werk war und die Dinge, die er sah, in Formen verdrehte, die ihm mehr gefielen als die Formen der Dinge an sich. Ich versuchte, Flynt dazu zu bringen, Borrow zu lesen, aber Bücher halfen ihm wenig. Es gelang ihm schließlich, mehr oder weniger direkt zu sagen, was er sagen wollte, aber sein Werk wird ein menschliches Dokument bleiben, das an sich wertvoll ist, hinter dem man aber nur einen Teil des ganzen Menschen erahnen kann. In seinem Kopf steckte viel mehr, seine Empfindungen waren viel subtiler, seine Neugier war seltsamer und seltener, als jemand, der ihn nicht kannte, jemals aus seinen Schriften erkennen wird. Sein Leben war eine wunderbare Erfindung: Er schuf es in Aktion, und die Worte, in denen er es niederschrieb, sind nur eine Art Kommentar oder Fußnote dazu.

Menschliche Neugier: Das war der Hauptbestandteil von Flynts Wesen; und damit ging der Wunsch einher, alles durch Ausprobieren herauszufinden, nicht nur durch Beobachten. Keiner der großen literarischen Wanderer, Borrow oder Stevenson, war wirklich ein geborener Vagabund; keiner hatte auf seinem Weg durch die Welt so wenig Nachdenken. Das Spektakel, das Material, alles, was diesen Künstlern so viel bedeutete, war für ihn nur eine vernachlässigbare Größe, eine äußere Hülle, durch die er hindurch musste. Er besuchte Tolstoi in Russland, wurde in sein Haus aufgenommen und grub in seinem Garten. Er besuchte Ibsen in München. Zu keinem der beiden ging er aus einem anderen Grund als dem, aus dem er zu den Landstreichern und Sträflingen ging: um aus nächster Nähe herauszufinden, was für Menschen sie waren.

Was immer er an Wertvollem geschrieben hat, war die Aufzeichnung persönlicher Erfahrungen, und nach mehreren Büchern, in denen es viel ernsthafte Belehrung sowie äußere Fakten und Abenteuer gibt, endete er mit dieser freimütigen Geschichte über sich selbst, über das, was er über sich selbst wusste, und über den größeren Teil, den er nicht verstand, außer dass er ihn dorthin führte, wo er hin musste. Die Erzählung bricht ab, bevor er Zeit hatte, sie zu beenden, mit dem, was wirklich die Komödie seines Lebens war: der Vagabund, der schließlich ein so unglaublich nützliches Mitglied der Gesellschaft wurde; das Gesetz, das er missachtet hatte, klug genug, ihn zu annektieren; er selbst, klug genug, sich dafür zu entlohnen, dass er das, was er einmal umsonst getan hatte, auf Kosten des Gesetzes noch einmal tat. War es eine Art, sich ein wenig „einzuordnen", und hätte er, wenn die Dinge gut gelaufen wären, die Frage beantwortet, die ich so gerne stellte: Was würde ihm von der Welt bleiben, wenn er alle Wege der Welt abgeschritten hätte? Tatsächlich hatte er nur wenig Nutzen von dem Positionswechsel. Er verdiente mit seiner Arbeit als Detektiv, zuerst bei der Eisenbahn, dann bei der Polizei, mehr Geld als ihm gut tat, und er erlag nun leichter einer Versuchung seines Lebens, ja, es schien ihm nun notwendig. Er hatte eine geerbte Neigung zum Trinken, die er teilweise unterdrückt hatte; nun wurde diese Neigung durch diesen neuen, für ihn so gefährlichen Kontakt wieder geweckt und verstärkte sich dauerhaft. Allmählich glitten ihm die Dinge durch die Hände; die Nachfrage nach Büchern, Artikeln, Vorträgen nahm zu, während seine Fähigkeit, diesen Nachfragen nachzukommen, nachließ. Er hatte Freunde, die zu ihm hielten, solange er es zuließ. Eine von ihnen war die einzige Frau, die ihm außer seiner Mutter und seinen Schwestern jemals ernsthaft etwas bedeutet hatte. Drei Jahre lang war er selten nüchtern, und der Alkohol brachte ihn um. Am Ende schloss er sich in seinem Zimmer im Hotel in Chicago ein, so wie Dowson sich in seiner Unterkunft in den Featherstone Buildings und Lionel Johnson in seinen Zimmern in Gray's Inn einschlossen; wie ein krankes Tier sich in eine einsame Ecke des Waldes zurückzieht, um dort zu sterben.

Josiah Flynt fühlte sich unter einem Dach oder in der Gesellschaft gewöhnlicher Leute nie ganz zu Hause, wo er immer wie jemand wirkte, der widerwillig gefangen und festgehalten wurde. Als Amerikaner, der an einer deutschen Universität studiert hatte und in seiner Kindheit in Berlin aufgewachsen war, hegte er immer eine starke Abneigung gegen die Interessen seiner Mitmenschen und eine instinktive Leidenschaft für alles, was außerhalb der Grenze liegt, die uns auf Ehrbarkeit beschränkt. In der literarischen Revolte gegen Ehrbarkeit steckt viel Affektiertheit, verbunden mit dem Wunsch eines Kindes, seine Älteren zu schockieren und denen, die es angeblich verachtet, einen reißerischen Ruf abzujagen. Mein Freund hatte nie solche Affektiertheiten; das Leben war für ihn keine Maskerade und seine Verkleidungen waren der ernsteste Teil seines Lebens. Tatsache ist, dass ihn Ehrbarkeit, das normale Dasein normaler Menschen, nicht interessierte; er könnte nicht einmal sagen, warum, ohne bewusst nach Gründen zu suchen; er wurde mit der Seele eines Vagabunden in eine Familie sanfter, äußerst kultivierter Menschen hineingeboren: so wurde er geboren, das ist alles. Die menschliche Neugier, die bei den meisten von uns einem bestimmten Zweck untergeordnet ist, existierte in ihm um ihrer selbst willen; sie war sein inneres Leben, er hatte kein anderes; seine Form der Selbstentwicklung, seine Form der Kultur. Es scheint mir, dass dieser Mann, der so viel von der Menschheit gesehen hatte, der die Menschheit so genau gesehen hatte, wo sie am wenigsten in Versuchung ist, etwas anderes als sie selbst zu sein, wirklich eine Kultur erreichte, die in ihrer Art nahezu perfekt war, obwohl diese Art von seiner eigenen Erfindung stammte. Er war kein Künstler, der erschaffen kann; er war kein Denker oder Träumer oder ein Mann der Tat; er war ein Student der Männer und Frauen und der Ausgestoßenen unter Männern und Frauen, gerade jener Menschen, die am wenigsten zugänglich sind, am wenigsten beachtet, am wenigsten verstanden werden und daher für jemanden wie meinen Freund am verlockendsten sind. Er war sich dessen nicht bewusst, aber ich glaube, im Herzen dieser verzehrenden Neugier lag großes Mitleid. Es war seine Liebe zu den Ausgestoßenen, die ihn gern mit Ausgestoßenen zusammenleben ließ, nicht als Besucher in ihrer Mitte, sondern als einer von ihnen.

Denn hier liegt der Unterschied zwischen diesem Mann und den anderen Abenteurern, die sich unter Landstreicher, Kriminelle und andere missverstandene oder unglückliche Menschen begaben. Einige waren Philanthropen und gingen mit der Bibel in der Hand; andere waren Journalisten und gingen mit Notizbüchern in der Hand; alle gingen als Besucher und stürzten sich in das „Bad der Menge", wie man Urlaub an der Küste macht und ins Meer springt. Aber dieser Mann ging, wohin auch immer er ging, mit völliger Hingabe an seine Umgebung; kein Landstreicher hat je erfahren, dass „Cigarette" kein Landstreicher war; er hat gebettelt, gearbeitet, ist außerhalb von Zügen gefahren, hat in Arbeitshäusern und Gefängnissen geschlafen, hat sich keiner der Strapazen seines Lebens entzogen; und die ganze Zeit über hat er sein eigenes Leben (was auch immer dieses Rätsel sein mag!) perfekter gelebt, da bin ich mir sicher, als damals, als er jeden Tag am Tisch seiner Mutter oder seiner Schwester speiste.

Der Wunsch, viele Straßen zu bereisen, und der Wunsch, viele fremde Gesichter zu sehen, sind fast immer in jenem halb unbewussten Instinkt vereint, der einen Menschen zum Vagabunden macht. Aber ich habe noch nie jemanden getroffen, in dem die wahre Liebe zur Straße so stark ist wie in Flynt. Ich erinnere mich, dass ich vor etwa zehn Jahren, als wir uns in St. Petersburg verabredet hatten, bei meiner Ankunft feststellte, dass er bereits auf halbem Weg durch Sibirien war, auf der neuen Eisenbahn, die gerade gebaut wurde. Aber meistens ging er zu Fuß. Wo immer er ging, schloss er Freundschaften; wenn wir zusammen durch London spazierten, gewann er das Vertrauen jedes Seemanns, den wir in den Kneipen rund um die Docks trafen. Er war nicht wählerisch und wagte, wie man so schön sagt, alles. Und er durchlebte jede Art von Entbehrung, ertrug Schmutz, gewöhnte sich an die Gesellschaft aller Arten seiner Mitgeschöpfe, ohne zu murren oder zu bedauern.

Schließlich ist Bequemlichkeit eine Konvention und Vergnügen eine individuelle Sache für jeden Einzelnen. „Reisen heißt, fortwährend zu sterben", schrieb ein halb verrückter Dichter, der die meisten Jahre eines kurzen, fantastischen Lebens in London verbrachte. Nun, das ist eine Zeile, die ich oft wiederholt habe, wenn ich in Bahnhöfen auf der anderen Seite Europas fror oder in einer Koje lag, während der Schaum die Schneeflocken vom Deck verjagte. Man empfindet zweifellos ein besonderes Vergnügen, wenn man auf vergangene Unannehmlichkeiten zurückblickt, und ich bin überzeugt, dass ein Großteil der Anziehungskraft des Reisens darauf zurückzuführen ist, dass man unbewusst den Geist in die Zeit zurückversetzt, in der die unbequeme Gegenwart zu einer bewegenden Erinnerung an die Vergangenheit geworden sein wird. Aber ich spreche jetzt für diejenigen, bei denen ein gewisses Luxustemperament in scharfem Konflikt mit dem Wunsch nach Bewegung steht. Für meinen Freund, denke ich, war dies kaum ein vorstellbarer Geisteszustand. Er war ein Stoiker, wie es der wahre Abenteurer sein sollte. Ruhe, selbst als Abwechslung, gefiel ihm nicht. Er dachte scharf nach, aber nur über Fakten, über die Fakten, die vor ihm lagen; und so brauchte er keine Atmosphäre um sich herum zu schaffen, die durch Veränderungen gestört werden könnte. Er liebte seine Familie, seine Freunde; aber er konnte ohne sie auskommen, wie ein Mann mit einer Mission. Er hatte keine Mission, nur einen großen Durst; und dieser Durst nach der Menschlichkeit jeder Nation und nach den Straßen jedes Landes trieb ihn so unwiderstehlich vorwärts wie der Durst des Trunkenbolds nach Alkohol oder der Durst des Idealisten nach einem Ideal.

Und es scheint mir, dass nur wenige Menschen wie dieser Mann erkannt haben, dass „nicht die Frucht der Erfahrung, sondern die Erfahrung selbst das Ziel ist". Er hat sein Leben selbst gewählt und es gelebt, ohne Rücksicht auf alles andere auf der Welt. Er hat sich seltsame, fast unerreichbare Dinge gewünscht und alles erreicht, was er sich gewünscht hat. Als er einmal mit einem Freund durch die Straßen von New York ging, sagte er plötzlich: „Wissen Sie, ich frage mich, wie es ist, einen Mann zu jagen? Ich weiß, wie es ist, gejagt zu werden, aber einen Mann zu jagen, wäre ein neues Gefühl." Der andere Mann lachte und dachte nicht weiter darüber nach. Eine Woche später kam Flynt mit einem offiziellen Dokument zu ihm; er war zum Privatdetektiv ernannt worden. Er war auf die Spur eines berühmten Verbrechers gesetzt (den er zufällig als Landstreicher gekannt hatte); er machte seine Pläne, führte sie erfolgreich aus und der Verbrecher wurde gefasst. Es getan zu haben, war genug: Er hatte das Gefühl gehabt; er hatte in diesem Moment keine Notwendigkeit, noch mehr als Detektiv zu arbeiten. Liegt in dieser Neugier in Aktion, in diesem gemeisterten und dann wieder aufgegebenen Spiel nicht eine wunderbare Schnelligkeit, Sicherheit, eine moralische Qualität, die selbst schon Erfolg im Leben ist?

So viel zu begehren und so etwas Menschliches; sein Leben allein dadurch zu gestalten, dass man es so lebt, wie man es will; aus Unzufriedenheit und Neugier eine einzigartige persönliche Befriedigung zu schöpfen; so sehr man selbst zu sein, indem man so viel von anderen lernt: Ist das nicht auf seine Art ein Ideal, und hat dieser Mann es nicht erreicht? Er hatte die Seele und die Füße eines Vagabunden. Er kümmerte sich leidenschaftlich um Männer und Frauen, wo sie am lebendigsten sie selbst sind, weil sie nicht länger Teil der Gesellschaft sind. Er wanderte durch weite Teile der Erde, aber er interessierte sich nicht für die Schönheit oder Fremdartigkeit dessen, was er sah, sondern nur für die Menschen. Als er mir einmal aus Samarkand schrieb, sagte er: „Ich habe das Grab des Propheten Daniel gesehen; ich habe das Grab von Tamerlane gesehen ." Aber Tamerlane bedeutete ihm nichts, der Prophet Daniel bedeutete ihm nichts. Er erwähnte sie nur, weil sie mich interessieren würden. Er versuchte, die Psychologie des persischen Bettlers zu enträtseln und zusammenzusetzen, den er an der Wegecke zurückgelassen hatte.

ARTHUR SYMONS .

VORWORT

Ich hoffe, dieses Buch erklärt sich in vielerlei Hinsicht von selbst, und ein einleitender Portikus erscheint fast überflüssig. Generell finde ich solche Nachträge geschmacklos; sie wirken wie eine Entschuldigung für das, was der Autor später zu bieten hat. Dem Gebäude, das ich jetzt errichtet habe, wäre kein Portikus beigefügt, wenn es nicht zwei Punkte gäbe, die ich klarstellen möchte und die ich im eigentlichen Bericht nicht ausreichend zu meiner Zufriedenheit getan habe.

Zunächst muss man fairerweise gleich zu Beginn feststellen, dass eine Autobiographie von einem Mann unter vierzig eine, gelinde gesagt, unkonventionelle Leistung ist, die einer Erklärung bedarf. Ich glaube jedoch, dass es kein Geringerer als Goethe war, der die Bemerkung wagte, dass das, was ein Mann tun wird, das wert ist, was er vor seinem dreißigsten Geburtstag tut. Goethes eigenes Leben widerlegt diese Aussage, aber in ihrer Suggestivität steckt ein Körnchen Wahrheit. In meinem Fall steckt in der Bemerkung viel mehr als nur ein Körnchen Wahrheit. Was ich als leidenschaftlicher Erforscher der *Ferne* – des ewig verschwindenden Jenseits – tun werde, ist, soweit es die Unterwelt betrifft, für alle Zeiten getan. Das Spiel ist vorbei und der Geber zieht sich zurück. Mein totes Selbst lege ich hiermit beiseite und beginne von neuem mit einer neuen Welt. Das alte Selbst starb schwer. Ich kann seine Knochen noch immer klappern hören. Aber es kam eine Zeit, in der es gehen musste, und jetzt, da ich weiß, dass es wirklich und wahrhaftig weg ist, sodass ich beispielsweise morgen früh, um Frieden und Zufriedenheit für den Tag zu finden, nicht meinen Stab nehmen und nervös dieselben Mätzchen und Suchen wie früher durchmachen muss, überkommt mich eine süße Befriedigung und ich bin froh, am Leben zu sein. Dieses Buch beendet jedenfalls vorläufig alles, was ich bisher über die Unterwelt geschrieben habe, und fasst zusammen, was ich während meiner Wanderungen gewonnen und verloren habe.

Den zweiten Punkt, der geklärt werden muss, möchte ich fragend stellen: War es der Mühe wert, die Geschichte zu erzählen, nachdem man das Leben gelebt, es beendet und sich auf neue, grüne Weiden begeben hatte? Benvenuto Cellini, dieser heitere Romanschriftsteller, erklärt, dass ein Mann, der mit vierzig Jahren etwas Wertvolles und Wichtiges geleistet hat, berechtigt ist, seine Heldentaten niederzuschreiben, dass er tatsächlich moralisch dazu verpflichtet ist, wenn er seinen Kopf unter seinen Mitmenschen hochhalten will. Fast vierzig Jahre lang jagte ich dem Jenseits nach – dieser nebligen und schlüpfrigen Zauberin, die dem Wanderer immer weiterwinkt, ihn jedoch nie zufriedenstellt und sich erst nach langen Jahren der Bekanntschaft in ihrem wahren, trügerischen Gesicht zeigt. Viele Reisende der Oberwelt, die hypnotisiert waren wie ich, jagen dieser Jagd nach, aber ich bin notgedrungen in dieser seltsamen Unterwelt, aus der so viele Entdecker nie zurückkehren. Dies ist meiner Meinung nach erzählenswert. Ich habe die Geschichte so einfach und direkt wie möglich gemacht. Möge derjenige, der es liest, – falls die Zauberin vielleicht auch ihn in Versuchung führt – an einem besseren Ideal festhalten, auch wenn sein Leben eng ist und seine Aufgabe darin besteht, eine ermüdende Routine zu erfüllen.

KAPITEL I

FRÜHESTE ERINNERUNGEN

Meine alte Amme erzählte mir einmal, dass ich mit einer „Kapuze" auf die Welt gekommen sei, die ich schnell abnehmen musste, sonst wäre ich dort geblieben und hätte mich als Prophetin erwiesen. Warum Blindheit bei der Geburt eine Voraussetzung für außergewöhnliche Sehkraft, sei sie geistiger oder anderer Art, später sein sollte, ist nicht klar. Eine solche Sehkraft wurde mir nie gewährt; im Gegenteil, wie meine Geschichte zeigen wird, blieb diese frühe Blindheit in der einen oder anderen Form während meiner gesamten Suche nach *Die Ferne bestehen* .

Meine allererste Erinnerung ist eine Flucht, die mit der Inhaftierung im Dorf endete. Obwohl meine Mutter erklärt, dass ich mindestens fünf Jahre alt war, als das passierte, habe ich immer geglaubt, dass ich eher vier war; jedenfalls erinnere ich mich, dass ich Kleider trug. Die Umstände des Schulschwänzens und der Inhaftierung waren folgende: Meine Eltern waren für den Tag in der Nachbarstadt und ich war mit der Kinderfrau zu Hause geblieben. Sie hatte mich für ein kleines Vergehen ziemlich streng bestraft und war dann zum See gegangen, um Wasser zu holen, und hatte mich sehr beunruhigt in einer Gasse vor dem Haus zurückgelassen. Ein plötzlicher Impuls zu rennen überkam mich – egal wohin, solange die Kinderfrau mich nicht finden konnte. Also rannte ich los zur Hauptstraße des Dorfes, mein kleines weißes Höschen baumelte hinter mir her. Das war mein erster bewusster und entschlossener Versuch, die Welt auf meine eigene Weise und nach meinem eigenen Ermessen zu sehen. Es war der Beginn dieser langen Reihe von Fluchtausflügen, die mein Leben seitdem gesegnet oder verdorben haben. Kein Kind hat je ein größeres Maß ungetrübter Freude in seiner Seele verspürt als ich, als ich jene Dorfstraße entlangraste, und kein späterer Streich hat mir je eine so große Befriedigung verschafft.

Auf der Hauptstraße hielt mich der Dorfpolizist an, und als er erfuhr, wer ich war, brachte er mich zur Sicherheit ins Gefängnis, bis meine Eltern am Abend zurückkamen. Ich wurde nicht wirklich in eine Zelle gesteckt – das Gefängnis war Feuerwache und Dorfgefängnis in einem, und ich hatte die Freiheit des sogenannten Maschinenraums. Ich erinnere mich, dass ich die meiste Zeit damit verbrachte, an einem Bonbon zu lutschen und die Feuerlöschgeräte zu bestaunen. Trotzdem war es eine Art Gefängnis, und das wusste ich. Es war die einzige Strafe, die ich erhielt. Meine Eltern holten mich am Abend ab, anscheinend sehr amüsiert. Hätte mein Vater ahnen können, was dieses anfängliche Schulschwänzen zur Folge hatte, hätte ich wahrscheinlich eine seiner Prügel bekommen, aber glücklicherweise war er in der Stimmung, es mit Humor zu betrachten.

Mein Vater starb im frühen Alter von 42 Jahren, als ich acht Jahre alt war (1877). Er war ein großer, schlanker Mann, geschmeidig, nervös und hatte einen langen braunen Bart, der mich immer beeindruckte, wenn ich ihn ansah. Er war Chefredakteur einer Chicagoer Tageszeitung, die sechs Monate nach seinem Tod eingestellt wurde. Ich habe gehört , dass er der einzige Mann war, der die Zeitung zum Erfolg hätte führen können, und der Versuch, dies zu tun, hat ihn wahrscheinlich erschöpft. Er hatte mit verschiedenen Tätigkeiten experimentiert, bevor er die Stelle bei der Zeitung annahm, aber er dachte, dass er endlich seine Lebensaufgabe gefunden hatte, als er Redakteur wurde. Im letzten Jahr seines Lebens interessierte er sich sehr für kirchliche Angelegenheiten. Er stammte aus gutem Neuengland, sein amerikanischer Vorfahre half bei der Gründung der Stadt Concord in Massachusetts.

Ich habe oft gehört, dass mein Vater ein brillanter Mann mit einem bemerkenswerten Sinn für Humor war. Er beglückte mich nicht sehr oft mit seiner humorvollen Seite, aber ich erinnere mich an einen lustigen Vorfall, bei dem er uns allen Kindern eine Seite seines Charakters offenbarte, über die meine Mutter wahrscheinlich viel mehr wusste. Obwohl mein Vater das alte braune Haus frühmorgens verlassen musste, um seinen üblichen Zug in die Stadt zu erreichen, bestand er strikt darauf, vor der Abreise Familiengebete zu halten. Diese Gebete bedeuteten mir nicht viel, was auch immer sie für ihn bedeutet haben mögen, aber es gab einen Morgen, an dem sie mir Freude machten. Meine alte Katze hatte über Nacht einen Wurf Kätzchen zur Welt gebracht und sie zur Gebetszeit auf Vaters Stuhl abgelegt. Er bemerkte sie nicht, nahm die Bibel und setzte sich hin. Es folgte viel Miauen und Spucken. „Verdammt seien die Katzen!", rief mein Vater, sprang auf, nahm einen anderen Stuhl und setzte dann mit den Gebeten fort. Ich lachte den ganzen Tag über dieses Ereignis, und mein Vater zeigte sich mir nie wieder in solch menschlicher Gestalt.

Vielleicht war meine ältere Schwester sein Lieblingskind, falls er überhaupt welche hatte. Ob sie ihn besser verstand als wir anderen, kann ich nicht sagen, aber ich hatte den Eindruck, dass sie ihn nur sehr selten auspeitschte. Ihre Fähigkeit, ihn aus einer strafenden Stimmung herauszuholen, wird durch den folgenden Vorfall gut veranschaulicht.

Soweit ich mich erinnere, hatte ihn etwas, das sie getan hatte, geärgert, und sie sollte auf faire Weise bestraft werden – tatsächlich „gewalzt", da mein Vater nicht gewillt war, bei der Prügelstrafe für Kinder zwischen den Geschlechtern zu unterscheiden. Meine Schwester hatte eine Eingebung, wie wir es damals nannten – sie kletterte auf den Schoß ihres Vaters, streichelte sanft sein fast glattes Haar und sagte leise: „Was hast du für schöne, lockige

Locken, Papa!" Die Unstimmigkeit ihrer Bemerkung brachte ihn zum Lächeln, und als er diesen Rubikon in seinen Straflaunen einmal überschritten hatte, wurde er freundlich. Ich war bei Interviews mit dieser Person nie so klug wie meine Schwester. Welcher Junge ist so klug wie seine Schwester, wenn es ums Schauspielern geht?

Als mein Vater starb, ging der Kampf ums Überleben für uns Kinder auf meine Mutter über. Mein Vater hinterließ nur sehr wenig Geld und meine Mutter musste gleichzeitig Mutter und Ernährerin sein. Ich werde nicht näher auf ihre verschiedenen Aktivitäten eingehen, um die Familie zusammenzuhalten, aber sie tat dies fast zehn Jahre lang auf höchst ehrenhafte und nützliche Weise und ging dann mit den beiden Mädchen nach Deutschland, um dort der Erziehungsarbeit nachzugehen. Kein Mann hat jemals einen tapfereren Kampf gegen furchtbare Widrigkeiten geführt als meine Mutter, und wenn ich an meine fast unaufhörliche Boshaftigkeit während ihres Kampfes denke, überkommt mich eine Reue, die ich am besten nicht beschreiben kann. Wir blieben während der betreffenden zehn Jahre im Dorf und ich wuchs zu einem jungen Mann heran, der schon fast im Teenageralter war, aber nie wie ein Teenager aussah, und das tue ich auch heute nicht, trotz des harten Lebens, das ich geführt habe, und der vielen Tage und Nächte, die ich in Krankenhäusern verbracht habe. Das soll nicht heißen, dass ich meine Eitelkeit verhätschelt. Ich meine nur, dass ich von meinen Eltern eine wunderbare Konstitution geerbt habe. Ich glaube kaum, dass der Durchschnittsmensch es so gut überstanden hätte, wenn er seine Gesundheit so riskiert hätte wie ich.

Unser Dorf, das sich inzwischen zu einem der schönsten und angesagtesten Vororte Chicagos entwickelt hat – ich denke manchmal, es ist der bezauberndste Ort in der Nähe einer Großstadt, soweit es die Natur allein betrifft – war für einen Wanderer meines Kalibers ein seltsamer Ort, um dort aufzuwachsen. Ursprünglich von robusten Neuenglandern und Einwohnern des zentralen New York besiedelt, wurde es schon früh zu einer westlichen Hochburg des Methodismus. Meine Leute auf beiden Seiten waren frühe Ankömmlinge, der Vater meiner Mutter war Theologieprofessor am örtlichen theologischen Institut. Die Leute meines Vaters neigten, glaube ich, zum Kongregationalismus, aber sie änderten ihre Meinung, und als ich meine Großmutter kennenlernte, war sie eine eifrige Kommuniongängerin der Methodisten. So viel Kirchenunterricht, wie ich ertragen konnte, fand ich auch in dieser Gemeinschaft – oder soll ich sagen, Partei? Vor einigen Jahren sagte ein ehemaliger Gouverneur von Colorado dem US-Minister in Berlin nette Dinge über meine Mutter, und um sein Argument zu untermauern, warum der Minister auf meine Mutter aufpassen sollte, sagte der Ex-Gouverneur: „Und, Mr. Phelps, sie gehört der größten politischen Partei unseres Landes an – der Methodistenkirche!" Es hat mich nie besonders interessiert, in die Maschinerie der Kirche hineinzuschauen – ich hatte eine scheinbar viel wichtigere und verführerischere Aufgabe, nämlich die Planung und Durchführung meiner Ausreißerreisen –, aber in späteren Jahren muss ich gestehen, dass mich die Ähnlichkeiten zwischen dem Methodismus als religiöser Politik und der Politik als Geschäft beeindruckt haben. Der Methodismus, einfach als religiöse Organisation betrachtet, sollte von jemandem beschrieben werden, der ihn unvoreingenommen studieren kann. Der Kampf um die hohen Ämter in der Kirche auf Konferenzen ähnelt beklagenswert dem auf politischen Versammlungen. Männer, die Bischöfe werden wollen, ziehen Fäden und sichern sich Unterstützer auf fast dieselbe Art und Weise, wie Amtsanwärter auf Versammlungen ihre Vorbereitungen treffen, und die fetten Posten im Ministerium sind von aufstrebenden Predigern ebenso ernsthaft begehrt wie politische Ämter im ganzen Land. Vielleicht ist das in Ordnung; sicher haben die Methodisten, wenn Zahlen, Kirchen und Konvertiten zählen, Großartiges geleistet; aber den Methodismus als religiöse Sekte musste ich ignorieren.

Die guten Dorfbewohner versuchten unzählige Male, mich zu „bekehren", und offiziell habe ich diese Vorstellung mehrmals mitgemacht. Seltsamerweise war mir nach fast jeder meiner früheren Fluchtreisen und meiner bescheidenen Rückkehr ins Dorf , zerzaust und zerrissen, ein Erweckungsprediger vorausgegangen und hielt in großem Stil Vorträge im „Old First", wo meine Leute die Kommunion feierten. Meine Großmutter, die Mutter meines Vaters, bestand ausnahmslos darauf, dass ich die Erweckungsgottesdienste besuchte, in der Hoffnung, dass ich schließlich zur Vernunft kommen und wirklich „religiös werden" würde. Um zu zeigen, dass es mir leid tat, dass ich meiner Mutter bei meinem letzten Ausflug Angst gemacht hatte, befolgte ich den Rat meiner Großmutter und schloss mich den Trauernden am Gnadenstuhl an. Zwei oder drei Besuche genügten normalerweise, um eine Veränderung in mir zu bewirken, und ich streckte denen, die eine Bekehrung wünschten, die Hand entgegen. Ich war dabei nicht unaufrichtig, ganz im Gegenteil. Es kam von Nervosität und dem Wunsch, nach Hause zu gehen und ehrlich sagen zu können, dass ich mein Verhalten ändern wollte. Ich werde nie vergessen, wie ich das letzte Mal bei einem dieser Treffen versuchte, göttliche Gnade und Heilung zu erlangen. Der vorangegangene Ausflug war erbärmlich schlimm gewesen, und es lag ganz an mir, dafür auf nicht unmissverständliche Weise zu büßen. Die Verwandten sahen mich alle schief an, und die Nachbarn ermahnten ihre Kinder noch ausdrücklicher als sonst, sich von meiner Gesellschaft fernzuhalten. Tatsächlich wurde ich auf einen Schlag zum „bösen Jungen" des Dorfes, und ich kam nie wirklich über diese Bezeichnung hinweg. Ich habe gute methodistische Mütter sagen hören, wenn ich auf der Straße vorbeiging: „Da geht dieser schreckliche Flynt-Junge", und ich betrachtete mich selbst als den Außenseiter des Ortes. In späteren Jahren hat sich meine

Einstellung gegenüber Leuten, die mich kritisieren und beschimpfen, erheblich geändert, aber zu der fraglichen Zeit war ich vom Temperament her ein schüchterner, verschämter Junge, und die unbarmherzigen Bemerkungen der methodistischen Mütter – die methodistischen Väter diskutierten meinen „Fall" ebenfalls ziemlich wortreich – hinterließen Narben in meiner Seele, die noch immer da sind. Die Wahrheit ist, dass ich von Natur aus nicht so schlecht war, wie mein ständiges Weglaufen und gelegentliches Stehlen zu implizieren schien. Ich war einfach ein gewöhnlicher Junge mit einem außergewöhnlichen Drang zum Herumwandern, der mich, wenn ich das „Gehfieber" hatte, in seltsame Gegenden und zu seltsamen Abenteuern schickte, bevor irgendjemand Zeit hatte, zu merken, dass ich einen meiner Wutanfälle hatte. Der Anfall kam so plötzlich, dass ich weg war, bevor ich selbst vollständig begriffen hatte, dass ich einen meiner periodischen Anfälle hatte.

Aber um noch einmal kurz auf diese letzte Erweckung und meine letzte „Bekehrung" zurückzukommen. „Josiah", sagte meine Großmutter, „heute Abend hält ein guter Mann in der Kirche eine Rede. Geh doch hin und hol dir Gutes von ihm." Ich war bereit, alles zu tun, um die kritischen Blicke des Dorfes abzuwehren, und an diesem Abend gab ich mich angeblich völlig geschlagen und erklärte mich für immer „bekehrt". Ob der „gute Mann" mich zu all dem hypnotisiert hatte, ob ich meine Bekehrung bewusst aus selbstsüchtigen Motiven öffentlich erklärte oder ob es alles aufrichtig und aufrichtig war, kann ich heute nicht mehr sagen. Wahrscheinlich waren damals alle drei Kräfte am Werk. Ein pensionierter Hauptmann der Armee, der selbst erst seit wenigen Monaten bekehrt war, trug meinen Namen in sein Buch unter denen ein, die einen Sinneswandel erlebt hatten. „Josiah, diesmal meinst du es ernst, nicht wahr?", fragte er, und ich sagte „Ja". Ich verließ die Kirche in einem warmen Glühen und fühlte mich von Sünden gereinigt wie nie zuvor. Ein paar Wochen später brach ich zu einer weiteren *Wanderlust*-Erkundungsreise auf.

In solchen Fällen ist es schade, dass die Wanderungen des Schulschwänzers nicht gelenkt werden können, wenn er wandern muss. In meinem Fall gab es offensichtlich keinen Zweifel daran, dass ich den Nomadeninstinkt in einem abnormalen Ausmaß besaß. Prügel konnten ihn nicht heilen, mich ohne Kleidung in meinem Zimmer einzusperren machte den nächsten Anfall nur noch schwerer zu widerstehen, und moralische Überredung verpuffte wie ein Pfannkuchen. Wiederbelebungen und Bekehrungen waren lediglich dazu da, mich vorübergehend wieder in die Gunst meiner Großmutter zu bringen. Die Aussichten, die vor mir lagen, waren für meine Mutter in der Tat düster, und doch habe ich, wie ich aus dem, was sie mir in späteren Jahren erzählte, zu glauben gelernt habe, wahrscheinlich einige meiner Wanderlust von ihr geerbt. Es gab eine Zeit in ihrem Leben, habe ich sie sagen hören, als das bloße entfernte Pfeifen eines Eisenbahnzuges ihre Wanderinstinkte kribbeln ließ und nur ein Pflichtgefühl und eine feine Selbstbeherrschung sie zurückhielten. Dieser Ruf *der Ferne*, wie die Deutschen ihn nennen, diese fast unerklärliche Sympathie für die geringste Anziehung oder Versuchung, mich ins Jenseits zu versetzen – die Welt außerhalb meiner engen dörflichen Welt – war mein Problem seit meiner Kindheit bis vor relativ wenigen Jahren. Die Sehnsucht zu gehen überkam mich manchmal ohne Vorwarnung mitten in der Nacht und stahl sich in verschiedenen Verkleidungen in mein Bewusstsein, während die Jahre vergingen und die Leidenschaft neue Anreize brauchte, um aktiv und wachsam zu werden. Am Anfang genügte eine plötzliche Wendung der Vorstellungskraft, um mich in die Welt zu schicken, und ich war mindestens eine Woche lang ohne Erlaubnis oder Urlaub unterwegs und wurde normalerweise im Haus von Verwandten in Nordwisconsin erzogen. Sie bewirteten mich eine Zeit lang, und dann wurde ich zurück ins Dorf geschickt, um auf einen weiteren Anfall zu warten. Auf einer dieser Rückreisen reiste ich mit einem der ungewöhnlichsten Eisenbahnpässe, die ich je kannte. Der Verwandte, der normalerweise die Rückreise ins Dorf beaufsichtigte, war ein Redakteur, der in seiner Gegend und bei den Eisenbahnern auf der Straße wohlbekannt war. Bei einem seiner letzten Besuche bei ihm zu Hause beschloss er, mir das Geld für die Fahrkarte nicht anzuvertrauen, sondern mir eine persönliche Nachricht für den Schaffner zu hinterlassen, was er auch tat. Darin stand: „Dies ist ein Ausreißer. Bitte geben Sie ihn an —— weiter und kassieren Sie bei Ihrer Rückkehr das Fahrgeld von mir." Diese Nachricht war damals genauso nützlich wie jede *echte* Jahreskarte oder andere, die ich in späteren Jahren besaß und benutzte.

Als ich in meinen Teenagerjahren war und mit meinen Schulbüchern beschäftigt war, brauchte ich natürlich eine andere Art von Reiz, um mich auf eine Reise zu schicken, als den einfachen Ruf der Eisenbahn, der mir in den früheren Jahren genügt hatte. Für längere oder kürzere Zeiträume, je nach meinem Temperament, interessierte ich mich definitiv für meine Bücher und versuchte, mich zu benehmen, schon allein meiner Mutter zuliebe. Ich wusste nur zu gut, dass mein Versagen ihr viel Angst und Sorge bereitete, und wochenlang wehrte ich mich ehrlich gegen alle Appelle, mich zu verziehen. Dann, ohne Vorwarnung, entfachte in mir die bloße Lektüre einer Biografie eines Selfmademan, der sich unabhängig durch die Welt gekämpft hatte, etwa von meinem Alter an bis vielleicht zur Präsidentschaft, den Wunsch, dasselbe in einer weit entfernten Gemeinde zu tun, wo es die konventionelle Akademie und die damit verbundenen Hilfsmittel für Ruhm und Reichtum gab. In unserem Dorf gab es eine Akademie, die ich besuchte, doch der Reiz, woanders hinzugehen, war mit dem Bild der Unabhängigkeit, der Nachtarbeit und der Arbeit, die ich für meinen Lebensunterhalt aufbringen konnte, verbunden, das mich faszinierte. In einem Alter, in dem die meisten Jungen ihre Lust am Herumwandern verloren haben, wollte ich heimlich aufbrechen und, so hoffte ich, eines Tages als Berühmtheit zurückkehren.

Einer meiner letzten Ausflüge, die ich mit der Absicht unternahm, mich geschäftlich oder akademisch unabhängig zu machen, ist der Beschreibung wert. Seit einigen Tagen hatte es in meinem Haushalt erhebliche Reibereien gegeben, und ich plante mit dem Sohn eines benachbarten Bankiers, in unbekannte Gegenden aufzubrechen. Ich war damals der stolze Besitzer von zwei Kühen und lieferte meiner Mutter und einigen Nachbarn Milch zu einem vereinbarten Preis. Ich hatte die Kühe vom Milchgeld bezahlen können, und meine Mutter erkannte offen an, dass die Kühe mein Eigentum waren. Der Sohn des Bankiers war ebenfalls von den irritierenden Reibereien in seiner Familie betroffen – er war erheblich älter und größer als ich. Wir steckten die Köpfe zusammen und beschlossen, nach Westen zu gehen – wo im Westen war unerheblich, aber wir wollten unbedingt in Richtung Sonnenuntergang reisen. Mein Begleiter bei diesem seltsamen Unterfangen hatte nicht so viel Eigentum wie ich, um die Reise zu finanzieren, aber er war der stolze Besitzer von fünf Windhunden von gewissem Wert, mehreren Gewehren und einem Sattel. Wir suchten im Dorf nach einem Pferdewagen, der uns transportieren würde, und feilschten schließlich mit einem jungen Mann, der ein armes, halb verhungertes, saueres Tier und einen klapprigen Karren besaß. Ich gab ihm meine beiden Kühe im Tausch gegen seine Ausrüstung, ein Geschäft, das ihm locker fünfzig Prozent Gewinn einbrachte . Der Karren war beladen, unsere Ausrüstung war die seltsamste Expedition, die je in den unsterblichen Westen gestartet war. Die Mündungen der Gewehre ragten unter der Plane an den Seiten hervor, die fünf Hunde schnüffelten unruhig am Karren, und das sterbende Ross legte in völligem Entsetzen die Ohren zurück. Auf diese Weise brachen wir an einem hellen Frühlingsnachmittag, unsere Herzen klopfend vor Aufregung, zu unserer Don Quijote-Reise auf und wählten Chicago als unser erstes Ziel. Wir erreichten diese zwölf Meilen entfernte Stadt nach vier Reisetagen und einer Reihe von Unfällen mit Karren und Pferd. Es war ein Sonntagmorgen, und wir hatten es irgendwie geschafft, gegen Kirchgangszeit den eleganten Boulevard Michigan Avenue zu erreichen. Unser Outfit bereitete den Leuten auf der Straße so viel peinliche Belustigung, dass wir stadteinwärts abbogen, um den Bahnhof zu finden, von dem aus die C. B. & Q. R. R. ihre Züge Richtung Westen abfahren ließ . Wir wussten nicht, wie wir anders nach Westen kommen sollten, als diesen Gleisen zu folgen, da ich auf ihnen schon bis Iowa gefahren war. Wir kamen zu Fall und blieben in der Madison Street stehen. Ich fuhr, und mein Begleiter ging auf dem Bürgersteig. Plötzlich und ohne Vorwarnung winkte ein elegant gekleideter Mann meinen Begleiter ab und fragte ihn, ob er so und so heiße, wobei er den richtigen Namen des jungen Mannes nannte. Letzterer „erkannte den Mais", wie er es mir später gegenüber ausdrückte, und ich wurde aufgefordert, an den Bordstein zu fahren, wo ich erfuhr, dass der adrette Fremde niemand anderes als ein Pinkerton-Agent war. Unsere Reise Richtung Westen wurde auf der Stelle im Keim erstickt. Der Wagen wurde zu einem Stall gefahren und wir Jungen wurden in die Pinkerton-Büros gebracht, wo ich den Tag ziemlich allein verbrachte, außer als einer der Pinkertons, ich glaube, es war, mir einen Vortrag über die Schrecken und Tücken des Westens hielt und mich ermahnte, mich zu bessern und zu Hause zu bleiben. Unser Pferd erlag bald nach der Rückgabe an seinen ursprünglichen Besitzer seinem Irrenhausverhalten und meine Kühe bekamen wir auf dem Rechtsweg zurück.

Später empfahl ihr ein guter alter Major, ein Freund meiner Mutter, mich ganz normal in den Westen zu schicken und mich selbst davon überzeugen zu lassen. „Ein bisschen harte Arbeit bringt ihn vielleicht zur Vernunft“, sagte der Major, und ich wurde in eine winzige Gemeinde im Westen Nebraskas verfrachtet, die aus einem Dorfladen von der Größe eines großen Holzschuppens und vier Grassodenhütten bestand. Ein älterer Bruder war mir hier vorausgegangen und hatte in einem Brief den Rat erhalten, nach meiner Ankunft Ausschau zu halten. Ich werde nie den kummervollen Ausdruck auf seinem Gesicht vergessen, als ich von der schneebedeckten Kutsche glitt und „Hallo“ sagte. Er hatte den Ratsbrief meiner Mutter noch nicht erhalten. „ *Sie* hier?“, stöhnte er und führte mich in eines der Grassodenhäuser. Ich erklärte ihm die Sache, und er fand sich mit meiner Anwesenheit ab, aber ich fühlte mich nie wirklich willkommen und war nach sechs Wochen wieder zu Hause, gedemütigt und desillusioniert vom Westen.

Ich muss gestehen, dass ich nach diesem Misserfolg im Westen noch weitere Reisen auf der Flucht unternommen habe, aber ich hatte immer das Gefühl, dass dieses Unterfangen meine Wanderkrankheit ebenso sehr heilte wie alles andere. Groschenromane hatten bald keinen Reiz mehr für mich, und die Heimat wurde immer verlockender. Trotz alledem und trotz einiger männlicher Bemühungen, das Richtige zu tun, lag meine längste und traurigste Zeit des Verschwindens von Zuhause und Freunden noch vor mir. Das gehört in einen anderen Abschnitt des Buches, aber ich kann hier sagen, dass es die Reisen auf der Flucht für immer beendete. Die folgenden Reisen mögen durch den Ruf der *Ferne veranlasst worden sein* , aber sie waren ehrlich und regelmäßig.

Woher kam nun diese seltsame Leidenschaft, denn sie war eine, die in abgeschwächter Form wahrscheinlich bei allen Jungen und einigen Mädchen zu finden war, aber bei mir nur selten vorhanden war? Meine Diebstähle und meine Neigung, die Wahrheit zu verdrehen, wenn eine Strafe in Sicht war, erkläre ich hauptsächlich den elenden Schlägen meines Vaters. Eine Strafe irgendeiner Art schien mich zu erwarten, egal wie gering das Vergehen auch war, und ich dachte mir wahrscheinlich, wie ich oben angedeutet habe, dass es sich lohnte, wenn ich schon „Schläge" ertragen musste, dafür etwas zu bekommen, das ich brauchte oder wollte. Meine Mutter erklärt meine Diebstähle und Lügen sehr wohlwollend mit der Begründung, dass die materiellen Verhältnisse der Familie kurz vor meiner Geburt ziemlich beengt waren und dass dieser Zustand durch sie auf mich zurückgewirkt haben könnte und meine unerlaubte Habgier hervorgerufen hat.

Aber woher kam diese unersättliche *Wanderlust*, diese schnelle Reaktion auf den leisesten Ruf des verführerischen Jenseits, diese Vagabundengewohnheit, die meiner Mutter so viel Schmerz und Kummer bereitete ? Es war eine traurige Heimkehr für meine Mutter, wenn mich das Fieber wieder fortgetrieben hatte. *Sie* kam erschöpft ins Haus und fragte die Gouvernante nach Neuigkeiten über die Kinder. Diese erstattete täglich Bericht und erwähnte mich nicht. „Und Josiah", pflegte meine Mutter zu sagen, „ wo ist er?" „Weg!", jammerte die arme Gouvernante, und meine Mutter musste am nächsten Tag schweren Herzens ihren Pflichten nachgehen. Warum war ich nun in dieser Angelegenheit so pervers und stur, wenn ich selbst, nachdem das Fieber abgeklungen war, nach jeder Reise echte Reue empfand? Selbst heute, nach Jahren des Grübelns über den Fall, kann ich nur Vermutungen anstellen. Ich habe angedeutet, dass ich die Liebe zum Unterwegssein wahrscheinlich von meiner Mutter geerbt habe, aber sie konnte ihre Reiselust kontrollieren. Jahrelang war ich ein hilfloses Opfer der Launen der *Wanderlust*. Alles, was ich zur Lösung des Problems entwickeln konnte, ist Folgendes: Angesichts der angeborenen Reiselust, meines Lebens mit meinen eigenen Gedanken, meiner manchmal schmerzhaften Schüchternheit und Furcht und meiner Fantasie, die alle paar Monate buchstäblich mit mir selbst durchging, war ich ein Opfer meiner eigenen Persönlichkeit. Das ist alles, was ich zur Erklärung anbieten kann. Ich habe noch nie einen Jungen oder Mann getroffen, der so stark darunter litt wie ich.

KAPITEL II

JUGENDLICHE TAGE IN EVANSTON

Das westliche Dorf, in dem ich aufwuchs und mit so vielen Versuchungen und Sünden kämpfte, verdient ein eigenes Kapitel. Zweifellos gibt es einige sehr gute Beschreibungen kleiner Gemeinden im Mittleren Westen vor 25 und 30 Jahren, aber ich bin noch keiner begegnet, die die Atmosphäre und die allgemeine Zusammensetzung meines Dorfes am Westufer des Michigansees ganz treffend wiedergibt. Doch gab es wahrscheinlich viele andere Siedlungen mit sehr ähnlicher Struktur und Atmosphäre in ganz Illinois und Südwisconsin, bevölkert von robusten Neuenglandern und erfüllt mit Neuenglandgefühl.

Wie ich bereits sagte, unterschied sich mein Dorf von anderen nahegelegenen Gemeinden gleicher Größe, weil die Methodisten es zu einer ihrer westlichen Hochburgen erwählt hatten. Der Ort stand in sehr ausgeprägten Umrissen für Bildung, Kultur und Religion in sektiererischer Form, und schon in meiner Kindheit wurde er das Athen des Westens genannt, oder jedenfalls eines davon. Heute gibt es aus Höflichkeit so viele, dass es schwer ist, sie alle im Auge zu behalten.

Das Dorf meiner Kindheit war für mich im Norden durch einen Leuchtturm und ein Wasserwerk begrenzt und im Süden durch die Hauptstraße oder den „Laden"-Bereich. Im Osten lag der See und im Westen der „Ridge", eine abfallende Anhöhe, auf der die besonders „reichen" Leute lebten. Das war die ganze Welt für mich bis zu meinem sechsten oder siebten Lebensjahr, als ich vielleicht einen flüchtigen Blick auf Chicago erhaschte und erkannte, dass meine Welt zumindest an Siedlungen ziemlich dünn war. Aber ich sah nicht viel von Chicago, bis ich weit in meine Teenagerjahre hinein war, also kann ich praktisch sagen, dass das Dorf die einzige Welt war, die ich jahrelang gut kannte, trotz meiner Ausflüge, die zu flüchtig waren, um mir zu erlauben, die besuchten Gemeinden mehr als oberflächlich kennenzulernen.

Unser Haus war ein weitläufiges altes Fachwerkhaus etwa auf halbem Weg zwischen der Hauptstraße und dem Leuchtturm, ganz in der Nähe des Sees gebaut. Hier wuchs ich mit meinem Bruder und meinen Schwestern auf. Das Gebiet zwischen dem Haus und dem Leuchtturm war „frei"; wir Kinder durften dort ohne Sondergenehmigung auf den Feldern herumlaufen, auch am Ufer und auf dem Universitätsgelände direkt vor dem Haus auf der anderen Seite einer Gasse. Aber jenseits dieser Grenzen waren Sonderpässe erforderlich; die Hauptstraße durften wir überhaupt nicht erkunden, so harmlos sie auch war.

Der See und das Ufer waren unser besonderes Vergnügen, und an schönen Tagen ist es keine Übertreibung zu sagen, dass mein Bruder und ich die Hälfte unserer Zeit damit verbrachten, im Sand zu braten und dann ins kühle Wasser zu springen, um zu schwimmen. Andere Jungen aus dem eigentlichen Dorf – sie kamen mir wie echte Städter vor – gesellten sich häufig zu uns, und schon in jungen Jahren hatte ich gelernt, Zigaretten zu rauchen, und hatte einen funktionierenden Wortschatz an „Schimpfwörtern", den ich jedoch fast ausschließlich im Sand einsetzte. Ob ich mir diese Gewohnheiten früher zulegte als die meisten Jungen heute, kann ich nicht sagen, aber mit neun war ich ein guter Anfänger im Zigarettengeschäft, und mit zehn konnte ich bei einem Schimpfwettbewerb mithalten. Meine Mutter wusch mir einmal den Mund mit Wasser und Seife aus, nur weil ich „Mensch!" gesagt hatte. Was sie mir angetan hätte, wenn sie einige meiner Respektlosigkeiten im Sand gehört hätte, ist erbärmlich, wenn man daran denkt. Genau hier lag eines der größten Hindernisse, mit denen wir Jungen konfrontiert waren – indem wir Jungen waren und unserer Vitalität freien Lauf ließen, verletzten wir die steifen Verhaltensregeln, auf denen unsere kultivierten Älteren bestanden; und um überhaupt wir selbst sein zu können, mussten wir uns in Höhlen am Seeufer oder zum Schwimmen und Rauchen davonschleichen, wo wir es natürlich übertrieben und hinterher darüber logen. Ich lernte in dieser Zeit meines Lebens mehr über das Flunkern und falsche „Erklären", wie ich meine Zeit verbracht hatte, als in jeder späteren Zeit, und jetzt gebe ich die Schuld kühn dem unbarmherzig strengen Regelwerk, das die Kultur und Religion des Ortes für wesentlich hielt. Meine Mutter und später mein Vater waren genauso sehr in dieser engen Sicht der Dinge verwurzelt wie meine Großeltern. An die Sonntage jener Tage blicke ich mit Grauen zurück. Obligatorischer Besuch der Kirche und der Sonntagsschule, steife „Geh-zur-Versammlung"-Kleidung und eine Reihenfolge, in der man gesehen, aber erst am Montagmorgen gehört werden musste, sind das, was ich von den Sonntagen meiner Kindheit in Erinnerung habe. Der Kirchgang, der Religionsunterricht und der Sonntagsschulunterricht wurden für mich zu einer schrecklichen Langeweile und erst in den letzten Jahren konnte ich einer Predigt, ganz gleich, wie gut sie auch war, wieder etwas Freude bereiten.

Der Junge – Josiah Flynt – im Alter von dreizehn Jahren

Meine Eltern waren an all dem nur zweitrangig schuld, wenn ich es mir heute so vorstelle. Sie waren unbewusst ebenso Opfer der Prüderie und der egoistischen Interpretation der Zehn Gebote, die hier vor Ort herrschten, wie wir Kinder bewusst *ihre* Opfer waren. Sie hatten sich dem damals herrschenden „System" angepasst, wie Kinder in anderen ähnlichen Gemeinden, und sie wussten oder wollten im Dorf buchstäblich nichts anderes wissen. Mein Vater wusste höchstwahrscheinlich noch viele andere Dinge in Chicago, aber er ließ sein Wissen darüber im Dorf nicht preis. Vor meinen Eltern waren meine Großväter und Großmütter zu den wichtigsten Unterstützern des „Systems" gehört.

Das intellektuelle Leben des Ortes drehte sich natürlich um die Universität und das Bibelinstitut. Wie weitreichend und nützlich dieses intellektuelle Streben gewesen sein mag, wusste ich als Junge nicht, und in späteren Jahren war es mir aufgrund meiner Abwesenheit unmöglich, seine gegenwärtige Wirksamkeit zu beurteilen. Das Dorf war von religiösen Gefühlen der einen oder anderen Art durchdrungen, und ich neige zu der Annahme, dass diese Art des Denkens den geistigen Horizont der Dorfbewohner in den Schatten stellte.

Die Universität hatte in ihrer Satzung eine Klausel der staatlichen Behörden, die den Verkauf von alkoholischen Getränken im Umkreis von vier Meilen um das Universitätsgebäude verbot. Ein kleines Dörfchen vier Meilen nördlich und ein Friedhofsdorf vier Meilen südlich waren die nächsten Orte, an denen die Dorfjungen Alkohol bekommen konnten. Die Dorfväter waren immer sehr stolz auf die Verbotsklausel und schmeichelten sich zu meiner Zeit sehr damit, dass sie, Gott sei Dank, nicht wie andere Leute seien. Wie sah die Sache nun aus, als ich sie als Junge kennenlernte? Ich habe mich auf den „Ridge" bezogen, den Hang im Westen, wo die reicheren Leute lebten. Ich zweifle nicht im Geringsten daran, dass die „Ridge"-Familien, die Wein und Bier wollten, es in ihren Häusern hatten – die Universitätssatzung konnte das nicht verhindern –, aber ihre Jungen, oder viele von ihnen, unternahmen aus Spaß und Spaß Pilgerfahrten zu den nördlichen und südlichen Trinkstationen und taumelten manchmal in einem skandalösen Zustand nach Hause. Diejenigen, die alt genug waren, um nach Chicago zu gehen, stolperten auch spät in der Nacht von dort zurück. Von den Jungen und jungen Männern, sowohl vom „Ridge" als auch aus dem Dorf, die an solchen Orgien teilnahmen, kann ich mich an ein Dutzend und mehr erinnern, die zu den „nettesten" Familien des Ortes gehörten und zu den ewigen Wauwau-Partys gingen. Ich sage spontan ein Dutzend, in Wirklichkeit waren es mehr, weil ich später, nachdem ich das Dorf verlassen hatte, von ihnen gehört habe. Es liegt mir fern, die Schuld auf die Universitätssatzung zu schieben, aber ich muss sagen, dass in all diesen Gemeinden die vorherrschende Trunkenheit und Lüsternheit zumindest schlimmer *zu sein scheint* als in Gemeinden, in denen Alkohol verkauft und offen getrunken wird. Vielleicht scheint es so, weil ein Betrunkener in Städten und Dörfern während der Prohibition theoretisch eine Anomalie ist, aber was auch immer der Grund sein mag, unser Dorf hat trotz all seiner Güte, Bildung und Frömmigkeit viel mehr Taugenichtse hervorgebracht als seinen Anteil. Wie ich zu zeigen versucht habe, war ich fest entschlossen, einer der Versager zu werden, bei denen die kultivierenden Einflüsse des Dorfes vergeblich gewirkt hatten, und ich bin sicher, dass die Nachbarn mir jahrelang eine sehr üble Karriere und ein sehr übles Ende prophezeit haben, aber ich kann mich nicht erinnern, jemals einen Ausflug zu den Saufklubs gemacht zu haben, weder im Norden noch im Süden.

Die Bildungseinrichtungen – öffentliche Schule, Gymnasium, Akademie (Vorbereitung auf die Universität) und die Universität selbst – alle im Dorf, machten es den Jungen, die wollten und konnten, leicht, ihre akademischen Kurse in Reichweite ihres eigenen Zuhauses abzuschließen. Ich besuchte die öffentliche Schule nur kurz und wurde dann zu Hause von meiner Mutter oder Privatlehrern unterrichtet. Ich lief genauso oft von der Schule weg wie von zu Hause. Um mich schließlich zu kontrollieren, kamen meine Mutter und mein Lehrer auf diesen Plan: Der Lehrer sollte mir jeden Tag, an dem ich im Klassenzimmer erschien, einen Zettel mit der Aufschrift „Alles klar" geben, den ich meiner Mutter zeigen sollte, wenn ich nach Hause kam. Eines Tages, als ich etwa zehn Jahre alt war, packte mich das „Schulschwänzen"-Fieber und ich besuchte meine Großmutter – die Mutter meines Vaters –, deren Donuts mir eine ewige Freude bereiteten. Als es Mittag wurde und es an der Zeit war, nach Hause zu kommen, sagte ich zu meiner Großmutter: „Oma, schreib mir etwas zum Abschreiben und schau, wie gut ich schreibe."

„Na gut, mein Junge", sagte meine Großmutter, die sich sehr für meine schulischen Fortschritte interessierte. „Was soll ich schreiben?"

„Stellen Sie sich vor, Sie schreiben die Worte ‚All Right'", antwortete ich. „Ich habe viel daran geübt." Die gute alte Seele schrieb mir ganz arglos die gewünschte „Kopie", und um jeden Verdacht zu zerstreuen, den sie sonst gehabt hätte, kopierte ich pflichtbewusst ihre Handschrift, so gut ich konnte. Dann dankte ich ihr und schnitt auf dem Heimweg das „All Right" meiner Großmutter auf die Größe der Zettel zurecht, die die Lehrerin in der Hand hielt. Mir schien nicht bewusst zu sein, dass die Lehrerin anders schrieb als meine Großmutter, oder dass meine Mutter die Handschrift meiner Großmutter gut kannte. Tatsächlich war ich für einen Jungen, der so „süß und raffiniert sein konnte, wie sie ihn machen", wenn es um einen echten Ausreißer ging, zu anderen Zeiten zu den dümmsten Dingen fähig – nämlich zum „All Right"-Abenteuer. Meine Mutter entdeckte den Trick natürlich, und ich wurde meinem Vater gemeldet, aber er schien die humorvolle Seite der Angelegenheit zu sehen und ließ mich mit einem finsteren Blick davonkommen.

Winterunterwäsche und Mäntel trugen dazu bei, dass mir der Besuch der öffentlichen Schule zu einer Qual wurde. Aus irgendeinem Grund verabscheute ich diese Kleidungsstücke, und meine Mutter bestand zu Recht darauf, dass ich sie trug, besonders wenn ich im Winter zur Schule stapfte. Den Mantel zog ich aus, sobald ich außer Sichtweite meiner Mutter war, und die Unterwäsche wurde in einem Nebengebäude auf dem Schulhof versteckt, bis ich nach Hause gehen musste. Auch zu Hause legte ich solche Dinge ab, wann immer es möglich war, und eines Tages wurde ich sozusagen auf frischer Tat von einer unserer Hausärztinnen ertappt. Ich saß auf ihrem Schoß, und sie kitzelte mich in der Nähe des Knies. Ihr fiel auf, dass meine Strümpfe ziemlich „dünn" wirkten, und sie begann, nach meiner Unterwäsche zu tasten . „Warum, wo ist sie, Josiah?", rief sie schließlich aus.

„Oh, es ist zusammengerollt", antwortete ich gelassen. Wieder versuchte die gute Frau, es zu finden, aber ohne Erfolg. „Wo zusammengerollt?", fragte sie. „Oh, ganz weit oben", antwortete ich und versuchte, unbekümmert zu wirken. Als ich gedrängt wurde, genau zu sagen, wie „hoch" die Kleidungsstücke zusammengerollt waren, gestand ich schließlich, dass die Kleidungsstücke zusammengerollt in meiner Kommodenschublade lagen. Wieder einmal rettete mich der Humor der Situation vor einer Tracht Prügel, und ich arrangierte mich allmählich mit den fraglichen Kleidungsstücken.

Spielkameraden aus dem Dorf, die Kosmopoliten der Hauptstraße, wie ich sie nannte, kamen in meinem Leben unter zehn Jahren kaum vor, und ich verkehrte hauptsächlich mit meinen Brüdern und Schwestern und dem Jungen eines Nachbarn – dem Neffen eines berühmten Schriftstellers –, der ganz in der Nähe unseres großen braunen Hauses wohnte. Ob andere Kinder sich so stritten und zankten wie wir, ist schwer zu sagen – ich hoffe es nicht –, aber ohne Zweifel machten wir unserer Mutter eine Menge Ärger. Merkwürdigerweise übertraf ich einmal meinen älteren Bruder und meine ältere Schwester in einem Wettkampf, um eine Woche lang brav zu sein, denn ich war manchmal sehr geneigt, meine Rechte geltend zu machen und auch dafür zu kämpfen. Das war, als mein Vater noch lebte. Er hatte uns einen Preis versprochen, und wenn so etwas in Sicht war, war ich bereit, es auf jeden Fall zu versuchen. Also schaltete ich eine Woche lang Dampf ab, achtete ziemlich genau auf meine Manieren, und siehe da! Als Samstagabend kam und meine Mutter die Entscheidung bekannt geben sollte, war ich der glückliche Teilnehmer. Der Preis war das Neue Testament – ein typisches Geschenk – in weiches rotes Leder gebunden und mit einem kleinen Riemen versehen, um es zu verschließen, wenn man es nicht brauchte. Auf das Vorsatzblatt schrieb mein Vater diese Worte: „Für Josia, von seinem Vater, weil er sich eine Woche lang besser benommen hat als sein älterer Bruder und seine ältere Schwester." Der Sieg über die älteren Kinder war meine größte Genugtuung, aber ich fand das Testament auch nützlich und lernte daraus auf Wunsch meiner Großmutter für 25 Cent das vierzehnte Kapitel des Johannesevangeliums auswendig.

Ich kann mir eine ganz „sanfte" Sache, auf die ich mich kurz nach dem Gewinn des Preises eingelassen habe, nur auf den Schwächungsprozess meines Bravenseins in der betreffenden Woche zurückführen.

Mein Vater hatte einen Stock, ein verdrehtes und knorriges Ding, das er selten benutzte, aber sehr sorgfältig in einem Schrank neben dem „Gästezimmer" des Hauses aufbewahrte. Ich habe immer geglaubt, dass mein Bruder und meine Schwester ihn kaputt gemacht hatten, aber sie überlisteten mich und brachten mich dazu zu sagen, dass ich es getan hatte. Tatsächlich bestachen sie mich mit Murmeln und einem Messer und sagten, das freiwillige Geständnis wäre so männlich, dass mein Vater mich unmöglich bestrafen könnte. Folglich wartete ich nicht, bis der kaputte Stock entdeckt wurde, sondern ging eines Nachts mutig zu meinem Vater und sagte ihm, dass ich der Täter war und wie leid es mir tat. Er sah mich einen Moment lang ernst mit seinen riesigen blauen Augen an und sagte dann, seine lange, dünne Hand auf meine Schulter legend: „Edler Junge! Dass du gekommen bist und es mir erzählt hast. Vielleicht können wir es irgendwie reparieren", und das war das Letzte, was man jemals von der Sache hörte.

Mein Spielkamerad auf der anderen Seite des Zauns, der Neffe des berühmten Schriftstellers, war während dieser ganzen Zeit mein engster Gefährte; ich stand ihm beim Spielen und Lernen näher als meinen Schwestern oder Brüdern. Obwohl er in jeder Hinsicht ein guter Junge war, wie ich mich jetzt erinnere, fürchte ich, dass unsere Kameradschaft uns beiden eine Zeit lang geschadet hat. Er war stämmiger und größer als ich, und wenn er seine Stärke erkannt und gewillt gewesen wäre, sie einzusetzen, hätte er mich sehr bald an den richtigen Platz verweisen können, aber er schätzte seine Macht nicht. Die Folge war, dass er sich von mir gnadenlos schikanieren ließ, und seine Schilderungen meiner Tapferkeit verschafften mir im Dorf den Ruf eines Kämpfers, eine erfundene Berühmtheit, die seltsamerweise mehrere Jahre lang an mir haften blieb. Abgesehen davon, dass man mich als „bösen" Jungen bezeichnete, wurde ich als ein Junge bekannt, der seine Fäuste zu gebrauchen wusste – ein Mythos, wenn es je einen gab – und ich war genug Schauspieler und bei meinen Begegnungen vorsichtig genug, um diesem Bericht einen Anschein von Wahrheit verleihen zu können. Diese Pose hatte schlimme Folgen für mich: Ich ließ zu, dass man mich als „Raufbold" darstellte, und achtete ständig darauf, meinen Ruf in keinem fairen Kampf aufs Spiel zu setzen. Mein Kumpel auf der anderen Seite des Zauns verlor das Selbstvertrauen und ließ zu, dass ich ihn einschüchterte und einschüchterte, worunter seine Männlichkeit entsprechend litt.

Wir unternahmen in unserem Teil des Dorfes viele verschiedene Eskapaden, und jahrelang sah man uns kaum getrennt. Das tollkühnste Abenteuer, an das ich mich erinnern kann, geschah, als das Haus meines Freundes gebaut wurde, ein dreistöckiges Gebäude. Der andere Junge und ich übten eines Tages unsere Geschicklichkeit auf den Bodenbalken des dritten Stocks, oder Dachgeschosses, indem wir über die Balken liefen, ein Bein an einem Balken, und der Raum zwischen den Balken bis in den Keller reichte. Plötzlich machte ich einen Fehltritt und fiel durch den offenen Raum in den Keller, wobei ich den Sturz teilweise dadurch abfing, dass ich mich mit den Händen wie verrückt an den Kellerbodenbalken festklammerte. Ich kam mit ein paar Kratzern davon, aber ich betrachte diese Flucht heute als eine der knappsten von mehreren, die ich je hatte.

Als Spielkamerad war ich im Allgemeinen gefügig und willig, aber ich ließ nie eine Gelegenheit aus, den „Chef" zu spielen, wenn ich dies ohne Ansehensverlust tun konnte. Vogelnester beobachten, Baseball spielen, ohne Sattel auf einem alten Bauernpferd reiten, Schwimmen und Spazierengehen waren die wichtigsten Sommerbeschäftigungen; im Winter gab es Schlittschuhlaufen, Schlittenfahren, Schneeballschlachten und „Shinny" – beide Arten von Freizeitbeschäftigungen waren vor zwanzig bis dreißig Jahren typisch für das Leben eines Jungen aus dem Mittleren Westen. Es gab auch Angeln und Jagen, aber ich war zu zappelig, um erfolgreich zu angeln, und ich bekam nie eine Waffe geschenkt. Einige der Jungen hatten „kalbische" Liebesaffären mit Freundinnen, aber mein unsicherer Ruf und eine „vorgetäuschte" oder natürliche Gleichgültigkeit gegenüber Mädchen, ich weiß nicht, was von beidem, hielten mich von solchen Verwicklungen fern; wahrscheinlich hatte Schüchternheit genauso viel mit der Gleichgültigkeit zu tun wie alles andere. Dass ich so schüchtern und gleichzeitig ein Tyrann und Möchtegern-Anführer war, klingt widersprüchlich, aber zur Zeit des Todes meines Vaters gab es im Dorf wahrscheinlich keinen Jungen, den man so aus seiner sozialen Schüchternheit hätte zurückschrecken lassen wie mich. Tatsächlich beeindruckt mich diese Eigenschaft heute, wenn ich auf meine Kindheit zurückblicke, als die vorherrschende in meinem Wesen damals, und selbst heute kommt sie gelegentlich ungelegen zum Vorschein. Ein Freund, der mich gut kennt, hat kürzlich gegenüber einem gemeinsamen Freund von uns beiden die Bemerkung gemacht: „Warum zieht sich Flynt in sein Schneckenhaus zurück, wenn Fremde zu uns zum Abendessen kommen? Wenn wir drei allein sind, redet er genauso viel wie jeder von uns. Wenn ein oder zwei Fremde dazukommen, verschließt er sich sofort. Können Sie das erklären?" Ich kann es. Diese stummen Anfälle sind eine Folge der übertriebenen Schüchternheit meiner Kindheit – ich kann sie einfach nicht überwinden.

KAPITEL III

RESTHÜTTE

Nicht lange nach dem Tod meines Vaters verließ unsere Familie das alte braune Haus, das mir als das einzige unabhängige Zuhause in Erinnerung geblieben ist, das ich in meinem Leben kannte. Das alte Gebäude ist längst auf Flügeln aus Feuer und Rauch davongeflogen, aber ich erinnere mich an jede Ecke und jeden Winkel darin, vom Keller bis zum Dachboden. Dort kamen wir Kinder zu uns selbst, lernten uns als Familie kennen und spielten, stritten und versöhnten uns wieder, bis das alte Haus uns sehr gut gekannt haben muss. Ich schätze es sehr, diese frühe Liebe zu einem Haus gehabt zu haben – es macht die schlechten Charakterzüge meines Charakters, die so bedauert wurden, ein wenig wieder gut.

Im Dorf selbst wurde ein Übergangsheim für uns gefunden, bis das Haus meiner Großmutter, unweit der Hauptstraße, durch einen Anbau für unsere Zwecke erweitert werden konnte.

Einer meiner Lehrer, als wir in dem Übergangshaus lebten, war ein entfernter Verwandter, der ein Haus ein paar Häuser weiter von unserem hatte. Ich ging auch zeitweise in die öffentliche Schule, aber an meine damaligen Lehrer erinnere ich mich am besten an Miss B. Sie brachte meiner älteren Schwester und mir die Dinge bei, die sie gerne unterrichtete, und in gewisser Weise erwarben wir zumindest ein paar oberflächliche Kenntnisse in Geschichte, Kunst, Mathematik (der Teufel soll sie holen!) und, glaube ich, Französisch. Nichts von dem, was die gute Dame uns beibrachte, machte jedoch jemals den Eindruck auf mich, den einige ihrer Eigenarten machten. Sie war eine alte Jungfer, nicht mehr jung, und ihre Eigenarten waren zweifellos das Ergebnis des langen Alleinlebens. Ein Ausdruck, den sie ständig verwendete, ob es nun passte oder nicht, war „Dafür". Ein Buch auf den Tisch zu legen oder einen unordentlichen Schreibtisch aufzuräumen, rief nach jeder Bewegung ein „Dafür" hervor. Es hatte keine Bedeutung oder Bedeutung, wenn ich sie diesen Ausdruck verwenden hörte, aber wenn sie ihn einmal am Tag verwendete, tat sie es mindestens hundertmal. Schließlich nannte ich sie „Miss For That".

Sie war außerdem der Grund, warum ich ein Wort prägte, das in unserer unmittelbaren Familie noch immer verwendet wird. Jemand fragte mich eines Nachmittags, welchen Eindruck Miss B——— auf mich machte, und ich soll geantwortet haben: „Sie ist so *punktiert*." Dem Rest der Familie schien dies eine sehr gute Charakterisierung der Dame zu sein, sie verstanden das Wort anscheinend genauso gut, wie ich dachte. Später wurde ich oft gefragt, was ich mit dem Wort meinte, und es war nie leicht, es genau zu sagen; unsere Familie nahm es auf und bewahrte es, weil sie Miss B——— kannten und sofort zu verstehen schienen, was ich meinte. Was das Wort mir vermittelte, war Folgendes: dass Miss B—— übermäßig steif und ordentlich war und dass ihre verbalen Sätze, wie in einem geschriebenen Satz mit seinen Kommas und Semikolons, gerade so viele „Dafür" brauchten, um ihrem Sinn für Ordentlichkeit zu entsprechen. Ich fand sogar heraus, dass ihre Art der Bestrafung für mich, wenn ich unartig war, „punktiert" war. Ich musste bei solchen Gelegenheiten im Kohlenkasten sitzen , und die Art und Weise, wie Miss B. mir befahl, in den Eimer zu steigen, wobei sie unweigerlich ein oder zwei „Dafür" einfügte, steigerte in meinen Augen ihre „Punktualität" beträchtlich.

Die gute Frau heiratete schließlich und ich glaube, sie verlor etwas von ihrer schmerzhaften Prüderie; aber das Wort, das sie mir bei der Erfindung half, existiert noch immer. Man hat mir erzählt, dass Freunde, die uns zu Hause besuchten und die Bedeutung des Wortes verstehen konnten, es ebenfalls in ihren Wortschatz aufgenommen haben. In gewisser Weise könnte man die Menschen auf der ganzen Welt in die „punktierten" und die „unpunktierten" einteilen.

Im Anbau des Hauses meiner Großmutter vollendeten sich mein Dorfleben und meine frühe Kindheit. Als wir dieses Haus verließen, zerstreute sich die Familie; die einen gingen hierhin, die anderen woanders hin; seit der Trennung sind wir nie mehr alle zusammen gewesen. Meinen Bruder zum Beispiel habe ich seit fast zwanzig Jahren nicht gesehen, und ich habe keine Ahnung, wo er heute ist. Auch er litt unter *Fernweh* , und wir könnten uns ebenso gut als Familie *Fernweh bezeichnen* , denn jeder von uns hat im In- und Ausland mehr Gebiete bereist, als der Durchschnittsmensch erkunden kann oder will. Während wir in dem Übergangshaus lebten, versuchte meine Mutter ein Experiment mit mir. Sie schickte mich auf ein Internat für Jungen etwa fünfzig Meilen nördlich von Chicago. Es hatte einen allgemeinen Familienrat aus Großeltern, Onkeln und Tanten gegeben, und man hoffte, dass ein Wechsel in Kontrolle und Disziplin Veränderungen zum Besseren bei mir bewirken würde.

Die Schule war in den Händen eines alten englischen Pastors und seiner Frau, und sie hatten es geschafft, dem alten weißen Gebäude und dem Gelände ein gewisses englisches Aussehen zu verleihen. Meine Mutter und ich kamen eines Abends gegen Abendessenszeit in dieser sogenannten Bildungseinrichtung an. Die anderen Jungen, etwa zwanzig an der Zahl, im Alter zwischen zehn und achtzehn, saßen im Speisesaal und mampften ihr Brot mit Melasse. Damals dachte ich, ich würde mit Sicherheit sterben, wenn meine Mutter ginge, und ich würde mit diesem Pöbel allein sein. Kompromisse und Zurückhaltung waren im Umgang mit den größeren Jungen unvermeidlich, und die Jungs in meinem Alter schienen in der Lage zu sein, sich in jedem möglichen Kampf gegen mich zu behaupten. Es war klar, dass ich nicht länger tyrannisieren konnte, und es bestand die Möglichkeit, dass sich das Blatt wenden würde und ich derjenige sein würde, der tyrannisiert würde. Diese Gedanken beschäftigten mich sehr in dieser Nacht, die ich mit dem Lehrer in seinem Zimmer verbrachte. Bis zum Morgen hatte ich ein halbes Dutzend Fluchtversuche geplant, die mich zurück in mein Heimatdorf führten. Sie erleichterten mir den Abschied von meiner Mutter, die mit der Schule recht zufrieden zu sein schien.

Die anderen Schüler kennenzulernen erwies sich als weniger mühsam als erwartet, was teilweise daran liegen mag, dass mein Zimmergenosse am selben Tag wie ich angekommen war und wir uns sozusagen gemeinsam zurechtfinden konnten. Als Junge und auch heute noch fühle ich mich ohne irgendeinen Begleiter, sei es Mensch oder Hund, ziemlich verloren, wenn es ein unbekanntes Gebiet zu erkunden gilt oder eine Untersuchung ansteht.

Die Erfahrungen in der Schule, so angenehm und lehrreich sie auch waren, als ich mein anfängliches Heimweh überwunden hatte, hinterließen auf die eine oder andere Weise einen so schwachen Eindruck auf meinen Charakter, dass es außer meinem abrupten französischen Abschied kaum Interessantes zu berichten gibt. Vor der endgültigen Abreise hatte es mehrere fehlgeschlagene Versuche gegeben, wegzukommen, aber wir – ich hatte bei diesen Abenteuern immer Gefährten – wurden ausnahmslos eingeholt und zurückgebracht. Auf unsere Gefangennahme folgte eine gut gemeinte „Strafpredigt", das war alles. Tatsächlich waren die Tage in der Schule die einzigen Tage meiner frühen Kindheit, an denen ich keine Prügel bekam. Manchmal wurden sie versprochen, aber der gute alte Pfarrer gab im letzten Moment nach und ließ mich mit einer Rüge davonkommen.

Die Fluchtreise, die schließlich gelang, wurde mit größter Sorgfalt geplant und durchgeführt. Tagelang diskutierten wir zu viert über Routen, Orte, an denen wir etwas zu essen bekommen könnten, und Fahrpläne der Bahn; und der Junge, der Chicago am besten kannte, arrangierte unseren Empfang dort, falls wir so weit kommen sollten. Diesmal wollten wir nicht zur Eisenbahn in der Nähe des Dorfes fahren; da waren wir schon zu oft gescheitert. Wir kannten eine andere Eisenbahn etwa acht Meilen landeinwärts, und diese wurde unser erstes Ziel. Wir verließen die Schule nachts, wenn der Lehrer und die Schüler schliefen. Unsere Schuhe in den Händen, die Taschen mit überzähligen Socken und Taschentüchern vollgestopft, schlichen wir uns unbemerkt aus dem alten weißen Gebäude und weiter in ein Maisfeld, wo wir unsere Schuhe anzogen und uns noch einmal vergewisserten, dass wir nicht verfolgt worden waren. Dann stapften wir unbeschwert und glücklich in dem Gedanken, frei zu sein, schnell zur Eisenbahn. Als wir gegen ein Uhr einen ziemlich großen Bahnhof erreichten, warteten wir auf einen Expresszug, der in etwa einer Stunde eintreffen sollte. Es donnerte pünktlich an, und zwei Jungen bildeten das „blinde Gepäck", während der Junge aus

Chicago und ich uns direkt hinter den Kuhfänger setzten. Auf diese waghalsige Art fuhren wir nach Chicago und kamen dort an, als der Milchmann und der Bäckerjunge gerade ihre Runde machten. Die Dunkelheit hatte uns natürlich ungemein geholfen. Wir hatten kein Geld für die Autofahrt und mussten uns unseren Weg durch ein Labyrinth von Straßen bahnen, bis wir die Scheune unseres Chicagoer Begleiters fanden, wo wir uns in einige sehr schmutzige Teppiche auf dem Boden einrollten und einschliefen, um von der Freiheit und ihren Freuden zu träumen.

Diese so gründliche und saubere Flucht überzeugte meine Mutter davon, dass die Schule nicht der richtige Ort für mich war, und ich wurde ins Dorf zurückgebracht, in das neue Haus neben dem meiner Großmutter, und wieder der liebevollen Fürsorge der Privatlehrer überlassen. Für mich begann ein neues Leben, ein neues Leben in vielerlei Hinsicht. Obwohl die beiden Häuser miteinander verbunden waren und unsere Familie in die Wohnung meiner Großmutter und *umgekehrt wechseln konnte* , wurden wir Kinder ermahnt, die meiste Zeit auf unserer Seite des Zauns zu bleiben. Trotzdem war unsere Großmutter fast immer erreichbar, besonders wenn ihre Tochter, unsere berühmte Tante, auf Vortragsreise war. Das war in vielerlei Hinsicht ein großer Segen, denn unsere Mutter war den ganzen Tag in der Stadt, und wir wurden der Gouvernante sicherlich überdrüssig.

Diese Großmutter ist mir in meiner Kindheitserinnerung deutlicher in Erinnerung geblieben als jede andere Person, außer natürlich meiner Mutter. Sie war eine der bemerkenswertesten Frauen, die ich je gut kennen durfte. Eine berühmte englische Dame, die meine Tante Jahre nach der Zerstreuung unserer Familie besuchte, bestand darauf, meine Großmutter „Saint Courageous" zu nennen, und ich war immer der Meinung, dass sie diesen Titel durchaus verdiente. Während meine Tante jahrelang durch das Land reiste und Vorträge über Mäßigkeit und Frauenrechte hielt, lebte meine Großmutter geduldig allein mit einem schwedischen Dienstmädchen, schwelgte im Ruhm und der Nützlichkeit ihrer Tochter und klebte sorgfältig Presseberichte über ihre Arbeit in ein Sammelalbum.

Mein Bruder „Rob" war Großmutters Liebling. Er war der Erstgeborene ihres Sohnes und ihr erstes Enkelkind, und was Rob tat, ob gut oder schlecht, wurde in ihren Augen gelobt und entschuldigt. Wir anderen Kinder mussten sozusagen in den Hintergrund treten, wenn Rob zu Hause war, aber das geschah nur zeitweise, nachdem er angefangen hatte, Bauingenieur zu werden. Als ich ihn das letzte Mal sah, hatte er ungefähr so viele Aktivitäten ausprobiert, wie er Jahre gelebt hatte, und er war sich bei keiner davon sicher . In gewisser Weise war dies ein Familienmerkmal unter uns Kindern, jedenfalls unter uns Jungen. Mutter bemerkte diese Tendenz früh und bat uns buchstäblich, uns durch das College begleiten zu lassen, ebenso wie unsere Großmutter, damit wir, was auch immer wir später unternahmen, die nötigen Bildungsvoraussetzungen für jede sich bietende Gelegenheit hätten. Sie war in dieser Hinsicht bei allen vieren zur Enttäuschung verurteilt. Jeder von uns hat das Collegeleben ausprobiert, und ich habe mich, wie später noch ausführlich erzählt wird, als Student der Volkswirtschaftslehre an die Berliner Universität geschmuggelt, aber bis heute liegt keinem von uns vieren ein Diplom vor.

Das Zimmer meiner Großmutter auf ihrer Seite war vorne, und hier verbrachte sie die meiste Zeit mit Lesen, Pflege ihres Sammelalbums und ihrer Blumen, Verfolgen der Reisen ihrer berühmten Tochter und fast jeden Tag mit Besuch von einigen von uns Kindern. Ich habe einige der glücklichsten Stunden meines Lebens in diesem urigen Zimmer verbracht, Großmutter von meiner Schulzeit erzählt, was ich werden wollte, und ihr Dinge vorgelesen, die sie oder ich mochten, normalerweise Verse. Sie fand, dass ich gut las, und wenn das „Stück" ergreifend war, maß ich meine Wiedergabe daran, wie die Tränen aus Großmutters Augen flossen. Ich beobachtete sie verstohlen bei allen ergreifenden Gelegenheiten. Allmählich wurden die Lider rot, eine oder zwei Tränen fielen, ihre lieben alten Lippen zitterten – und ich hatte es geschafft. Großmutter schien das Weinen genauso zu genießen, wie ich das implizite Lob genoss. Diese „Sitzungen" in ihrem Zimmer haben viele, viele meiner Impulse, wegzulaufen, überwunden; und ich kann mich erinnern, dass ich absichtlich in ihr Zimmer und in ihre Gesellschaft ging, um der Versuchung zu widerstehen, die mich bedrängte, obwohl ich ihr nicht sagte, warum ich zu ihr gekommen war. Was sie den anderen Kindern bedeutete, weiß ich nicht, aber da meine Mutter so oft weg war und die Gouvernante nur Disziplin und Kontrolle verkörperte, wurde mir Großmutter fast so lieb wie meine Mutter. Seltsamerweise war ich ihr gegenüber nie demonstrativ zärtlich und sie mir gegenüber nie zärtlich, während ich meiner Mutter gegenüber sehr deutlich zärtlich war, wenn ich versuchte, brav zu sein. Heute erzählt man eine Geschichte über mich: Wenn sich meine Mutter nach dem Abendessen in einem der großen Stühle neben dem Ofen niedergelassen hatte, kletterte ich auf ihren Schoß und sagte: „Umarme mich, Mutter, ich brauche es." Wahrscheinlich brauchte kein Junge mehr mütterliche Fürsorge als ich, aber seltsamerweise konnte ich unterwegs, als ich noch ganz klein war, ein Loch in einen Heuhaufen graben und genauso leicht einschlafen wie zu Hause in meinem eigenen Bett, was zeigt, was für ein Bündel von Gegensätzen und Mischungen ich war. An einem Tag war er ein so umgänglicher Schüler und Spielkamerad, wie ihn das Dorf nur vorzuweisen hatte; am nächsten Tag war er möglicherweise gereizt, mürrisch, launisch und schwankend, wie ein Stock, der das Gleichgewicht nicht hält, zwischen Vamose und Zuhause.

Großmutters Besuche auf unserer Seite des Hauses waren vergleichsweise selten – sie war gern in ihrem Zimmer –, aber wenn wir Kinder anfingen zu streiten, tauchten ihre große, majestätische Gestalt und ihr ernstes Gesicht mit Sicherheit auf. „Kinder, Kinder!", rief sie, „Hunde und Katzen bellen und beißen. Josiah, lass Robert in Ruhe!" Einmal war die Gouvernante völlig machtlos gewesen, uns zu kontrollieren, und meine ältere Schwester und ich waren entschlossen, Rob, Großmutters Liebling, ein für alle Mal „fertigzumachen". Wir dachten, er hätte uns gnadenlos geärgert, und wir gingen auf ihn los, die Schwester unbewaffnet und ich mit einem Schürhaken. Wie ich das damals geschafft habe, kann ich heute nicht mehr sagen, denn er war entschieden stärker und größer als ich; aber irgendwie gelang es mir mit Schwesters Hilfe, ihn auf den Boden zu bringen, wo ich ihn mannhaft mit dem Schürhaken schlug, während Schwester zufrieden zusah, als Großmutter erschien. „Josiah!", rief sie und stampfte mit dem Fuß auf, „lass deinen Bruder aufstehen." Der Schürhaken schlug zu, und natürlich schrie Rob. Tatsächlich war der Lärm bei dieser Schlägerei lauter als bei allen vorherigen Begegnungen, und die Nachbarn sagten wahrscheinlich: „Diese Flynt-Kinder sind schon wieder dabei." „Josiah!", brüllte meine Großmutter diesmal, „ich werde die Polizei holen, so kann es nicht weitergehen. Lass deinen Bruder sofort frei." Ich verpasste ihm einen letzten Schlag und zog mich vorsichtig mit dem Schürhaken und meiner Schwester zurück. Rob war dafür, den Angriff zu erneuern, aber meine Großmutter führte ihn zur Reparatur in ihr Zimmer, und der physische Sieg war zumindest unser.

Aber nicht jeder unserer Tage war von Kämpfen begleitet. Vielleicht konnten mehrere Tage vergehen, ohne dass auch nur ein böses Wort fiel, und auf beiden Seiten des Hauses, das, bevor wir Kinder es betraten, gerne „Ruhehütte" genannt wurde, herrschte Frieden. Dem Namen nach und außer wenn unsere Streitereien auf der älteren Seite widerhallten, war Großmutters Teil tatsächlich eine Oase der Ruhe für sie und meine weitgereiste Tante. Aber ich habe oft gedacht, dass einige der vielen Pilger, die ins Dorf kamen, nur um das Haus zu sehen, uns Kinder bei einem unserer Streitereien hätten überraschen können, sie hätten den Namen der Hütte für angemessen gehalten.

Wenn mein Bruder weg war, was ziemlich häufig der Fall war, weil er sich weigerte, die Schule fortzusetzen, neigte ich dazu, ihn zu idealisieren, und wenn er abwesend war, sagen wir, mehrere Monate lang, und die Nachricht von seiner Heimkehr kam, war ich sehr stolz und glücklich. Einmal kam er mit einer sehr veränderten Stimme zurück, sie hatte begonnen, einen männlichen Ton anzunehmen, und ich war von dieser Metamorphose ungeheuer beeindruckt, lief heimlich zu meiner Großmutter und flüsterte: „Rob ist zurück! Seine Stimme ist ganz tief gesunken", und legte zur Veranschaulichung meine Hand auf meinen Bauch. Die Erhebung meines Bruders auf ein Podest in meiner Vorstellung hielt jedoch nie lange an, denn wir gerieten unweigerlich innerhalb weniger Tage aneinander, und das bedeutete vulgäre Vertrautheit.

Trotzdem beharrte ich jahrelang darauf, ihn als Bluff bei allen drohenden Schlägereien mit Spielkameraden meiner Größe zu benutzen, ob er nun zu Hause war oder nicht. „Wenn ich dich nicht besiegen kann", pflegte ich zu sagen, „dann kann Bob es, und er wird es auch tun." Eine Zeit lang hielt mich diese Prahlerei aus allen ernsthaften Verwicklungen heraus, aber ich hatte mich so lange als Sieger ausgegeben und so viel damit geprahlt, was Bob konnte, dass ein Waterloo unvermeidlich war, und schließlich kam es dazu. Bob war zu dieser Zeit leider nicht zu Hause.

Der Kampf war eine inszenierte Angelegenheit zwischen drei Brüdern, wobei der zweitälteste mir eine ordentliche Tracht Prügel verpassen wollte, um seine Tapferkeit vorab zu demonstrieren. Wir vier trafen uns nach Absprache in der Gasse hinter dem „Rest Cottage", und mein Gegner und ich waren bald dabei. Er war locker einen halben Kopf größer als ich und ein gutes Stück stämmiger, aber ich glaube, ich hatte gesagt, dass ich ihn verprügeln könnte, und ich versuchte aufrichtig, das wiedergutzumachen. Er blieb kühl und gefasst und versetzte mir gezielte und treffende Schläge. Das Blut lief mir aus der Nase und Tränen der Wut aus den Augen, wie nie zuvor oder danach. Aber ich kämpfte blind weiter und traf meinen Gegner nur gelegentlich und selbst dann mit sehr geringer Kraft. Schließlich rannte ich, völlig geschlagen und bloßgestellt, vom Schlachtfeld und rief über die Schulter zurück: „Bob wird euch alle fertigmachen, ihr Spalpeens." Meine Großmutter wischte mir das zerschmetterte Gesicht ab und versuchte mich zu trösten, aber es war eine schwere Aufgabe. Ich wusste, was sie nicht wusste: dass mein Bluff aufgedeckt worden war und dass ich in der Dorfkampfwelt keine unbestimmte Größe mehr war; ich war „auf die Probe gestellt" worden. Tagelang mied ich meine üblichen Spielkameraden, und ich kann sagen, dass ich nach dieser Niederlage nie wieder gegen eine Mühle gekämpft habe und auch nicht beabsichtige, je wieder gegen eine zu kämpfen. Innerhalb von fünf Minuten war ich völlig von der Friedensbewegung überzeugt und habe ihre Prinzipien vom Tag des Kampfes bis zum heutigen Tag ernsthaft vertreten.

Wenn meine Tante zu Hause war, herrschte in „Rest Cottage", oder vielmehr in ihrer Seite, ein wahres Bienenstock voller Arbeit. Sekretärinnen und Schreibmaschinen waren von morgens bis abends am Werk, während meine Tante in ihrem berühmten „Arbeitszimmer" ihre umfangreiche Korrespondenz erledigte. Obwohl wir nicht immer gut miteinander auskamen, was fast immer an meiner Eigensinnigkeit lag, möchte ich jetzt ein für alle Mal sagen, dass sie eine der liberalsten Frauen war, die ich je kannte; und als Rednerin und Organisatorin bezweifle ich, dass es zu ihrer Zeit eine Frau gab, die sie übertraf. Hätte sie ihr Leben populäreren Themen als Mäßigung und Frauenrechten gewidmet, beispielsweise der Literatur, würde sie heute in den Listen der großen Redner und Schriftsteller einen sehr hohen Rang einnehmen. Sie zog es aus Überzeugung vor, sich vorbehaltlos den unpopulären Agitationen zu widmen, und ihre Anhängerschaft bestand daher hauptsächlich aus Frauen, die ihr von Anfang an zustimmten oder die durch ihre überzeugende Sprachbegabung für ihre Ansichten gewonnen wurden. In England wurde sie nicht selten mit Gladstone verglichen, und in Edinburgh, wo sie während eines ihrer Besuche in Großbritannien sprach, spannten die Studenten nach der Versammlung die Pferde aus und zogen ihre Kutsche selbst zu ihrem Hotel. Ihre Statue in der Statuary Hall im Kapitol in Washington ist die einzige dort gefundene Statue einer Frau; sie wurde vom Staat Illinois gestiftet.

Im Haus einer derart berühmten Persönlichkeit zu leben, war ein Privileg, das wir Kinder, fürchte ich, nicht zu schätzen wussten. Es war ein Mekka für Reformer aller Schattierungen und Stände aus der ganzen Welt, und wir Kinder wuchsen in einer Atmosphäre starker Persönlichkeiten auf. Die Namen vieler Männer und Frauen, die unser Haus besuchten, sind mir entfallen, aber an John B. Gough erinnere ich mich sehr deutlich. Bei dieser Gelegenheit wurde er von meiner Mutter bewirtet, da meine Tante nicht zu Hause war. Er war ein alter Mann mit weißem Haar und Bart und, wenn ich mich recht erinnere, für eine Nichte verantwortlich, die ihn wie ein Baby pflegte. Eine örtliche Organisation hatte ihn angeheuert, um für sie im „Old First" zu sprechen. Seine Rede war so erfolgreich wie üblich, und die Kirche war überfüllt, aber der alte Herr war erschöpft, als er nach Hause kam, und ziemlich quengelig. Meine Mutter hatte ihm ein leichtes Abendessen mit Milch, Brot und Butter und dergleichen zubereitet, aber es war nicht nach seinem Geschmack. „Ich brauche Tee", erklärte er in unmissverständlichem Tonfall, und Tee musste zubereitet werden, wobei die Verzögerung die Ungeduld des alten Agitators noch steigerte. Als er ihn bekam, fand er ihn zu schwach, zu stark oder zu heiß, und das Ergebnis der Angelegenheit war, dass er uns ziemlich verstimmt verließ, aber nicht ohne vorher 200 Dollar, sein Honorar für die Vorträge, erhalten zu haben. Er steckte die Rolle achtlos in eine kleine Manteltasche und verabschiedete sich dann. Das Alter hatte begonnen, ihm sehr deutlich zuzusetzen, und das nicht viele Jahre nach seinem Tod.

Francis Murphy, John P. St. John, fast alle späteren Präsidentschaftskandidaten der Prohibitionsbewegung und natürlich die prominenten weiblichen Agitatoren der Zeit fanden früher oder später ihren Weg zum „Rest Cottage". Das Haus selbst war zwar komfortabel und gemütlich, sah aber sehr bescheiden aus, beherbergte aber in den letzten fünfzehn Jahren des Lebens meiner Tante wahrscheinlich zu der einen oder anderen Zeit mehr bekannte Persönlichkeiten als jedes andere Privathaus des

Mittleren Westens. Meine Tante hielt auch durch ihre Korrespondenz mit sehr vielen Leuten Kontakt. Sie war der Meinung, dass man jeden Brief beantworten sollte, auch wenn die Antwort mit unzureichendem Porto zurückgeschickt wurde, und sie kannte alle großen Männer und Frauen ihrer Zeit, von denen ich je gehört habe, durch Briefe oder persönliche Bekanntschaft. Wenn ihr das Buch eines Autors gefiel, schrieb sie ihm in diesem Sinne und oft auch *umgekehrt* . Als Edward Bellamys „Looking Backward" erschien, war sie betrübt, dass er alkoholische Getränke nicht aus dem Programm seiner Utopia gestrichen hatte, und schrieb ihm in diesem Sinne. Er antwortete ganz schlicht, dass ihm dieser Gedanke nicht gekommen sei, was seine Entschuldigung dafür sein müsse, die Angelegenheit übersehen zu haben, falls es überhaupt einer Entschuldigung bedarf.

Meine Tante war, was den Ruhm anging, die bedeutendste Bürgerin des Dorfes. Viele waren mit ihren Reformvorstellungen nicht einverstanden, aber das Dorf als Ganzes war stolz, eine so angesehene Tochter zu haben.

Wenn meine Tante meine Eskapaden und Rückfälle kritisierte, pflegte sie, wie man mir erzählte, zu sagen: „Josiah hat Charakter und Willenskraft, aber er will die falschen Dinge tun." Zweifellos tat ich das. Wenn sich mir Gefährten bei einem Fluchtversuch anschlossen, war ich es in der Regel, der die „Flucht" plante; nur ein oder zwei Mal ließ ich mich von anderen überreden. Mehr oder weniger dieselben Motive trieben mich dazu, aus „Rest Cottage" wegzulaufen, wie früher, als ich in dem alten braunen Haus lebte, aber ich neige jetzt dazu zu glauben, dass ich bewusst oder unbewusst es leid wurde, ausschließlich mit Frauen zusammenzuleben, und dass dies auch etwas damit zu tun haben könnte, dass ich so anfing. Außer wenn mein Bruder zu Hause war, was zu dieser Zeit nur selten vorkam, war ich der einzige männliche Mensch, der in „Rest Cottage" lebte; von der Großmutter bis zu meiner jüngeren Schwester waren alle anderen Insassen Frauen, und es herrschte eine feminine Atmosphäre, die mir mehr auf die Nerven ging, als meine Mutter ahnte. Meine Hunde – meist hatte ich zwei – waren Rüden, und wir haben viele tröstende Spaziergänge unternommen, und sei es nur, um unsere Kräfte zu stärken.

Meine Liebe zu Hunden reicht zurück, soweit ich zurückdenken kann, und ich habe immer versucht, einen Vertreter dieser Spezies um mich zu haben. Der Hund, der mir im „Rest Cottage" zur Seite stand und mir half, die männlichen Kräfte zu steigern, hieß „Major". Nicht nur, weil er mein ständiger Begleiter war, sondern auch, weil er die Quelle des einen oder anderen „Zoffs" zwischen meiner Tante und mir war, veranlasst mich, seine Geschichte zu erzählen, oder zumindest, was ich davon weiß.

Eines Abends kam meine Mutter spät aus der Stadt zurück, begleitet von einem kräftigen schwarzen Hund. Später kam ich zu dem Schluss, dass es sich um eine Kreuzung aus Schäferhund und Neufundländer handelte. „Ich habe dir einen Hund mitgebracht", sagte meine Mutter, und ich sprang vor Freude auf, da ich zu der Zeit noch keinen Hund hatte. Der Hund knurrte und kam nah an meine Mutter heran. Tatsächlich saß er während des gesamten Abendessens zu ihren Füßen und weigerte sich, irgendetwas mit mir zu tun zu haben, obwohl er die Annäherungsversuche meiner Schwestern sehr freundlich hinnahm. Enttäuscht kam ich zu dem Schluss, dass er der Hund einer *Frau* gewesen war . Meine Mutter erzählte uns, wie sie an ihn gekommen war. „Als ich das Depot in der Stadt verließ", sagte sie, „und mich auf den Weg zu meinem Büro machte, sprang dieser Hund plötzlich vor mir auf, bellte und hielt mich offensichtlich, seinem Verhalten nach zu urteilen, für seine Herrin. Ich streichelte ihn und ging ins Büro – der Hund folgte mir. Er ging in mein Büro, und als ich an meinem Schreibtisch Platz nahm, machte er sich in der Nähe einen Platz. Mittags nahm ich mein Mittagessen mit ihm ein. Den Nachmittag verbrachte er sehr anständig entweder unter oder neben dem Schreibtisch.

„Als der Zug losfuhr, dachte ich, der Hund würde seinen Weg nach Hause sicher wittern, aber nein; er folgte mir zum Bahnhof, als wäre ich der einzige auf der Welt, den er kannte oder kennen wollte. Es schien zu schlimm, einen solchen Hund im Stich zu lassen, und ich fragte den Gepäckträger des Zuges, was ich seiner Meinung nach tun sollte. ,Bringen Sie ihn nach Hause, Missus', sagte er, ,er ist es wert und wird ein gutes Tier für Sie abgeben.' Wir brachten ihn in den Wagen, und er lag ruhig da, bis wir hier ankamen. Sobald er jedoch losgelassen wurde, huschte er vor der Lokomotive herum und so schnell er konnte den Ridge hinauf. Ich sagte zum Gepäckträger: ,Da sind sowohl der Hund als auch das Vierteldollarstück für sein Fahrgeld.' ,Das undankbare Tier', antwortete der Gepäckträger, ,aber vielleicht kommt er zurück', und tatsächlich tat er es, nachdem der Zug wieder abgefahren war. Er ist mir tatsächlich hierher zum Haus gefolgt, und, Josiah, ich werde ihn Ihnen geben."

Es war der größte Hund, den ich je besessen hatte, aber trotz der Aussage meiner Mutter schien es fraglich, ob er ihn besitzen würde – der Hund hatte entschieden, dass er meiner Mutter gehörte. Am selben Abend gingen meine Mutter und ich hinaus, um zu rufen, und nahmen den Hund mit. Es war sehr dunkel, und bevor wir einen Häuserblock weit gekommen waren, verpassten wir den Hund. „So", rief ich, als wir nach fruchtlosem Pfeifen und Rufen weitergingen, „so, ich habe dir gesagt, du sollst ihn zu Hause lassen, und jetzt siehst du, dass ich klug war. Er ist erledigt." „Oh, das schätze ich nicht", tröstete mich meine Mutter, und sie hatte recht, denn als wir nach Hause zurückkamen, lag dieser große schwarze Hund auf dem Teppich und wartete darauf, hereingelassen zu werden.

Er blieb sieben Jahre lang ohne Pause bei uns, lernte, mich als seinen Herrn zu akzeptieren, und obwohl ich ihn manchmal auspeitschte, gewann er meinen Respekt und meine Liebe wie kein anderer Hund zu dieser Zeit. Er war nicht mehr jung, als wir ihn bekamen, wahrscheinlich mindestens sechs Jahre alt, also erreichte er ein ansehnliches Alter. Ich habe alles Notwendige über seine Persönlichkeit gesagt, indem ich sagte, er sei umgänglich, ehrlich, mehr oder weniger verschwiegen und uns allen zugetan. Tricks beherrschte er nicht, und er war zu würdevoll und rheumatisch, um welche von mir zu lernen. Er wollte lediglich gesellig sein, nachts Wache halten und, wenn es uns passte, seine „drei Quadrate" am Tag bekommen, aber er verlangte sie sehr selten, und das brauchte er auch nicht. Natürlich hatte er seine Vorlieben und Abneigungen, wie alle Hunde, aber wenn er allein war, störte er niemanden, außer wenn er ungewöhnlich rheumatisch und reizbar war.

Er sorgte auf folgende Weise für Ärger zwischen mir und meiner Tante: Sie war einen Winter lang viel zu Hause, als ich vergeblich versuchte, „Major" beizubringen, mich auf meinem Schlitten zu ziehen. Er mochte diese Beschäftigung überhaupt nicht, und die einzige Möglichkeit, ihn dazu zu bringen, mich überhaupt zu ziehen, bestand darin, ihn ans andere Ende des Dorfes zu bringen, in die Nähe unseres alten braunen Hauses, ihn vor den Schlitten zu spannen und ihn dann nach Hause rollen zu lassen. Es ist ein Wunder, dass er mir nicht den Kopf an Bäumen und vorbeifahrenden Fahrzeugen einschlug, aber wir kamen immer ohne Zwischenfälle nach Hause.

Eines Morgens wollte ich gerade einen Ausritt machen, und „Major" stand auf der hinteren Veranda und pflegte seine rheumatischen Beine, oder zumindest tat er so, als ob er sie pflegte, wie ich dachte. Ich behandelte ihn ziemlich streng, da ich überzeugt war, dass er nur täuschte, und er stieß ein höchst unheimliches Geheul aus. Meine Tante kam die Treppe heruntergerannt, sah, was ich vorhatte, und erteilte mir eine ihrer sehr wenigen Schelte – eine kühlere, die ich selten zu hören bekam. Wenn ich nicht gnädiger mit stummen Tieren umgehen könnte, warnte sie mich in ihrer klaren Art, würde „Major" weggeschickt; auf jeden Fall sollte ich sofort von weiteren Schlittenfahrten mit ihm absehen, und das tat ich auch.

„Majors" Ende kam, nachdem ich das Dorf verlassen hatte. Er hatte eine heftige Abneigung gegen den Lebensmittelhändler, und als dieser im Hinterhof auftauchte, schnappte er nach dem Mann. Er wurde bei der Polizei angezeigt, und eines Morgens kam der Chef und beendete „Majors" Rheumatismus und seinen weiteren irdischen Kampf mit einer Kugel.

Wenn ich irgendetwas oder irgendjemanden aufrichtig geliebt habe, und ich glaube, das habe ich, dann war es dieser Hund. Er war der Erste, der mich begrüßte, wenn ich von meinen Reisen nach Hause kam, und er war normalerweise der Letzte, der sich verabschiedete. Ich hoffe, sein spirituelles Wesen, falls er eines hatte, genießt es, ohne Rheuma und umgeben von vielen Freunden.

Meine Vorliebe für Kinder, insbesondere für kleine Jungen zwischen drei und fünf Jahren, wenn wir miteinander auskommen, hat sich entwickelt, als meine Wanderlust nachgelassen hat. In meiner frühen Jugend kann man nicht behaupten, dass ich sie besonders mochte. Tatsächlich erinnere ich mich an eine sehr grausame Tat, die ich einem kleinen Mädchen angetan habe, das in der Nähe unseres alten braunen Hauses lebte. Wenn ich jetzt auf diese schändliche Angelegenheit zurückblicke, kommt sie mir als eine der verrücktesten Taten vor, die ich je begangen habe; aber ich habe ein anderes Mitglied meiner Familie sich darüber beschweren hören, dass es zumindest als Kind in ähnlicher Versuchung war. Das Mädchen war vielleicht zwei oder drei Jahre alt, ein pummeliges kleines Wesen mit dicken, roten Wangen und großen blauen Augen wie Untertassen. Sie saß jeden Morgen allein in einem Hochstuhl im Schlafzimmer ihrer Mutter. Ich durfte mich in diesem Haus genauso frei bewegen wie in unserem eigenen und pflegte, frühmorgens vorbeizuschauen, um herauszufinden, was mein Freund „Charley" für den Tag vorhatte, und wenn die Luft rein war, das kleine Mädchen oben zu besuchen. Nur selten war ich versucht, das Kind zum Weinen zu bringen, aber wenn ich dazu in der Lage war, kniff ich das Mädchen ganz fest in die roten Wangen. Zuerst sah sie mich erstaunt an, und ein fesselnder Ausdruck des Staunens trat in ihre Augen. Ein weiterer Kniff, und noch fester. Die kleinen Lippen des Kindes begannen zu zittern, und der Ausdruck des Staunens wich einem Ausdruck des Kummers. Ich beobachtete die verschiedenen Gesichtsveränderungen mit demselben Interesse, mit dem ein Arzt eine Veränderung zum Besseren oder Schlechteren bei seinem Patienten beobachtet. Manchmal schien es, als wäre ich buchstäblich an die Stelle geklebt, so faszinierend wurde das Gesicht des Kindes. Ein letzter Kniff in beide Wangen, stärker als in die beiden anderen, und mein Ziel war erreicht, das gekränkte Mädchen ließ seinem Schmerz und Kummer in lustvollen Schreien und großen, heißen, runden Tränen freien Lauf. Dann versuchte ich, sie zu beruhigen, was mir normalerweise gelang, und ging, ohne dass trotz des Weinens jemand etwas gewusst hätte. Ich kann diese grausame Tat meinerseits, zumindest in Bezug auf Zweck und Absicht, nur mit den angeblichen Kannibalenfesten vergleichen, die gewisse afrikanische Entdecker angeblich bestellt und bezahlt haben. Sie wollten offensichtlich aus Neugierde sehen, wie ein Mensch gekocht, serviert und gegessen wird. Ein ähnliches Motiv trieb mich dazu, diese morgendlichen Besuche zu machen und das unschuldige Kind in die Wangen zu kneifen – ihre samtweiche Haut schien mir wie geschaffen zum Kneifen, und es war interessant, ihre anfänglichen Mätzchen zu beobachten, bevor sie ihren Gefühlen völlig nachgab. Ich freue mich, berichten zu können, dass ich diese Grausamkeit nicht lange praktiziert habe und dass mich heute tatsächliches körperliches Leiden bei Mensch oder Tier sehr bedrückt.

Als unsere Familie in den Anbau des „Rest Cottage" zog, war meine jüngere Schwester so alt und groß geworden, dass sie eine sehr akzeptable Spielkameradin war. Ich erinnere mich sehr deutlich an ihre Kindheit, die zeigt, dass der Geist der Unabhängigkeit in uns allen Kindern ziemlich stark ausgeprägt war.

Beim ersten Mal war meine Schwester vielleicht sechs Jahre alt. Meine Mutter hatte sie dazu verurteilt, den ganzen Tag nur im Vorgarten und im Hinterhof zu spielen; auf der Straße durfte sie sich unter keinen Umständen blicken lassen. Ich hatte eine ähnliche Strafe erhalten.

Was war mein Entsetzen, oder was tat ich, als ich „Mame" am Nachmittag entdeckte, weit außerhalb der vorgeschriebenen Grenzen, wo sie unbekümmert mit ihren Freundinnen verkehrte, als wäre Bestrafung etwas völlig Fremdes in ihrem Leben. Ich zeigte verächtlich mit dem Finger auf sie und rief: „Du unerhörte Hyäne, komm zurück in deine Grenzen. Du wirst heute Abend verprügelt."

„Mame" würdigte mich kaum eines Blickes und bemerkte stolz:

„Sie glauben doch nicht, dass ich eines dieser Mädchen bin, denen es immer etwas ausmacht, oder?"

Beim zweiten Mal war meine Mutter zu Hause und konnte den Ungehorsam meiner Schwester sofort korrigieren. Am Tag zuvor war „Mame" ohne ein Wort der Beratung mit meiner Mutter zu ihren Freundinnen, vielleicht zwanzig an der Zahl, gegangen und hatte sie zu einer Party in unserem Haus eingeladen, einer Party, die nur in ihrer Fantasie existierte. Zur verabredeten Stunde am nächsten Tag begannen die Kinder in ihren besten Kleidern zu erscheinen und fragten natürlich nach ihrer jungen Gastgeberin. Meine Mutter brauchte nicht lange, um die Wahrheit herauszufinden, aber sie wartete ab, bis alle Gäste eingetroffen waren. Dann, als meine Schwester gezwungen war, anwesend zu sein, wurde den jungen Damen gesagt, dass „Mame" sie zu etwas eingeladen hatte, das es nicht gab, und obwohl es ihr sehr leid tat, musste sie sie mit dieser Erklärung wegschicken. Eine strengere Rüge hätte man „Mame" nicht erteilen können, und die Partyeskapade war einer der sehr wenigen Ungehorsamsfälle, an die ich mich erinnere, die sie in Verbindung gebracht hat. Sie war ohne Zweifel das fügsamste und wohlerzogenste Mitglied unseres Quartetts.

Ich werde nie vergessen, wie sie sich am Sterbebett meines Großvaters – des Vaters meiner Mutter – verhielt. Ein Onkel war zum „Rest Cottage" gekommen, hatte uns gewarnt, dass der Großvater im Sterben lag, und uns gesagt, wir sollten ins Krankenzimmer gehen, wo Großmutter und viele andere Verwandte versammelt waren. „Mame" und ich nahmen auf den hinteren Plätzen Platz, auf einer Türschwelle, wenn ich mich recht erinnere. Mein Großvater war bewusstlos, und seine süße Frau, die Mutter meiner Mutter, eine Invalidin, saß in ihrem Rollstuhl und sah ihrem Gefährten und Vater ihrer Kinder beim Sterben zu, die schönste Verkörperung von Resignation und Wunsch, „dass Gottes Wille geschehe", die ich je gesehen habe. Natürlich schluchzten die Frauen und Kinder, und „Mame" und ich schlossen uns ihnen an. Ziemlich bald bemerkte ich, dass das Schluchzen nachließ – mein Großvater hatte seinen letzten Atemzug getan und sein Leiden war vorbei –, aber „Mame" hatte es nicht bemerkt und weinte ziemlich laut weiter. „Hör auf, Mame", soll ich ihr zugeflüstert haben, behauptet sie. „Die anderen haben aufgehört." Ich kann mich nicht daran erinnern, diese Beobachtung gemacht und „Mame" davon in Kenntnis gesetzt zu haben, aber ich habe es zweifellos getan, denn „Mame" war auf jeden Fall ehrlich.

KAPITEL IV

DIE ERSTEN STUDENTENZEITEN

In den vorangegangenen Kapiteln habe ich versucht, eine Vorstellung davon zu vermitteln, was für ein Junge ich war, sagen wir, als ich mein fünfzehntes Lebensjahr erreicht hatte oder im Kalenderjahr 1884. Es ist nicht zu leugnen, dass die Schlechtigkeit, die ich an den Tag legte, eher auf vorsätzliche Widerspenstigkeit als auf erbliche Einflüsse zurückzuführen war. Deshalb habe ich mich immer berechtigt gefühlt, einer entfernten Cousine zu antworten, wie ich es tat, als sie mich dafür rügte, dass ich so viel Ärger machte und meiner Familie so viel Kummer bereitete.

„Können Sie sich vorstellen, solche schrecklichen Dinge zu tun, wenn Sie wieder zu Sinnen kommen und klar denken können?", so lautete ihre Frage. Meine Antwort lautete: „Ob bei Sinnen oder nicht, ich kann mir ganz sicher nicht vorstellen, dass irgendjemand anders sie getan hat." Und ich kann ehrlich sagen, dass ich als Junge kaum dazu neigte, die Schuld für meine Sünden auf andere Jungen abzuwälzen. Ich war kein „Petze", obwohl ich ein erfahrener Lügner war, wenn die Notwendigkeit eine Lüge anstelle der schlichten, ungeschminkten Wahrheit zu erfordern schien.

Im Frühjahr oder Frühherbst 1884 gingen meine Mutter und meine Schwestern nach Europa, und ich wurde auf ein kleines College in Illinois geschickt. Das Dorfhaus wurde aufgelöst, und in den folgenden Jahren waren wir fünf, ob gut oder schlecht, entweder freiwillige Exilanten im Ausland oder Reisende im In- oder Ausland. Seit dieser endgültigen Trennung war unsere ganze Familie nie wieder unter einem Dach vereint.

Trotz meiner männlichen Anstrengung, sie zu überwinden, verfolgten mich auf meinem Weg zum College zwei Charakterzüge ebenso hartnäckig, wie sie mich zu Hause geplagt hatten: die Liebe zum verlockenden Jenseits und eine beunruhigende Unsicherheit in meinem Kopf über die Bedeutung des Gesetzes von Mein und Dein. Es sollte noch mehrere ermüdende und schmerzvolle Jahre dauern, bis ich diese jämmerlichen Eigenschaften in den Griff bekam. Sie waren der schlimmste Ballast, den ich mitnahm. Meine besseren Charakterzüge waren, soweit ich mich erinnere, Lernbereitschaft und Lerneifer, wenn ich nicht im Bann von *Die Ferne stand* , eine ziemliche Aufnahmebereitschaft beim Erlernen nützlicher Fakten und Informationen und die meiste Zeit über ein gefügiges, gut entwöhnbares, umgängliches Jungenverhalten. Alle diese guten Eigenschaften zerstreuten sich jedoch in alle Winde, als der Ruf unwiderstehlich wurde. Ich hatte als Student Erfolg, wenn ich meine Liebe zu fernen Gebieten unter Kontrolle halten konnte. Sonst war nicht abzusehen, was aus mir werden oder was ich tun würde. Unter diesen Umständen begann ich meine College-Karriere an einem konfessionellen College im Westen von Illinois. Meine Mutter hoffte natürlich das Beste, und als sie ging, schien es, als hätte ich endlich den richtigen Weg eingeschlagen.

Ich blieb etwas mehr als zwei Jahre am College und stieg unter guten Bedingungen in mein zweites Studienjahr auf. Ich finanzierte meine Unterkunft und Verpflegung durch „Hausarbeiten" im Haus eines Anwalts in der Stadt, so dass die Ausgaben, die meine Mutter zu tragen hatte, verhältnismäßig gering waren. Die Fächer, die mir am besten zu liegen schienen, waren Geschichte, historische Geographie und moderne Sprachen. Mathematik, Griechisch und Latein waren ermüdende Fächer, in denen ich kaum durchschnittliche Fortschritte machte. Während meiner gesamten Schul- und Collegezeit in Amerika war Mathematik für mich eine Falle und eine Täuschung. Ich habe vor, irgendwann meine alte Arithmetik wieder aufzunehmen und zu sehen, ob mir reifere Jahre vielleicht einen klareren Einblick in die Beispiele und Probleme gegeben haben, die mir früher so viel Mühe bereiteten.

Geschichte, Geographie und Deutsch interessierten mich von Anfang an, und ich war in diesen Fächern normalerweise gut. Die Geschichte nahm mich genauso gefangen wie die Biographie, und ich las lange und spät Werke wie Motleys „Dutch Republic", Bancrofts „History of the United States", Prescotts Bücher über Mexiko und Südamerika, und eine interessante Autobiographie oder Biographie war für mich oft ansprechender als ein Roman oder eine Geschichte. Tatsächlich las ich während meiner Collegezeit sehr wenig Belletristik, sondern brütete lieber über alten Geographien und zeichnete Reiserouten auf, die ich genießen konnte, wenn ich genug Geld verdient hatte, um sie als legitime Unternehmungen zu unternehmen, oder vielleicht als angeheuerter Entdecker, dessen Dienste lukrative Preise einbrachten. Eine Zeit lang kämpfte der Ehrgeiz, Anwalt zu werden, mit meinen Reiseabsichten, und ich erwog ernsthaft, nach Abschluss meines Studiums einen Jurakurs in der Bibliothek und im Büro meines Gönners zu belegen; aber dieser Entschluss wurde nie verwirklicht, weil ich mein Studium nie beendete.

Zwei Jahre und mehr hatte ich genauso hart wie jeder meiner Mitstudenten gekämpft, um meinen Lebensunterhalt zu verdienen, mit meiner Klasse mitzuhalten und wahrscheinlich härter als die meisten von ihnen, „auf dem gleichen Niveau" zu sein und mich vor allem nicht von der Ferne von *meinem* neuen Zuhause und meiner angenehmen Umgebung weglocken zu lassen. Immer wieder pfiff *die Ferne* eines ihrer verführerischen Signale, und ich konnte kaum den Wunsch unterdrücken, hinzugehen und persönlich zu antworten; aber mein Studium, die Arbeit zu Hause und angenehme

Gesellschaft halfen mir, der Versuchung zu widerstehen, und wie ich bereits sagte, widmete ich mich etwa zwei Jahre lang ausschließlich meinen Geschäften, hörte *die Ferne* von Zeit zu Zeit rufen, verschloss aber meine Ohren vor der verlockenden Einladung.

Mein Verderben am College hatte einen ganz harmlosen Anfang, wie so viele meiner Schulschwänzer. Oft war der Impuls, der mich auf die offene Straße trieb, für sich genommen ebenso lobenswert und wertvoll wie viele der anderen Impulse, die mich von Ausreißern abhielten. Mein Ehrgeiz zum Beispiel, in eine entfernte Stadt zu gehen, meinen eigenen Weg als Ernährer und Student zu gehen und schließlich wohlhabend und angesehen zu werden, war im Wesentlichen ein lobenswerter Wunsch; aber das Problem war, dass ich darauf bestand, dass niemand von mir hören oder von meinen Fortschritten erfahren sollte, bis ich sozusagen wirklich „angekommen" war. Ich verlangte immer, dass die Sache heimlich erledigt würde, und nur weil Geheimhaltung ein sicherer Faktor war, reizte mich ein solches Ausreißerprojekt wirklich.

Was meine College-Karriere unterbrach und mich schließlich zum Aufbruch trieb, war ein einfacher Probewettbewerb für Essayisten in der Literaturgesellschaft, deren Mitglied ich war. Der Gewinner des Wettbewerbs hatte eine gute Chance, von seiner Gesellschaft ausgewählt zu werden, um mit dem Essayisten der rivalisierenden Gesellschaft in einem allgemeinen Literaturwettbewerb im Opernhaus zu konkurrieren; das war wirklich das Ereignis dieser Art des Jahres. Ich wurde zusammen mit zwei anderen ausgewählt, um meine Fähigkeiten als Essayist im Vorentscheid für Familien zu testen. Unsere Gesellschaft war in zwei eng verbundene Cliquen gespalten; ich gehörte zur „Wash B"-Clique und der furchterregendste Kandidat, dem ich begegnen musste, war mit den „Camelites" verbunden, wie wir sie zu nennen pflegten. Diese beiden wirklich verfeindeten Lager machten die Gesellschaft bei Wahlen und bei Gelegenheiten, bei denen Kandidaten für die Vorentscheide und die Opernhauswettbewerbe ausgewählt werden mussten, buchstäblich zu einer streitsüchtigen, verleumderischen und eifersüchtigen Ansammlung von Intriganten und Drahtziehern. Die „Wash B"-Gruppe tat alles, um mir den Platz in den Vorrunden zu sichern, die zweifellos die Auswahl für den späteren eigentlichen Wettbewerb zwischen den beiden weit entfernten Gesellschaften bestimmen würden. Aber ich wurde ausgewählt und sechs Wochen lang widmete ich jede freie Stunde, die ich hatte, gewissenhaft diesem wunderbaren Essay. Ich habe den Titel vergessen, aber es ging darin zweifellos um ein ziemlich abgedroschenes Thema – „Der westliche Marsch des Empire". Nachdem ich fertig war, nahm „Wash B" mich persönlich in die Hand und drillte mich einen weiteren Monat lang in Vortragsweise, Aussprache und Gestik. Als das Drillen vorbei war, sagte mein

Zimmergenosse, ich sei ein perfekter Ersatz für „Wash B", der damals als der beste Leser unserer Gesellschaft und des gesamten Colleges galt. Diese Kritik brachte mich natürlich sehr in Schwung und ich begann ernsthaft darüber nachzudenken, den Preis zu gewinnen, eine kleine finanzielle Gegenleistung. Endlich kam die verhängnisvolle Nacht und wir drei Kandidaten marschierten zu unseren Plätzen auf der Bühne. Vor uns saßen die drei Juroren, damals furchterregend wirkende Männer, obwohl ich sie alle als sanftmütige Bürger der Stadt kannte, mit denen ich mich oft nett unterhalten hatte. Ein neutraler Mann – einer, der weder ein „Wash B" noch ein „Camelite" war – stand als Erster auf und las seinen Aufsatz vor. Wenn ich mich an die Lesung und den Inhalt dieses ersten Versuchs erinnere, dachte ich, ich hätte ihn überstanden, wenn ich nur all die feinen Betonungen und sanften, sanften Gesten beibehalten könnte, die mir „Wash B" so mühsam eingetrichtert hatte. Ich war der Zweite, stand auf, verbeugte mich und war, wie mir Freunde später erzählten, was die Darbietung betraf, von Anfang bis Ende „Wash B". Der dritte Mann, ein ungehobelter Kerl, aber mit einer wunderbar modulierten Stimme ausgestattet – er war wirklich ein Redner – stand dann auf und las, was die Betonung und die richtige und rechtzeitige Betonung betraf, einen langweiligen Aufsatz über die Gewerkschaftsbewegung, der fast fehlerlos war. Vor diesem Studenten hatte ich besonders große Angst, aber als er fertig war und wir drei unsere Plätze im Publikum einnahmen, sagten mir so viele „Wash Bs", ich hätte, wie sie es ausdrückten, mühelos gewonnen, dass ich allmählich zu der Überzeugung gelangte, ich hätte mich bemerkenswert gut geschlagen. Die Richter waren jedoch die Männer, die die eigentliche Entscheidung fällen sollten, und sie hielten so wenig von meiner Leistung, dass ich auf der Liste als Letzter landete – sogar der Neutrale mit praktisch keiner Darbietung hatte mich geschlagen. Später kam er zu mir und sagte, er hätte nie damit gerechnet, den zweiten Platz zu belegen. Der ungehobelte „Camelite" mit dem banalen Papier, aber einer wundervollen Stimme, setzte sich durch und wurde zum Gewinner des Preises erklärt. Mein Kummer und meine Enttäuschung schienen für den Moment enorm, und die Tatsache, dass eine Reihe von „Camelites" zu mir kamen und sagten, ich hätte den Preis bekommen sollen, linderte die Intensität meiner Trauer nicht, konnte sie aber verbergen, bis ich wieder in den vier Wänden meines Zimmers war. Dort schwor ich mir, nie wieder einen meiner Aufsätze den Launen dreier Männer zu überlassen, die meiner Meinung nach solche Dummköpfe waren, dass sie sich von einer bloßen Stimme mitreißen ließen. „Sie haben sich nie die Zeit genommen, über das Thema unserer Aufsätze nachzudenken", tobte ich, und tagelang war ich ein sehr launischer junger Mann im Haus. Die „Wash B's" versuchten mich zu trösten, indem sie versprachen, mich zum Essayisten für den großen Wettbewerb im Opernhaus im Herbst zu wählen, aber obwohl ich mich mit meiner Niederlage abfinden wollte, grübelte ich in Wahrheit sehr ernsthaft über diesen, wie es mir schien, bedeutsamen Misserfolg nach. Ich mied meine früheren Saufkumpanen und wurde auf dem Campus nur sehr selten gesehen. Die Niederlage hatte sich viel tiefer in meine Seele gefressen, als selbst ich es zunächst für möglich gehalten hatte, und im Lauf der Tage begann ein tiefgründiger Plan für eine Fluchtreise Gestalt und Substanz anzunehmen. Sobald ich begriff, was vor sich ging, bemühte ich mich sehr, den Plan aus meinem Kopf zu vertreiben, aber während ich über mein Versagen als Essayist und besonders als „Wash B"-Essayist trauerte, hatte sich der subtile, schleichende Plan in mein Unterbewusstsein eingeschlichen, und ehe ich mich versah, unterhielt ich den Versucher auf keine ungastliche Weise. Schließlich war es ein Trost zu wissen, dass ich im Notfall das gesamte College-Curriculum über Bord werfen und mich in aller Stille verziehen und vielleicht an einer anderen Institution neu anfangen konnte, wo meine rohen, aber von mir hochgeschätzten literarischen Werke eine fairere Behandlung erfahren würden. Ich hatte das Gefühl, dass eine außer Kontrolle geratene Reise das Ende meiner College-Karriere bedeuten würde, und es gab Einflüsse, die mich hartnäckig zurückzuhalten versuchten; ich habe mich oft gefragt, wie mein späteres Leben verlaufen wäre, wenn sie die Oberhand gewonnen hätten. Nie zuvor war ich einem vollständigen Sieg über *Die Ferne so nahe gewesen* , und nie zuvor hatte ich mich als der verantwortungsbewusste Bürger der Gemeinschaft gefühlt, zu dem mich mein College-Leben und meine Fähigkeiten, mich selbst zu versorgen, gemacht hatten. Außerdem hatte mein guter Freund und Berater, der Anwalt, einen sehr großen Eindruck auf mich gemacht – eine Leistung, die in jenen Tagen der Rebellion und der eigenwilligen Unabhängigkeit keineswegs leicht war. Ich wusste von dem harten Kampf, den er im Leben geführt hatte, bevor ich zu ihm nach Hause kam. Er war oft zu Besuch bei uns zu Hause gewesen, und sein strenges, sauberes Gesicht hatte mich sehr beeindruckt. Manche hätten es hart genannt, wenn sie den Mann und das, was er durchgemacht hatte, nicht gekannt hätten. Ich studierte es mit besonderem Interesse, weil ich wusste, dass ich ab und zu auch hart darum kämpfte, das Richtige zu tun, und ich fragte mich, ob mein Gesicht nach der völligen Selbstbeherrschung, falls dies jemals geschehen sollte, eines Tages den schrecklichen Ausdruck der Entschlossenheit und des Sieges annehmen würde, der so oft auf dem des Anwalts zu sehen war.

Ich kann nicht über alle seine Siege berichten, denn es müssen viele, sehr viele kleinere gewesen sein, für die er jeden Tag seines Lebens arbeiten musste. Aber der Sieg, der ihn aus der Gosse holte und ihm die Kraft gab, gleichzeitig den übermäßigen Alkoholgenuss und die Tabaksucht aufzugeben, war *der* Sieg, der mich packte, obwohl ich selbst kaum wusste, wie Whisky schmeckt, und nur zeitweise Tabak konsumierte. Die Tatsache, dass der Mann diese Gewohnheiten durch reine Willenskraft überwunden hatte, „ohne religiös zu werden", wie man mir oft gesagt hatte, war es, was mich in Erstaunen versetzte. Sowohl bei mir zu Hause als auch bei dem Anwalt, soweit es seine gute Frau betraf, hatte man mich glauben lassen oder war zumindest teilweise zu der Überzeugung gelangt, dass alle derartigen moralischen Siege, ja alle Überwindungen des eigenen rebellischen Selbst, durch Gebet und göttliche Hilfe oder überhaupt nicht zustande kommen mussten. Ich hatte diese Lehre nie ganz akzeptiert, obwohl sie mich wahrscheinlich stärker im Griff hatte, als ich wusste. Aber der Anwalt – ah, ha! hier war endlich ein lebender, atmender Zeuge der Tatsache, dass Gebet und göttliche Hilfe nicht unabdingbar waren, um sich zusammenzureißen, schlechte Gewohnheiten abzulegen und es in der Welt zu etwas zu bringen. Ich sagte nichts über die Entdeckung, die ich gemacht hatte; aber ich studierte meinen Helden genau und schätzte alle Tatsachen und Einfälle sehr, die der eher intime Kontakt mit ihm hervorrief und die die ursprüngliche und ursprüngliche Tatsache untermauerten – *nämlich* , dass Willenskraft und nicht „Bekehrung" ihn zu einem der angesehensten Bürger seiner Gemeinde und zu einem der prominentesten Anwälte seines Staates gemacht hatte.

Ich weiß nicht, ob er wusste, wie sehr ich ihn schätzte oder nicht. So viel ist jedoch sicher: Er sah mich fast nie streng an oder sprach streng mit mir, und er tat ständig etwas Nettes oder Nützliches. Ich wünschte jetzt, ich wäre alt genug gewesen, um ein offenes Gespräch mit ihm über Willenskraft und göttliche Hilfe zu führen. Er war kein sehr mitteilsamer Mann, und es ist möglich, dass er einem solchen Gespräch nicht zugestimmt hätte, weil er vielleicht dachte, ich sei zu jung, um solche Dinge aus seiner Sicht zu diskutieren. So lebte ich weiter und sah ihn immer als Vorbild an, wenn es notwendig war, die Zähne zusammenzubeißen und einer kleinen Versuchung zu widerstehen. Seine Frau, die für mich wirklich eine zweite Mutter war, sorgte dafür, dass ich in die Kirche ging und meine Bibel studierte – die Universitätsleitung verlangte den Gottesdienstbesuch und rief montags alle auf, die am Tag zuvor in der Kirche gewesen waren oder nicht –, aber irgendwie hatte sie nie den Einfluss auf mich, den ihr weißhaariger, glattrasierter, kräftiger Ehemann hatte. Sie betete und hoffte unablässig, dass „Gill ", wie sie ihn nannte, schließlich religiös werden und himmlischen Frieden finden würde. Er ging häufig mit ihr in die Kirche und seine Bemühungen waren sicherlich ebenso vorbildlich wie die des Collegepräsidenten, aber ich habe gehört, dass er, wenn er überhaupt an Theologie glaubte, diese erbärmliche, törichte Lehre – eine dumme Schöpfung schwacher Geister – meinte, dass eine gewisse Anzahl von Seelen ohnehin zur Verdammnis verurteilt sei und dass seine eine davon sei, aufgrund des wilden Lebens, das er in jungen Jahren geführt hatte. Diese

„Geschichte" über meinen Helden nahm auch mich sehr merklich gefangen, und ich schaute oft verstohlen in das schöne Gesicht des Mannes und fragte mich, was in einem Geist vorgehen könnte, der sich mit der ewigen Strafe abgefunden hatte. Ich konnte seiner Philosophie bisher nicht folgen, bin jedoch schon seit langem zu dem Schluss gekommen, dass der Mann zu vernünftig war, um sich mit einer solchen Theorie zu beschäftigen, und dass die „Geschichte" nichts weiter als ein Flickenteppich aus wilden Vermutungen und unbesonnenen Mutmaßungen von Verwandten und seiner liebenswerten, aber nicht immer vorsichtigen Frau war.

Eines Tages kam ein Verwandter von mir, bekannt als „Der Diakon", auf Bitte meiner Gastgeberin in die Stadt und hielt einige Erweckungsversammlungen ab, oder vielleicht wurden sie auch Weiheversammlungen genannt. „Der Diakon", obwohl er, wie ich glaube, ein glühender Methodist und ein entschlossener Kämpfer für die Rettung der Seelen der Menschen war, war keiner der konventionellen, lauten Erweckungsprediger, die wir alle gesehen und gehört haben. Er war in seinem Auftreten ruhig und zurückhaltend und schien sich auf die süße Vernunft der Bibel und seine Interpretation derselben zu verlassen, um die Menschen von der Notwendigkeit der Erlösung zu überzeugen, anstatt auf laute Ermahnungen und noch lauteres Singen. Er war sehr taub, und wenn ich ihn morgens zum Frühstück rief, musste ich in sein Zimmer gehen und ihn schütteln, woraufhin er seine Trompete ans Ohr hielt und fragte: „Was ist los?" Ich sagte ihm, dass es Zeit für ihn sei aufzustehen, und er dankte mir mit dieser seltsamen metallischen Stimme, die so viele Taube haben oder erwerben.

Er verbrachte viel Zeit damit, mit seiner Gastgeberin zu reden, und eines Morgens erzählte er ihr, ziemlich unbesonnen, wie ich finde, von einem Freund von ihm, „der genau so groß, so schwer und so alt wie Ihr Mann" war und plötzlich in Chicago tot umgefallen war. Dieser Vorfall ergriff die gute Frau auf unglückliche Weise, und als ich sie sah, weinte sie und beklagte sich darüber, dass ihr „Gill" ebenfalls plötzlich einschlafen könnte, bevor er religiös würde. Ich konnte nichts sagen, außer dass er mir gut genug schien, um jederzeit einzuschlafen; aber damit war seine Frau nicht zu trösten. „Gill muss sich Gott hingeben", beharrte sie, und ich zog mich zurück, fühlte mich selbst ziemlich schuldig, da ich mir überhaupt nicht sicher war, ob ich mich Gott hingegeben hatte oder es jemals tun würde. Er war für mich ein solcher Mythos, dass ich es weitaus praktischer fand, den Charakter und die Art des Anwalts zu studieren, den ich als sichtbares, greifbares Lebewesen kannte.

Es kann sein, dass meine Verehrung für meinen Wohltäter – ich glaube wirklich, dass sie darauf hinauslief – nicht der beste Einfluss war, den sie auf meinen Geist hätte ausüben können; mir wurde beispielsweise in späteren Jahren nahegelegt, dass ich wahrscheinlich zu dieser Zeit den Grundstein für jenen festen Glauben an Willenskraft legte, der, ob gut oder schlecht, seit vielen Jahren so ziemlich alles ist, woran ich als moralische Triebkraft ernsthaft geglaubt habe. Wie dem auch sei, jahrelang, nachdem ich das College und das Haus des Anwalts verlassen hatte, half mir meine Erinnerung an ihn, an seinen tapferen Kampf, das Richtige zu tun, und an das freundliche Interesse, das er mir entgegenbrachte, mehr als einmal, eine Zeit zu überbrücken, in der *Die Ferne* ihr Möglichstes tat, um mich zu überreden, alles hinzuschmeißen und ihr törichterweise nachzujagen.

Jetzt, da der gute Mann gestorben ist, bedauere ich mehr denn je, dass ich mich von diesem miserablen Essay-Wettbewerb so überrumpeln ließ. Der erste Aufbruch vom College und dem Haus des Anwalts war ein Fehlschlag. Ich hielt mich dummerweise einen ganzen Tag in einer Stadt unweit des Colleges auf, und der Anwalt, der vermutete, dass ich dies tun könnte, schickte zwei meiner College-Freunde – die älter waren als ich – los, um mich auszukundschaften und zu versuchen, mich zu finden. Ihre Mission war erfolgreich – einer von ihnen war der bekannte „Wash B", der sich so sehr bemüht hatte, mir das Lesen eines Essays beizubringen. Sie taten ihr Möglichstes, um mich zur Rückkehr zu überreden, aber ich war hartnäckig, und sie gingen ohne mich zurück. Nach ein oder zwei Stunden erschien der Anwalt selbst auf der Bildfläche, und dann musste ich zurück und wusste es. Er sagte sehr wenig zu mir, außer dass er mich bat, ihm so viel Geld zu geben, wie ich besaß. Am Nachmittag besuchte er einen Anwaltskollegen, der, wie ich aus dem Gespräch schließen konnte, in ernsthaften rechtlichen Schwierigkeiten steckte. Als wir wieder auf der Straße waren, sagte mein Entführer: „Josiah, da ist ein Mann, der ins Zuchthaus muss." Er sprach sehr langsam und eindringlich, bot mir aber nicht an, mir zu sagen, warum und wann der Mann eingesperrt werden sollte, und ich war vernünftig genug, nicht zu fragen.

Als wir wieder zu Hause waren, erwähnte der Anwalt meinen unkonventionellen Abschied nicht und hielt die Angelegenheit offenbar für erledigt. Meiner Gefühle wegen wurde entschieden, dass ich nicht sofort ans College zurückkehren sollte, und ich schloss mich so weit wie möglich in meinem Zimmer ein, um mich vor meinen Klassenkameraden zu verstecken, die, da war ich mir sicher, alles über mein Abenteuer wussten. Dort grübelte ich wieder über meinen geringen Erfolg als Essayist nach, über meinen Mangel an Willenskraft, eine Niederlage zu ertragen, und versuchte auch, einen weiteren Ausweg aus dem zu planen, was mir als schreckliche Schande erschien. Eines Nachmittags, als ich besonders niedergeschlagen war, klopfte der dicke, fröhliche Präsident des Colleges an meine Tür. Er war gekommen, um ein offenes Gespräch mit mir zu führen, erfuhr ich, und bald war ich in der Defensive. Er lachte über meine Schüchternheit, wieder ans College zu gehen, tat meine Behauptung, ich sei „sowieso nichts wert und sollte besser gehen", ab und tat im Allgemeinen sein Möglichstes, um mich aufzumuntern und mir das „Zurückrutschen " in meine Kurse, wie er es nannte, so einfach und leicht wie möglich zu machen. Aber, guter Mann, er bemühte sich vergebens. Am nächsten Tag, als ich etwas Geld zur Hand hatte, machte ich mich wieder auf den Weg, für immer und ewig. Der wohlmeinende Präsident ist längst zu seiner letzten Ruhe gebettet. Am nächsten Morgen war ich in Chicago und sehr bald darauf im Haus meiner Großmutter. *Die Ferne* war nur indirekt für diese Reise verantwortlich, denn ich machte mich gleich nach meinem Weggang vom College auf den Weg zu meinem einzigen Zuhause und weigerte mich, mich auf Nebenwege locken zu lassen. *Die Ferne* war nur insoweit schuld, als sie ursprünglich vorschlug, mein Studium abzubrechen, ohne mir irgendwelche Vorschläge zu einem Ziel zu machen, denen ich Beachtung schenkte. Ich – armer, schwacher Sterblicher – trug eine schreckliche Schuld, als ich nach zwei Jahren ununterbrochenen Lebens die Chance verspielte, die mir geboten wurde, mein College-Studium abzuschließen und später Anwalt zu werden. Und doch – wenn ich das, was damals als goldene Gelegenheit galt, mit der harten Schule der Erfahrung, die ich seitdem durchlaufen musste, und der Bedeutung der Ausbildung, die ich heute genossen habe, abwäge, gestehe ich, dass ich zu der Zeit, als ich sie durchlebte, eher zu den harten Schlägen und Prüfungen und Wirrungen des Lebens tendiere, als zu dem Zeitpunkt, als ich sie durchlebte, als zu dem Zeitpunkt, als ich das College-Studium und die Anwaltslizenz erdulden musste. Es ist natürlich schwierig, in solchen Angelegenheiten eine Entscheidung zu treffen, aber irgendwie denke ich, dass mir die Welt heute in jeder Hinsicht mehr bedeutet, trotz allem, was ich hinter mir gelassen habe, als sie mir in festgelegten akademischen und beruflichen Grenzen jemals hätte bedeuten können.

Der Aufenthalt im Heimatdorf dauerte nicht lange, aber lange genug, um über die Veränderung in meinem Leben nachzudenken, die ich so herrisch herbeigeführt hatte – eine Rückkehr zum College kam nicht in Frage, und der Anwalt wollte mich auch nicht wiederhaben. Meine Launenhaftigkeit hatte seine Geduld erschöpft, und er sagte offen, er würde den „Fall" nicht mehr antreten. Auch ein Verbleib im Heimatdorf kam meiner Tante zufolge nicht in Frage. Dort hatte ich zum ersten Mal meine waghalsigen Neigungen gezeigt, und ihrer Meinung nach war es das Beste, mich so weit wie möglich von meinen früheren Dorfverbindungen wegzubringen. Außerdem hielt man es nicht für klug, mich in die Obhut meiner alternden Großmutter zu geben, die mich nur gelegentlich im Auge behalten konnte.

Ich fragte mich, was ich am besten tun sollte, hatte keine Lust auf eine weitere Reise und bedauerte vorübergehend sehr, dass ich mich bei diesem belanglosen Aufsatz so dumm verhalten hatte. Mir fiel nichts ein, was machbar schien, und es war auch gut, dass ich nicht wegen eines persönlich gehegten Plans den Kopf verlor, denn meine findige Tante hatte bereits eine Zufluchtsstätte für mich gefunden. Es war eine Farm im Westen Pennsylvanias, die entfernten Verwandten gehörte. Hier sollte ich bei der Pflege von Ernte und Vieh helfen und sehen, was das Leben im Freien für meinen überphantasievollen Kopf tun würde. Ich sollte meine Verpflegung und 25 Dollar für die Arbeit in der Saison erhalten, eine riesige Summe, wie es mir bei der ersten Erwähnung vorkam, denn ich hatte noch nie zuvor so viel Geld in bar besessen. Ich machte mich mit Eifer und Entschlossenheit an die Arbeit, um alles über die Landwirtschaft zu lernen, was ich konnte. Einige Wochen lang lief tatsächlich alles gut, bis ich einen Ausflug mit einem älteren Freund und seiner Verlobten und einem Mädchen machte, das, glaube ich, das erste war, das ich wirklich mochte. Ich habe ihrer Familie nie ihren Namen verraten, außer dass ich sie „Jeminy Jowles" nannte, was genauso ein echter Name war wie meiner. Aus irgendeinem Grund wollte ich jahrelang nach dieser vorübergehenden Zuneigung, die zumindest meinerseits echt und spontan war, nie, dass meine Familie erfuhr, dass ich an einer bestimmten jungen Dame interessiert war, und wie ich oben sagte, täuschte ich fast allen Mädchen gegenüber Gleichgültigkeit vor, anstatt zu glauben, ich sei „begeistert" von der Bewunderung für ein oder zwei. Nach unserer Rückkehr von unserem Ausflug kehrte „Jeminy" zum See zurück, um dort bei der Pflege einer der Villen zu helfen, wie es damals eine Reihe von Mädchen taten und es auch heute noch tun, da bin ich mir sicher. „Jeminys" Weggang machte das Dorf für mich sehr langweilig und die Farm absolut abstoßend. Also bat ich eines Tages meinen Cousin, mir von den versprochenen 25 Dollar das zu geben, was er für meinen Anteil hielt. Ich sagte ihm, ich würde in den Staat New York gehen, um zu sehen, ob ich mehr Geld verdienen könnte. Er wusste, dass „Jeminy" dort war, und da er dachte, dass sich aus unserer Freundschaft etwas Profitables entwickeln könnte, gab er mir mein Geld und eilte dann zu den New Yorker Resorts und zu „Jeminy". Letztere musste den ganzen Tag und bis weit in den Abend hinein so hart arbeiten, dass ich sie kaum sah, aber ich erinnere mich, dass ich träumte und an sie dachte, wenn ich allein umherwandern musste. Ich verbrachte sehr wenig Zeit mit der Arbeitssuche, da ich umzog, und bald beschloss ich, mich woanders nach Arbeit umzusehen. Wie groß war mein Kummer, als ich an dem Tag, als die treulose „Jeminy" nach Hause aufbrechen wollte, zurückkam und sah, wie sie mit einem ehemaligen Verehrer, in feine Kleidung gekleidet, den Kai vom Boot herunterkam, den ich in dem kleinen Bauerndorf in Pennsylvania aus „Jeminys" Zuneigung verdrängt hatte. Ich vermutete, dass er über ein dickes Geldbündel verfügte, wenn man seine Unabhängigkeit und seine „einzige Unterkunft auf diesem Bürgersteig"-Art betrachtete, mit der er „Jeminy" für sich allein beanspruchte, und auch seinen sehr distanzierten und kritischen Blick, den meine etwas abgenutzten Kleider zweifellos verdienten. Das war das Ende meiner ersten und letzten echten Liebesaffäre. Sitzen gelassen, die Mittel sehr knapp und keine Anstellung in Sicht – das war eine Situation, die der besten Leistung eines jeden Jungen würdig war. Vielleicht tat das Sitzenlassen im Moment mehr weh, aber die Notwendigkeit, meine Mittel aufzufüllen, half mir, es etwas zu vergessen. Eigentlich hätte ich nach Pennsylvania zurückkehren und wieder auf der Farm meiner Verwandten arbeiten sollen. Aber dort hätte ich die treulose „Jeminy" gesehen, vielleicht auch ihren alten Verehrer, und ich war nicht in der Stimmung für solche Begegnungen. Nein! Ich würde nicht zulassen, dass sich das Dorf über mich lustig machte, selbst wenn ich woanders verhungerte. Außerdem, welche Chance hätten meine alten Kleider in einem Wettkampf mit denen meines Rivalen? Offensichtlich eine sehr geringe. Ich war mir sicher, dass das Schicksal in dieser Richtung vorübergehend gegen mich war, und ich blickte nach Norden – wahrscheinlich, weil „Jeminy" und die Farm Süden bedeuteten. Der Westen zog mich gerade nicht an, und der Osten – New York machte damals für mich den größten Teil des Ostens aus – erschien mir zu kompliziert und voller Menschen.

Eines Nachts sprang ich auf einen Güterzug nach Buffalo und versteckte mich in einem Güterwagen zwischen einigen Fässern der Standard Oil Company. Bei einem Unfall wäre ich inmitten des ganzen Öls wahrscheinlich umgekommen, aber für diese Fahrt war kein Unfall vorgesehen. Mein Besitz bestand aus dem, was ich am Leib trug, und ein paar Fünfcentstücken in meiner Tasche. Auf diese Weise hoffte ich, den mächtigen Norden zu beeindrucken. Der alte Traum, aus dem Blickfeld meiner Freunde zu verschwinden, meinen Weg allein in der Welt zu gehen und dann unabhängig, erfolgreich und wohlhabend zurückzukehren, hielt mich aufrecht, selbst als „Jeminys" Verlassenheit mir gegenüber am verlockendsten war.

Schließlich schlief ich auf dem Dach des mächtigen Trusts ein und träumte von ehrlichen Bemühungen, Erfolg zu haben, wenn nicht von wunderbaren Triumphen. In meinem tiefsten Innern wünschte ich mir, dass die Verwirklichung meines Traums von zukünftigem Wohlstand und Ruhm durch ehrenhafte Arbeit und Kampf zustande kommen würde. Tatsächlich kann ich mich während dieser Jugendzeit und sogar davor an kein Verschwinden oder keine Fluchtreise meinerseits erinnern, die nicht eine „ehrliche Beziehung" mit der Welt voraussetzte; zumindest theoretisch war Ehrlichkeit für mich ein ebenso kostbares Gut wie für die Jungen, die zu Hause blieben und regelmäßig waren. Dass es keine „ehrliche Beziehung" war, auf den Fässern des mächtigen Trusts zu sitzen und eine Fahrt in einem von anderen gecharterten und bezahlten Wagen zu „ergattern", kam mir nicht in den Sinn. Und um mich ein für alle Mal von einem Geständnis in dieser Hinsicht zu befreien, kann ich sagen, dass ich deswegen nie ernsthafte Gewissensbisse hatte. Für diese Dummheit gibt es keine Entschuldigung, ebenso wenig wie für meine Nutzung von Halbpreiskarten, als ich die Mittel hatte, sie zu kaufen, bis ich über siebzehn war. Ich berichte nur über die Tatsache, die für alle Passagiere, gute, schlechte und gleichgültige, symptomatisch ist, die sich auf unseren Eisenbahnen ihren Weg „bahnen". Ich habe von einem „Freak" gelesen, der einer Eisenbahngesellschaft mitteilte, dass er eine bestimmte Anzahl von Fahrten auf ihren Zügen gestohlen hatte, wobei er den wahrscheinlichen Preis der Fahrkarten für die berechnete Entfernung schätzte und eine Postanweisung über einen kleinen Teil der gesamten Summe als vorläufige Zahlung beilegte. Vielleicht hat dieser Mann tatsächlich existiert, aber es ist wahrscheinlicher, dass er entweder eine Erfindung eines Reporters war oder, falls er echt war, die Eisenbahngesellschaft lediglich mit einer Erklärung seiner Schulden reizte und versäumte, die Postanweisung beizulegen. Keine „abhängende" Versammlung von Landstreichern würde jemals eine solche Geschichte glauben – nicht einmal über einen „Schwulen".

Mein Güterzug hielt sehr früh am Morgen im Bahnhof von East Buffalo, und dort stieg ich aus. Ich stolperte über die Gleise und wich Rangierlokomotiven aus. Ich gelangte zum Hauptquartier des Rangiermeisters. Sein Büro befand sich im oberen Stockwerk des schmuddeligen Holzgebäudes, während sich darunter ein warmer Raum befand, in dem sich die Weichensteller ausruhen konnten. Es war ein kalter Septembermorgen, die Sonne war noch nicht aufgegangen, und dieser warme Raum sah sehr einladend aus . Schließlich nahm ich all meinen Mut zusammen und ging hinein, und ich war ganz allein. Später kamen Weichensteller, aber sie bemerkten mich kaum, bis ich mein dreistes Auftreten entschuldigte und offen zugab, dass ich Arbeit suchte. Meine Kleidung – sie war nicht gut genug, um „Jeminy" den Hof zu machen, aber egal! Sie rettete die Lage in dieser Hütte. Den Weichenstellern war klar, dass ich kein Landstreicher war, und meine zurückhaltenden Manieren machten offensichtlich auch einen guten Eindruck. Später kam der Nachtrangermeister, ein fröhlicher Deutscher, herein und erfuhr von meiner misslichen Lage. Er musterte mich eingehend, befragte mich ziemlich ausführlich über meinen letzten Job und meine Reisen und sagte mir schließlich, ich solle es mir bis zum Feierabend am Kamin gemütlich machen, worauf er mir versprach, noch einmal mit mir zu sprechen. Dieses zweite Gespräch war der Anfang einer Reihe von Missgeschicken, die den guten Rangiermeister, hätte er sie vorhersehen können, sicherlich zögern ließen, mir die Position zu verschaffen, die er dank seines Einflusses erreichen konnte. Die Missgeschicke werden später beschrieben, aber ich muss hier wegen des zweiten Gesprächs mit dem Deutschen darauf eingehen. Was auch immer wir uns im Leben sonst noch fragen mögen oder nicht, es schien mir immer interessant, darüber zu spekulieren, was uns von bedeutsamer Natur hätte widerfahren können, wenn bestimmte sehr triviale und unbedeutende Umstände in unserem früheren Leben nur anders gewesen wären. Wie viele Männer und Frauen entdecken beispielsweise beim Rückblick auf ihr Leben genau solche unbedeutenden Ereignisse in ihrer frühen Laufbahn und erkennen viele Jahre später, wie wichtig diese Ereignisse letztlich waren. Erst neulich lernte ich einen Mann kennen, der jetzt auf Hawaii lebt und seinen derzeitigen Erfolg und seine dauerhafte Ansiedlung dort mit einem vielbeachteten Ausbruch eines Vulkans in der Gegend erklärt. Er war zum Zeitpunkt des Ausbruchs, der gerade stattfand, als er überlegte, was er mit seinem Urlaub anfangen sollte, ein schlecht bezahlter Telegrafist in Oregon. Er beschloss schließlich, den Vulkan zu besichtigen, selbst wenn es ihn all seine Ersparnisse kosten würde, und segelte nach Hawaii – und blieb dort. Eine Gelegenheit nach der anderen bot sich ihm, und er hatte Erfolg. Warum? Der Mann sagt: „Wegen dieses verdammten alten Schwätzers." *Qui lo sa ?*

Was später passiert wäre, wenn der Rangiermeister mich nicht erneut aufgesucht und einer weiteren Reihe von Fragen unterzogen hätte, kann ich natürlich nicht sagen. Aber es ist durchaus möglich, dass etwas ganz anderes passiert wäre, als ich im zweiten Teil berichten werde. Das unmittelbare Ergebnis dieses zweiten Gesprächs mit dem Rangiermeister war, dass er mir eine Stelle als „Rangierwagenreporter" versprach und mich zu dem sehr günstigen Preis von 15 Dollar pro Monat für Kost und Logis in sein eigenes Haus aufnahm, so dass mir von meinen 35 Dollar, die ich monatlich verdiente, 20 Dollar übrig blieben, um sie nach Belieben zu sparen oder auszugeben – eine fürstliche Summe, die ich damals für eine wunderbare Gehaltssumme hielt, die erst Jahre später in ihrer Wirkung übertroffen wurde, als mir 300 Dollar pro Woche für etwa zwei Monate wieder mehr oder weniger das gleiche aufgeblasene Gefühl der Freude bescherten, das ich früher auch mit den 35 Dollar pro Monat erreichen konnte.

Die Wagenmeldung erwies sich für mich als schwieriger als der Rangiermeister erwartet hatte. Zunächst musste ich mir die Namen und die Lage aller verschiedenen Gleise in den Bahnhöfen von East Buffalo merken. Ich studierte sie hauptsächlich nachts, weil ich dann Dienst hatte. Es muss gleich gesagt werden, dass ich ihre Geographie oder Nomenklatur nie zufriedenstellend beherrschte und dass meine Meldungen über die Anzahl und den Besitz der Wagen sehr fehlerhaft waren. Wenn ich mich heute an diese Meldungen erinnere, fürchte ich, dass ich offiziell viele Wagen aus den Bahnhöfen schickte, die zu Hause blieben, und dass ich unbeabsichtigt eine gleiche Anzahl von Wagen als sicher im Hafen gemeldet habe, die, soweit ich weiß, bis heute ziellos über die Prärie irren könnten. Ich sollte diese Position jedoch nicht lange innehaben, also ist hoffentlich kein großer Schaden entstanden.

Über meine frühen Jahre zu schreiben und mich hier in gedruckter Form von ihnen zu verabschieden, war eine schwierigere Aufgabe als erwartet. Vor Jahren war es nicht schwer, ihnen formell und physisch Lebewohl zu sagen. Einundzwanzig zu werden, dann dreißig, dann – ich betrachtete dreißig immer als ein befriedigendes Ziel, die Jahre schienen so langsam zu kommen und zu gehen. Dann wurde mir auch auf eine gewisse Art klar, dass meine Jugend als ziemliches Fiasko angesehen wurde, und ich wollte so weit wie möglich von Versagen und Katastrophen wegkommen. Nun – nun, vielleicht ist es besser, wenn ich meine Gedanken für mich behalte. Ich muss jedoch sagen, dass Rückblicke einige der traurigsten Stunden mit sich bringen können, in denen der Geist schwelgen muss.

KAPITEL V

MEINE ERSTE GEFANGENSCHAFT

Als ein Freund erfuhr, dass dieses Buch in Arbeit war und dass es zumindest vorläufig als Abschluss meiner Berichte über die Unterwelt gedacht war, schrieb er mir Folgendes:

„Was auch immer Sie tun oder lassen, vergessen Sie nicht, etwas Romantik in die Geschichte zu bringen. Ich meine, Sie sollten versuchen, etwas Poesie – oh ja, ich meine Poesie – in Ihren Bericht über sich selbst einzubringen. Eine bloße Aneinanderreihung von Daten und Fakten reicht nicht aus.“

Vielleicht kann der Leser in diesem zweiten Teil einige verstreute Stellen beabsichtigter „Poesie“ finden, aber wenn ich mir das Ganze selbst ansehe, sind die „Stellen“, wenn sie überhaupt vorhanden sind, so weit verstreut, dass ich sie nicht finden kann. Dennoch musste ich diesen Abschnitt des Buches schreiben, um es zusammenhängend und zusammenhängend zu machen, ob „Poesie“ oder nicht.

Meine Wagenmeldung in East Buffalo dauerte nur eine Woche. Dann fuhren mein Wohltäter, der Nachtrangiermeister, und ich eines Tages nach Buffalo selbst. Der Rangiermeister fand bald andere Freunde und überließ mich mir selbst, indem er mir sagte, ich solle mich amüsieren. Vielleicht würde dieser zweite Teil meines Buches eine ganz andere Geschichte erzählen, wenn wir zusammen geblieben wären, vielleicht – Aber etwas in mir sagt: „Was nützt ‚vielleicht‘ zu dieser späten Stunde? Nur zu, platzen Sie mit der Wahrheit heraus.“ Ich bin mir nicht sicher, ob „vielleicht“ viel nützt, aber irgendwie scheint es mir unmöglich, diese Gewohnheit abzulegen. Manchmal ist sie so stark, dass ich mich dabei ertappt habe, dreimal zu meiner Unterkunft zurückzukehren, um mich zu vergewissern, dass keine Kohlen aus dem Kamin gefallen waren – obwohl die Wahrscheinlichkeit, dass so etwas bei der dritten Inspektion passierte, nicht größer war als bei der ersten. „Und doch“, habe ich mir überlegt, „ *vielleicht* wäre eine glühende Kohle herausgefallen und hätte den ganzen Ort verbrannt, wenn ich nicht einen letzten Blick darauf geworfen und mich vergewissert hätte.“

So ist es auch, wenn ich auf jenen Tag allein in Buffalo zurückblicke. *Vielleicht* kommt mir das Unvermeidliche in den Sinn und ich frage mich, was passiert wäre, wenn ich einfach beim Rangiermeister geblieben wäre, was ich, wenn ich gewollt hätte, sehr gerne hätte tun können.

Was ich am Morgen und am frühen Nachmittag tat, weiß ich nicht mehr; wahrscheinlich bin ich nur durch die Straßen gewandert und habe mir die Sehenswürdigkeiten angesehen, die mich anzogen. So viel weiß ich jedoch mit Sicherheit: Ich hatte keine große *Wanderlust* . Meine Arbeit bei der

Eisenbahn interessierte mich ziemlich und ich hatte bereits begonnen, die Höhe meiner Ersparnisse am Ende des Jahres zu berechnen. Im Laufe des Tages habe ich ausgerechnet, wie viel Zeit ich für den Weg zurück zum Abendessen und zur Arbeit brauchen würde, und bis zur Mitte des Nachmittags war ich fest entschlossen, mich früh zur Arbeit zu melden. Dann – ach ja, dann! sah ich eine Pferdekutsche, die auf einer der Hauptverkehrsstraßen stand. Was mich dazu veranlasste, in die Kutsche zu steigen und blind weiterzufahren, kann ich bis heute nicht sagen. Wie ich bereits bemerkt habe, war meine Arbeit zufriedenstellend, tagsüber war ich mein eigener „Chef", die Pferdekutsche stellte für mich damals ebenso wenig persönlichen Reichtum dar wie eines der Geschäfte, und es gab keine vernünftige Entschuldigung für eine Wanderfahrt. Aber irgendetwas - strenggläubige Kirchenleute würden sagen, der Teufel - veranlasste mich, die Arbeit hinzuschmeißen, das Risiko einzugehen, als Pferdedieb ins Gefängnis zu kommen, und mit Pferdekutsche und Pferd in unbekannte Gegenden zu reiten. Ich habe nicht den geringsten Wunsch, dieses Verbrechen zu beschönigen; ich möchte nur wissen, warum ich es begangen habe. Im Moment der Abfahrt kam mir weder in den Sinn, die Ausrüstung in Gold zu verwandeln, noch umzukehren. Ich fuhr eine gute Stunde lang weiter, ohne Rücksicht auf die Richtung und die Polizei. Dann dämmerte mir allmählich die Schwere meines Vergehens. Was sollte ich tun? Zuerst überlegte ich, das Pferd bei einem Bauern zu lassen, in der Annahme, dass sein Besitzer es irgendwann finden würde. Aber ich verwarf diesen Plan. Es war zu spät, um mich zur Arbeit zu melden, und die zunehmende Dunkelheit löste einen leichten Anfall von *Fernweh aus*. „Warum nicht so weit wie möglich im Schutz der Nacht fahren", überlegte ich, „und das Gefährt *dann* irgendwo in guten Händen zurücklassen?" Ich hatte endlich einen Weg gefunden, der in die Richtung führte, die ich zu diesem Zeitpunkt einschlagen wollte, falls ich die Stelle als Autoreporter aufgeben musste, und mein Entschluss stand in dieser Hinsicht ziemlich fest, obwohl ich noch einen Wochenlohn zu bezahlen hatte.

Um Mitternacht befand ich mich auf einer weiteren Straße und in eine neue Richtung, da ich während des Ritts meine Meinung geändert hatte. Ich brachte das Pferd in einen Stall, fütterte es und dann schliefen wir beide ein. Am frühen Morgen waren wir wieder *unterwegs* und keine Polizei in Sicht. Zu diesem Zeitpunkt war der Wunsch, der Festnahme zu entgehen, sehr stark, und es ist ein Wunder, dass mir das gelang, da ein halbes Dutzend Detektive in verschiedenen Richtungen die Büsche abklapperten. Am dritten Tag erreichte ich mein Ziel in Pennsylvania, das Haus eines Bekannten, der mit Pferden handelte und mich gut kannte. Mein Besitz eines so wertvollen Pferdes und eines so modischen Phætons wurde zufriedenstellend erklärt; sie wurden auf einer Auktion gekauft, erklärte ich kühn, und stellten das Ergebnis meiner Ersparnisse während des Sommers dar. Um eine traurige

Geschichte kurz zu machen, werde ich nur sagen, dass das Pferd und die Kutsche meinem Freund für eine Geldsumme überlassen wurden, die für mich durchaus zufriedenstellend war, aber weit unter dem Wert der Ausrüstung lag. Soweit es die scharfsinnigen „Detektive" betraf, könnte es immer noch der Ort sein, an dem ich mich davon getrennt hatte. Es wurde bald freiwillig an den Besitzer zurückgegeben. Einige Wochen später kam ein weiteres Pferd mit Wagen in meiner Obhut bei meinem Freund an, und wieder wurde die fadenscheinige Geschichte von einem „Schnäppchen" und der Unfähigkeit, ihm zu widerstehen, erzählt. Es war das dümmste „Schnäppchen", das ich je gemacht habe. Da ich auf einem Jahrmarkt in einer Nachbarstadt war, die nicht mehr als zehn Meilen entfernt war, und meinen Zug nach Hause verpasst hatte, bemächtigte ich mich kühn eines „Gefährts" und fuhr so unbekümmert wie möglich nach Hause. Mein leichtgläubiger Freund gratulierte mir zu meinem Glück beim Pferdekauf und hätte mir zweifellos dieses zweite Gefährt abgekauft, wenn nicht etwas passiert wäre.

Gegen Mitternacht hörte ich ein ominöses Klopfen an der Haustür meines Freundes. Wie ich vermutete, kündigte es die Ankunft der Polizisten an – das Pferd war gesehen und aufgespürt worden! Es bestand eine kleine Chance zur Flucht, aber wenn ich jetzt auf die Situation zurückblicke, ist es wahrscheinlich, dass ich nicht weit gekommen wäre, bevor ich gefangen genommen worden wäre. Einige der Dorfbewohner, die ebenfalls aufgeschreckt worden waren, waren sehr empört über meine Verhaftung und erzwungene Abreise und erklärten, dass „kein Junge bei klarem Verstand absichtlich ein Pferd so nahe bei meinem Zuhause stehlen würde. Es muss ein Irrtum vorliegen. Wahrscheinlich hatte der Junge das Gespann mit einem verwechselt, das man ihm befohlen hatte, usw. usw. Aber ihre Argumente halfen nichts, und ich wurde abgeführt. Der Untersuchungsrichter machte im Gefängnis kurzen Prozess mit meiner Geschichte, und bald wurde ich ins Bezirksgefängnis gebracht – meine zweite Inhaftierung in etwa achtzehn Jahren. (Ich sah vielleicht aus wie fünfzehn.)

Die Ferne , eigentlich alles, was mir jemals wirklich etwas bedeutet hatte, schien unwiederbringlich verloren. Doch mir kamen keine Tränen in die Augen, und ich ging in den elenden „Saal" des Gefängnisses und sagte „Hallo!" zu den anderen Gefangenen, als wäre ich an einen solchen Ort und solche Gefährten gewöhnt. Diese Fähigkeit, wenn ich sie so nennen darf, mit fast jedem auszukommen und für eine angemessene Zeit praktisch jede Art von Unterkunft zu ertragen, war mir von großem Nutzen. Ich merke jedoch, dass in späteren Jahren „häusliche Annehmlichkeiten" immer mehr zu einer Notwendigkeit werden. Meine Konstitution scheint eine *Gegenleistung zu verlangen* – und will fair behandelt werden, nachdem ich so viele harte Schläge geduldig ertragen habe.

Diese erste *richtige* Inhaftierung und das Gefängnis verdienen eine ausführliche Beschreibung.

Vor einigen Jahren habe ich für *The Forum* einen Artikel mit dem Titel „Der Verbrecher im Freien" verfasst. Die Hauptthese dieses Artikels war, dass Kriminologen den Verbrecher bisher in zu engen Grenzen – der Gefängniszelle – untersucht hatten und dass sie, um ihren Mann gut kennenzulernen, ihn in freier und natürlicher Umgebung kennenlernen müssen. Im Allgemeinen halte ich an dieser Überzeugung fest; aber wenn ich auf meine erste Gefängniserfahrung zurückblicke, bin ich mehr denn je davon überzeugt, dass wir als Volk, auch als praktisches Volk, unsere Pflicht erbärmlich vernachlässigen, wenn wir das gegenwärtige Bezirksgefängnissystem mit all seinen damit verbundenen Übeln beibehalten; und dass es ganz klar „an" Kriminologen und Strafvollzugswissenschaftlern liegt, sich für radikale Änderungen des gegenwärtigen Systems einzusetzen.

Meine eigene Erfahrung in dem alten Gefängnis, in das ich gesteckt wurde, um auf meinen Prozess zu warten, ist typisch für das, was dem durchschnittlichen Gefangenen in den meisten unserer Gefängnisse widerfährt. Das Gefängnisgebäude war ungewöhnlich alt, aber die dort geltenden Regeln waren ungefähr dieselben, die man in allen *Landgefängnissen findet*; in Städten sind die Regeln strenger und anspruchsvoller.

Bald nachdem ich den Gefängniskorridor oder die Gefängnishalle, wie ich sie genannt habe, betreten hatte, sprach mich ein Gefangener nach dem anderen an – sie durften sich bis zur Schlafenszeit nach Belieben im Korridor bewegen – und versuchte direkt oder indirekt herauszufinden, weswegen ich „eingesperrt" worden war. Ich erzählte ihnen ganz freimütig von der Anklage gegen mich und erfuhr im Gegenzug, aufgrund welcher Anklage sie eingesperrt worden waren. Zufällig befanden sich gerade keine Mörder oder Gewalttäter im Gefängnis, aber wenn sie in Gefängnissen angetroffen werden, bewegen sich solche Insassen genauso frei unter den möglicherweise Unschuldigen wie die älteren Gefangenen in meinem Gefängnis, die mit den jungen Jungen in Verbindung standen. Einige der Gefangenen verbüßten Gefängnisstrafen wegen geringfügiger Vergehen, aber die Mehrheit wartete, wie ich, auf ihren Prozess. Es gab Einbrecher, Taschendiebe, Diebe, Betrüger, Ausreißer und halb verrückte Männer, die auf die Verlegung in geeignete Anstalten warteten. Tagsüber, von sieben Uhr morgens bis acht oder neun Uhr abends, wurden wir alle zusammen in den Korridor im Erdgeschoss gesteckt, im Guten wie im Schlechten, jeder auf sein Glück bedacht. Hier verbrachte ich viele trostlose Stunden während der sechs Wochen, die ich auf mein Urteil warten musste. Nachts wurden wir in unsere

Zellen in den Etagen über dem Korridor gesperrt, wobei zwei und drei Männer in einer Zelle untergebracht wurden. Es ist jedoch nur fair zu sagen, dass die Zellen so ungewöhnlich groß und geräumig waren, dass sogar vier Männer bequem in einer Zelle untergebracht worden wären. Wir sollten alle ruhig sein, nachdem der Sheriff uns für die Nacht eingesperrt hatte, aber tagsüber durften wir Spiele spielen, lachen und uns allgemein amüsieren. Wir kochten unser eigenes Essen. Einmal in der Woche wurde gewählt und ein neuer Koch eingesetzt; von denen, die nichts vom Kochen verstanden, wurde erwartet, dass sie beim Abwaschen halfen und den Korridor sauber hielten. Über diese einfachen Pflichten hinaus gab es keine Arbeit zu tun. Folglich mussten wir uns beim Gehen, bei „Besengymnastik", wie wir unsere Possen mit diesem Instrument nannten, und beim Treppensteigen körperlich betätigen. Jeden Morgen wurde uns reichlich Tabak zur Verfügung gestellt, und wir bekamen auch ein oder zwei Tageszeitungen. Unsere Nahrung war einfach, aber mehr oder weniger zufriedenstellend: Brot, Melasse und Kaffee zum Frühstück; Fleisch, Kartoffeln und Brot zum Mittag; Brot, Melasse und Tee zum Abendessen. Wer Geld hatte, durfte Luxusartikel wie Butter, Zucker und Milch ausliefern und kaufen. Alles in allem war es wahrscheinlich eines der „einfachsten" Gefängnisse in den gesamten Vereinigten Staaten, wenn sich der Gefangene benahm, und ich habe nichts an der humanitären Behandlung zu bemängeln, die uns der Sheriff entgegenbrachte; das Gefängnis selbst war jedoch ein Schandfleck – äußerst unhygienisch und erbärmlich unsicher, wenn wir erfahrene Gefängnisausbrecher dabei gehabt hätten.

Es war das völlige Fehlen einer Klassifizierung der Gefangenen und die daraus resultierende Vermischung von hartgesottenen Kriminellen und jungen Burschen, auf die hier hauptsächlich hingewiesen wird. Von morgens bis abends tauschten die „alten Hasen" der Kriminalpolizei Geschichten über ihre Heldentaten aus, während die jüngeren Gefangenen mit offenen Mündern und Augen voller Erstaunen um sie herumsaßen und gierig jede Silbe in sich aufnahmen. Ich hörte genauso aufmerksam zu wie alle anderen und war sehr beeindruckt von dem, was ich hörte und sah. Die Schwere meines Vergehens ließ mich in der Rangordnung der jugendlichen Gefangenen etwas aufsteigen, und manchmal durfte ich an „privaten" Besprechungen teilnehmen, die eigentlich nur für seit langem eingeweihte und gründlich vor Gericht stehende Straftäter bestimmt waren. Dieses Privileg und der allgemeine Ton der „Härte", der im ganzen Gefängnis herrschte, hatten leider ihre Wirkung auf mich, und ich begann, mit den anderen zu prahlen und zu bluffen. Tatsächlich war ich so entschlossen, entweder das „Echte" zu sein oder gar nichts – fast ausschließlich aufgrund meines Umgangs mit den älteren Männern –, dass ich zunächst nicht gewillt war, meinen Anwalt versuchen zu lassen, eine Besserungsanstalt für mich zu erwirken. „Wenn ich überhaupt verurteilt werde", befahl ich, „dann zu einer

Gefängnisstrafe. Ich möchte nicht mit vielen Kindern verkehren." Glücklicherweise folgte mein Anwalt meinem Vorschlag nicht.

Inzwischen rückte der Tag der Urteilsverkündung näher, jener bedeutsame Zeitpunkt, dem alle Gefangenen mit schmerzlicher Ungewissheit entgegensehen. Natürlich standen die Gerichtsverhandlungen an erster Stelle, aber praktisch jeder Häftling wusste, dass er „mit der richtigen Beute" erwischt worden war und dass der Tag der Urteilsverkündung ihn als Beute einfordern würde. Mein Prozess war bald vorbei. Mein Anwalt hatte sehr geschickt „gearbeitet", und ich erhielt sofort mein Urteil – ich ging in *die Besserungsanstalt, bis ich mich gebessert hatte* . Ich erinnere mich, dass ich mich sehr verlegen fühlte, als ich ins Gefängnis zurückgebracht wurde; so ein Urteil war für ein Baby bestimmt, dachte ich, und was würden die „alten Hasen" denken? Sie kamen in einer Gruppe zur Tür, als ich zurückgebracht wurde, und fragten im Chor: „Wie viel, Junge?"

„Ein Jahr", schwärmte ich, und meinte damit natürlich das Gefängnis, und setzte dabei das Lächeln und die Lässigkeit eines alten Mannes auf. Später wurde ihnen die Wahrheit gesagt, und dann begann ein Lehrgang über „den Schiedsrichter schlagen" und „entkommen", dem ich sehr aufmerksam zuhörte.

Ein paar Tage später waren die anderen Prozesse beendet und der Tag der Urteilsverkündung wurde endgültig verkündet. Die zu verurteilenden Männer zogen für diesen Anlass ihre „besten" Sachen an, und diejenigen, die einen Überschuss an Krawatten und Hemden hatten, teilten sie freundlicherweise mit denen, denen diese Auszeichnungen fehlten. Ein hartes Schicksal starrte ihnen allen ins Gesicht und jeder wollte seinem Nachbarn irgendwie helfen. Sie waren eine so nervöse Ansammlung von Männern, wie man sie auf einer Mondreise nur finden kann, während sie auf den Sheriff warteten. Sie alle erwarteten etwas, aber das Ausmaß dieses Etwas, die Strenge, die der „alte Mann", der Richter, ihnen entgegenbringen würde, machte sie nervös. Es war eine völlig neue Szene für mich und ich beobachtete aufmerksam die Miene jedes Gefangenen. Ich hatte meine Medizin erhalten; ich wusste genau, was vor mir lag und litt nicht unter dem Gefühl der Unsicherheit, das die anderen beunruhigte. Schließlich kam der Sheriff. „Alles bereit, Jungs", sagte er, und die verurteilten Männer wurden paarweise mit Handschellen aneinander gefesselt und zum Gerichtsgebäude geführt. Nach einer halben Stunde waren sie zurückgekommen, und auf allen Gesichtern war ein bemerkenswerter Ausdruck der Erleichterung zu sehen. Einige von ihnen hatten harte Strafen erhalten, aber, wie einer es ausdrückte: „Gott sei Dank, ich weiß sowieso, was meine Aufgabe ist." Die schreckliche Spannung und das Warten hatten ein Ende.

Am nächsten Tag sollten wir zu unseren verschiedenen Zielen gebracht werden, für die einen in die Irrenanstalt und ins Arbeitshaus, für die anderen ins „Ref" und „Pen". Das Frühstück war unsere letzte gemeinsame Mahlzeit, und die Frau des Sheriffs schickte uns kleine Leckereien, um uns glücklicher zu machen. Nach dem Essen wurden unsere spärlichen Habseligkeiten eingepackt, jeder Mann und jeder Junge zog sein Bestes an, noch einmal wurde den Zurückgebliebenen ein letztes Lebewohl gesagt und der Marsch in unsere neuen Heime begann. Einige schleppen sich möglicherweise noch immer auf Ersuchen und Verlangen des Staates zu neuen abgeschiedenen Orten, andere haben es sehr wahrscheinlich „abgewickelt" und sind jetzt sesshaft und gute Bürger, während wieder andere vielleicht hier unten „abkassiert" haben und im Geiste in Welten weitergezogen sind, in denen die Tage der Versuchung und Bestrafung vorbei sind. Seit dem Tag, an dem wir das alte, muffige Gefängnis verließen, bin ich keinem meiner Gefängniskameraden mehr begegnet.

KAPITEL VI

IN EINER REFORMSCHULE

Wenn uns nur jemand genau sagen könnte, was in einer Besserungsanstalt getan werden sollte und was nicht, wäre dies ein großer Fortschritt in der Strafvollzugswissenschaft, die heute ebenso eine Wissenschaft ist wie die Soziologie. Beide – und die Kriminologie kann man auch dazuzählen – erinnerten mich immer an eine Katze nach einer ordentlichen Dusche – sie schütteln das, was ihnen nicht bekommt oder was ihnen ihrer Meinung nach nicht bekommt, genauso ernsthaft ab wie die Katze, die sich abtrocknet; aber wie bei der Katze scheinen sie durch das Schütteln oft noch zerlumpter auszusehen als je zuvor.

Ich kann hier höchstens versuchen, die Reform School zu beschreiben, die ich in Pennsylvania kennengelernt habe, und zu erzählen, was sie in meinem Fall erreicht hat und was nicht.

Der Superintendent war der Bruder eines der klügsten Politiker und Amtsträger, die dieses Land hervorgebracht hat. Er hielt seine Position größtenteils durch den Einfluss seines Bruders und hätte, was seine besondere Eignung für ein öffentliches Amt anbelangte, genauso gut jeden anderen „Job" bekommen können. Trotz alledem war er jedoch ein ziemlich freundlicher und gerechter Mann und handelte wahrscheinlich entsprechend seiner Einsicht und Führung richtig.

Die Einrichtung beherbergte etwa dreihundert Jungen und Mädchen, wobei letztere offiziell von den Jungen getrennt waren; die „Sicherheitskräfte", die Jungen, die auf dem Bauernhof das Sagen hatten, sahen sie jedoch nicht selten. Die Einrichtung war nach dem Cottage-Prinzip eingerichtet – die Jungen einer bestimmten Größe wurden in ein bestimmtes Cottage abgeschoben. Ich wurde zum Beispiel mit viel jüngeren und unerfahreneren Jungen zusammengebracht, einfach weil ich so groß war wie sie. Es fiel mir damals auf – und heute bin ich noch mehr davon beeindruckt –, dass dies eine sehr eigenartige Art war, Gefangene, insbesondere Jungen, zu klassifizieren. Viel wichtiger scheint mir eine Klassifizierung auf der Grundlage von Alter, Ausbildung, Erfahrung, Veranlagung und Temperament. Aber der große Staat, der mich unter seine Leitung gestellt hatte, übersah all diese Dinge praktisch bei der Unterbringung von uns Jungen in den verschiedenen Heimen. Wer dafür verantwortlich war, kann ich nicht sagen, aber man sollte meinen, dass sich der Leiter etwas Besseres ausgedacht hätte als das System, unter dem wir leben mussten. Genau hier liegt das Problem in so vielen Straf- und Besserungsanstalten – was andere Leiter und Direktoren für „gut genug" hielten, findet ihr jüngster Nachfolger auch „gut genug"; die Räder und Zahnräder wurden auf der alten Basis weiterbewegt und der Neue hat Angst, während seiner Amtszeit damit „herumzupfuschen". Viele Gefängnisse in diesem Land verdienen eine gründliche Überholung, und während die Aufdeckung des Missbrauchs öffentlicher Gelder an der Tagesordnung ist und in so vielen Bereichen frisches Blut gefordert wird, wäre es vielleicht kein schlechter Plan, die Verwaltung unserer Zuchthäuser, Arbeitshäuser, Besserungsanstalten und Gefängnisse sorgfältig zu prüfen.

Es gab keine Mauer um die Schule, in die ich eingewiesen worden war, eine Tatsache, die mir gleich bei meiner Ankunft auffiel. Anstelle einer Mauer und als vermeintlicher Schutz gegen Ausbrüche hatte der Aufseher eine schrille Pfeife für Tag und Nacht und ein riesiges, flammendes Erdgaslicht, insbesondere für die Nacht, obwohl das elende Ding, wie ich es fand, die ganzen vierundzwanzig Stunden brannte. Es gab fünf Abteilungen oder Cottages für die Jungen, einschließlich des Hauptgebäudes, das man kaum als Cottage bezeichnen konnte. Wenn mich mein Gedächtnis nicht täuscht, war ich in Abteilung G, neben der der „größten" Jungen, aber ich war erheblich älter und sicherlich mehr gereist und „geschult" als viele von ihnen. Theoretisch sollte jeder Insasse bis zum einundzwanzigsten Lebensjahr in der Schule bleiben, es sei denn, Verwandte oder Freunde holten ihn ab, nachdem er die erforderliche Anzahl an Gutachten erhalten hatte. Zehn war die maximale tägliche Zahl, und fünftausend waren erforderlich, bevor eine gute Führung als erwiesen galt und eine Entlassung zulässig war. Der Tag war etwa zu gleichen Teilen zwischen Lernen und Arbeiten aufgeteilt, aber da ich in der Abteilung G im Lernen unterlegen war, durfte ich den ganzen Tag in der Bürstenfabrik arbeiten. Die Bestrafung richtete sich nach dem Vergehen, manchmal auch nach der Anzahl der Noten, die ein Junge hatte, und der Nähe seiner Entlassung. Aber im Allgemeinen galten diese Regeln: Für kleinere Vergehen gab es „Anstehen" – eine Strafe, die den Verlust des Spielprivilegs und die Notwendigkeit, während der Pausen mit anderen Opfern eine Note zu geben, beinhaltete; für schwere Vergehen gab es eine vorgeschriebene Anzahl von Peitschenhieben mit einem Lederriemen, eine Kürzung der Noten des Jungen und Gefängnis in einer Zelle bei Wasser und Brot. Manche Jungen hatten ihre fünftausend Mark längst verdient und hatten theoretisch – es gibt so viel Theoretisches in *staatlichen* Einrichtungen – Anspruch auf ihre Freiheit. Aber da sich keine Verwandten, Freunde oder Arbeitgeber meldeten, die für ihre sichere Unterbringung „draußen" bürgten, waren sie gezwungen, dort zu bleiben, bis ihnen jemand zu Hilfe kam.

Das Wort „draußen" charakterisierte einen großen Teil des Schullebens. Ursprünglich wurde es ausschließlich in Zuchthäusern verwendet, aber die Jungen hatten es auch für sich selbst übernommen, obwohl es keine Mauer gab und das „draußen" ebenso deutlich sichtbar war wie das „drinnen". Wir waren zwar in Gefangenschaft und wurden in Grenzen gehalten, aber es galt als klug und „weise", den Gefängnisausdruck zu verwenden. Folglich dachte jeder Junge mit etwas Mumm ständig darüber nach, was er tun würde, wenn er wieder frei wäre, wenn das große „draußen" wieder offenes Gelände wäre.

Wir hatten auch einen institutionellen Jargon oder Slang, der so weit wie möglich dem Dialekt der „echten" Gauner im „Pen" nachempfunden war. Wächter wurden zu „Schrauben", Brot und Wasser zu „Windpudding", Detektive zu „Ellenbogen" und so weiter. Wenn wir unter uns waren, in der Werkstatt, im Klassenzimmer oder beim Spielen, war es für alle ein ständiger Zeitvertreib und Anlass für viele ernsthafte Studien, „die echten", die Gauner und ihre Manierismen nachzuäffen – und fast alle Jungen hatten bereits Gefängniserfahrungen und Umgang mit Gaunern gehabt. Dieses Posieren war eines der schlimmsten Dinge, die in der Schule gelehrt und gelernt wurden. Ursprünglich sollte die Schule sehr humanitär und modern in Zweck und Organisation sein, ein disziplinarisches Heim und kein bloßer Gefängnisort – man denke nur an das Fehlen einer Mauer und das Cottage-System der Unterbringung –, aber die Jungen selbst vereitelten diese Ziele mit ihren Gefängnisgesprächen, die sie auf Kosten der Steuerzahler in verschiedenen Bezirksgefängnissen gelernt hatten.

Generell wurden die Jungen in zwei Gruppen oder Kreise aufgeteilt – die „Standpatters" und die „Softies". Die ersteren waren die Jungen mit Temperament und Abenteuerlust, die Hauptgewinner in ihren Klassen und auf dem Spielplatz; die letzteren waren die Klatschtanten, die Großmäuligen – „Lungers" war auch ein guter Name für sie –, die sich von den „Standpatters" trennten, wenn ihnen „Lunging it" einen Gefallen versprach. Was auch immer ich sonst in der Schule tat oder nicht tat, ich scheute alle Offiziere, die versuchten, mich dazu zu bringen, meine Kameraden zu „verarschen". Das war vielleicht keine Tugend, aber es sicherte mir einen guten Ruf unter den Jungen mit Temperament und Unternehmungslust, und ich denke, dass sich jeder Junge, der an einem solchen Ort angenehme Gesellschaft suchte, natürlich den „Standpatters" zuwandte. Natürlich wurde meine Auswahl an Kumpanen von den Offizieren beobachtet und im Kopf behalten, um sie später entweder für oder gegen meine Leistungen einzusetzen, je nachdem, wie es den Zwecken des beobachtenden Aufsehers diente, ebenso wie viele andere Dinge, die ich tat oder unterließ. Im Allgemeinen waren die Beamten gerecht und vernünftig, aber wenn ich jetzt über sie nachdenke, waren sie, mit Ausnahme von ein oder zwei, nicht besonders für die Arbeit in der Besserungsanstalt geeignet; es waren hauptsächlich Männer, die zufällig in dieses Leben hineingerutscht waren und sich daran geklammert hatten, weil sie nichts Besseres zu tun hatten. Sie wurden von den Jungen nach ihren unterschiedlichen Fähigkeiten im Umgang mit dem Riemen beurteilt. Einige waren stark und schwer und wurden „Sockendologen" genannt; andere, die körperlich nicht so leistungsfähig waren, wurden als „Leichtgewichte" bezeichnet. Nachts schliefen wir in Schlafsälen und ließen alle unsere Kleider außer unseren Hemden im Keller, was nächtliche Fluchten erschwerte. Im Großen und Ganzen war das Leben im Schlafsaal sauber und anständig, tatsächlich viel sauberer als das Leben in Zellen in vielen unserer Gefängnisse und Haftanstalten. Das Tagesprogramm begann, soweit ich mich erinnere, im Sommer um halb sechs und im Winter um sechs Uhr morgens. Der große Pfiff läutete den Tag ein, und wir mussten alle aus unseren Betten springen, sie machen und dann im Gänsemarsch in den Keller marschieren , wo wir uns wuschen und anzogen. Bald darauf gab es das Frühstück mit Melasse und Tee, und danach verbrachten wir etwa eine halbe Stunde auf dem Spielplatz. Nach der Freizeitgestaltung wurden wir in zwei Gruppen aufgeteilt, eine für das Klassenzimmer und die andere für die Fabrik. Es gab auch „Detail"-Jungs, langjährige Insassen, denen man als Boten, in der Bäckerei, im Klempnergeschäft und bei verschiedenen Tätigkeiten in den Cottages und auf dem Bauernhof vertrauen konnte. Ich bewarb mich mutig und frühzeitig um einen „Detail"-Job, aber ohne Erfolg. Der Aufseher sagte mir, dass nur die Jungen, bei denen er sich sicher war, solche Positionen erhielten , und ich zog mich zurück, in dem Wissen, dass er sich meiner nicht sicher war, und mit der Entschlossenheit, ihn dazu zu bringen, auf unbestimmte Zeit über mich zu rätseln. Punkt zwölf Uhr gab es Abendessen, gefolgt von einer weiteren halben Stunde Freizeitgestaltung, und dann begannen die Schule und die Fabrik wieder. Um sechs Uhr waren wir alle beim Abendessen und um neun im Bett. Die Zwischenzeit verbrachten wir auf dem Spielplatz und im Klassenzimmer.

Eines Tages gab es eine Revolution in der Fabrik. Einer der älteren Jungen hatte einen Schraubenschlüssel nach einem einschüchternden Wachmann geworfen und wurde für seinen Ungehorsam ordentlich verprügelt — geschlagen und mit der Faust des Mannes geschlagen, behauptete der Junge. In der Pause gab es eine hastige Beratung unter den „Stand-Pattern".

„Lasst uns zum Büro des Vorgesetzten laufen und uns beschweren", schlug jemand vor, und bevor wir auch nur halbwegs ernsthaft darüber nachgedacht hatten, was wir taten, huschten wir zum Büro des Vorgesetzten im Hauptgebäude, und der Beamte, über den wir uns beschweren wollten, folgte uns gemächlich. Das war ein so klarer Fall von Mob-Wahnsinn, wie ich ihn noch nie gesehen habe; das zerschundene und blutige Gesicht unseres Begleiters erzürnte uns so sehr, dass wir alle Regeln und Vorschriften über Bord warfen. Wären wir alle so schnell weitergegangen, hätten wir wahrscheinlich die Hälfte von uns auf der Stelle entkommen können. Aber an Flucht dachten wir nicht. Wir wollten und wollten, wenn möglich, die Entlassung des anmaßenden Wachmanns fordern. Zuerst wollten, wie das bei fast allen Mobs der Fall ist, die verschiedenen Jungen gleichzeitig reden, und der Vorgesetzte hatte erhebliche Schwierigkeiten, unsere Seite der Geschichte zu erfahren. Dann wurden wir in das Klassenzimmer unserer Abteilung beordert, und der Vorgesetzte wollte den Wachmann allein befragen. Das Ergebnis der Angelegenheit war, dass der Wachmann zurücktrat und jeder Junge fünfzehn Peitschenhiebe mit dem Riemen erhielt. Der Aufseher war persönlich bei der Tracht Prügel anwesend. Unser erster Offizier, ein sanftmütiger, stark bärtiger Mann, der mich immer sehr rücksichtsvoll behandelt hatte, war der erste, der den Riemen schwang. Wir Jungen saßen mit verschränkten Armen auf unseren Plätzen und warteten, bis wir an die Reihe kamen. Endlich kam ich an die Reihe. Der Offizier sah mich enttäuscht an; er schien mich nicht bestrafen zu wollen. Er musste jedoch Befehlen gehorchen, genau wie wir Jungen, und ich erhielt meine fünfzehn Peitschenhiebe. Während jeder „Waljagd" schauten die anderen Opfer aufmerksam zu, wie Kinder, die sich gerade zu einem Thanksgiving-Dinner hinsetzen; sie wollten sehen, ob der „Walgejagte" „quieke" würde. Außer einem mehr oder weniger schwachsinnigen Jungen, der mit uns anderen aus keinem anderen Grund mitgelaufen war, als weil er „uns gehen sah und dachte, wir spielten ‚Folge dem Anführer'", jammerte keiner von uns. Der erste Offizier gab völlig auf, nachdem zehn Jungen bestraft worden waren, und ein Ersatzmann – der Schulschreiner – übernahm seinen Platz. Ich erinnere mich, wie froh ich war, als ich an die Reihe kam, unter das Regime des ersten Offiziers zu kommen, und als er zu schwanken begann.

Obwohl der sehr unbeliebte Fabrikwächter verschwunden war, lösten der Aufstand und der „Walfang" in den Köpfen von vier Jungen Fluchtgedanken mit sehr viel höherer Geschwindigkeit aus. Solche Gedanken sind sozusagen immer ganz oben, wo immer Menschen eingesperrt sind – sogar in Krankenhäusern; aber die vier Jungs – ich war einer von ihnen – steckten die Köpfe zusammen und schmiedeten Pläne wie nie zuvor. Ein Kampf und ein anschließender Befehl, „in einer Reihe" zu stehen, ließen meinen Wunsch nach Freiheit ungewöhnlich hoch steigen. Einer der „Weichlinge" und ich waren aus irgendeinem Grund aneinandergeraten, und ein „Walfang" in der Nacht, neben dem „in einer Reihe stehen", stand uns bevor. Den ganzen Nachmittag über dachte ich über Mittel und Wege nach, um das große „Draußen" zu erreichen, und zog vier vertrauenswürdige „Stand-Patter" ins Vertrauen; sie wollten auch gehen. Aus verschiedenen Gründen erwartete uns alle eine Strafe irgendeiner Art, und da ich fast sicher war, dass ich wegen des Kämpfens eine Tracht Prügel bekommen würde, beschloss ich, dass ich, wenn ich erwischt würde, es auch für meinen Fluchtversuch zur Pflicht machen könnte. Alle Jungen rechneten sehr gut mit solchen Dingen.

Schließlich wurde entschieden, dass der praktikabelste Plan darin bestand, aus dem Fenster des Klassenzimmers zu springen, als wir in einer Reihe in den Keller marschierten, um uns für die Nacht auszuziehen. Die Entfernung zum Boden betrug vielleicht zwanzig Fuß, aber im Laufe des Nachmittags studierten wir sehr sorgfältig die wahrscheinliche Stelle, an der wir landen würden, und alle fühlten sich dem Abenteuer gewachsen. Wir hätten barfuß und ohne Mäntel entkommen müssen, aber wir beschlossen, dass wir die verräterischen Jacken sowieso nicht wollten, und wir dachten, wir könnten unsere Socken und Mützen unbemerkt ins Klassenzimmer schmuggeln.

Dieser letzte Abend im Klassenzimmer war sehr nervös, zumindest für vier Jungen. Von Zeit zu Zeit, wenn der Offizier nicht hinsah, tauschten wir bedeutungsvolle Blicke, um sicherzustellen, dass es in unseren Reihen keine Überläufer gab. Unsere Mützen und Socken waren in unserer Kleidung versteckt. Endlich ertönte die Pfeife, die Bücher wurden weggeräumt und der Befehl gegeben, sich in Linie aufzustellen. Mein Entschluss stand fest. Selbst wenn die anderen Jungen schwächer wurden, ging ich durch das offene Fenster und nach „draußen". Aus irgendeinem Grund hatte ich das Gefühl, dass der Erfolg auf mich wartete, und abgesehen vom Fallenlassen aus dem Fenster und einer möglichen sofortigen Gefangennahme hatte ich sehr wenig Angst. Ich war der Erste, der sich fallen ließ. Plötzlich fiel ich aus der Linie, kletterte über die Fensterbank und – fiel in die Dunkelheit. Ob die anderen drei meinem Beispiel folgten oder nicht, weiß ich nicht; wahrscheinlich nicht, denn mein Verschwinden veranlasste den Offizier, drohend nach seinem Revolver zu greifen, wie ich sehen konnte, als ich über die Fensterbank ging. Als ich wieder auf dem Boden war, wartete ich auf niemanden, sondern rannte barfuß und barhäuptig über den Rasen in Richtung der Bahnstrecke am Fuße des Abhangs. Dort versteckte ich mich unter einem Zaun, und im nächsten Moment verriet die große Pfeife mit langen Tönen der Umgebung, dass ein „Ref"-Junge entkommen war, während das flackernde Licht den Rasen erhellte und den Beamten bei ihrer Suche half. Schon bald hörte ich ihre Stimmen und hastigen Schritte überall um mich herum, aber sie kamen nie nahe genug heran, um mein Versteck aufzudecken. Ich muss zwei gute Stunden unter dem Zaun geblieben sein, bevor ich mich traute, weiterzugehen. Das war ungefähr die übliche Zeit, die für eine Suche vorgesehen ist, und ich blieb still wie ein Grab, bis alles ruhig war. Dann kroch ich mehr als ging und bahnte mir meinen Weg zur Eisenbahnbrücke, überquerte sie wie eine Katze und ging mutig auf die bewaldeten Hügel gegenüber der Schule zu – die Hügel, die ich so oft sehnsüchtig angeschaut und mich gefragt hatte, ob ich sie jemals überqueren könnte, ohne gefangen genommen zu werden. Das Unterholz und die herabgefallenen Zweige und Äste müssen meine Füße verletzt haben, aber die Kratzer und Prellungen waren in der Aufregung des Weggehens kaum zu bemerken. Und obwohl die Nacht ziemlich kühl geworden war und ich nichts als Hemd und Hose trug, um mich zu bedecken, war ich buchstäblich in heftigem Schweiß, als ich die Spitze des ersten Hügels erreichte und auf die Schule und das flammende Licht zurückblickte.

„Auf Wiedersehen, Bürstenfabrik und Riemen", murmelte ich. „Mögen wir uns nie wiedersehen . "

Am frühen Morgen lag ich erschöpft, mit zerschundenen Füßen und Händen, neben einer Straße, die, wie ich sah, zu offenen Feldern mit Häusern und Scheunen führte. Es kam mir vor, als hätte ich in der Nacht locker zwanzig Meilen zurückgelegt, aber in Wirklichkeit waren es nur vier. Die Sonne war noch nicht aufgegangen, und ich lag eine Weile ruhig da, überlegte, wie ich den Tag am besten verbringen könnte, und pflegte meine wunden Füße. Allmählich überkam mich ein unbändiger Appetit und Durst, die durch den Rauch aus den Schornsteinen der Bauernhäuser noch verstärkt wurden. Dies war ein sicheres Zeichen dafür, dass die Frühstücksfeuer angezündet worden waren, und ich erinnerte mich mit Genuss an die knappe Mahlzeit, die die Jungen in der Schule bald zu sich nehmen würden. Aber ich war frei! Es war kein Wächter da, der mich herumkommandierte, und ich konnte verweilen oder weitergehen, wie ich wollte. Aber dieser Appetit! Schließlich beschloss ich in meiner Verzweiflung, meine Freiheit zu riskieren und auf dem nächsten Bauernhof um etwas zu essen zu bitten. Ohne Essen war es unmöglich, weiterzugehen, und ich brauchte dringend neue Kleidung, sowohl aus Sicherheitsgründen als auch, um gut auszusehen.

Mein Empfang auf dem Bauernhof war zunächst verwirrend. Der gute Bauer und seine Frau gaben mir ein reichhaltiges Essen, aber ersterer sah mich misstrauisch an und bemerkte, dass er am Abend zuvor die Schulpfeife gehört hatte. Seine gute Frau war jedoch sehr mitfühlend und sympathisch. Es gab einen erwachsenen Sohn, der ebenfalls auf meiner Seite zu sein schien. Würden Mutter und Sohn gewinnen, fragte ich mich. Als das Essen vorbei war, sagte mir der Bauer freimütig, dass er an meiner Kleidung erkannte, dass ich ein Schuljunge war, und dass er die Geschichte, die ich ihm als Erklärung erzählt hatte, überhaupt nicht glaubte. Es war eine Frage von „um mein Leben rennen oder um Gnade bitten". Ich beschloss, auf meine Überzeugungskraft zu vertrauen, und flehte den Bauern eine ganze Stunde lang an, mich nicht zurückzunehmen. Er wusste und ich wusste, dass er für meine Rückkehr fünfzehn Dollar Belohnung erhalten würde, und da es Sonntag war und er zur Kirche musste, würde der Abstecher zur Schule für ihn nur einen kleinen Umweg bedeuten.

„Aber es ist gesetzeswidrig, wenn ich Ihnen bei der Flucht helfe", argumentierte der Bauer. „Dafür kann ich mit einer Geldstrafe belegt werden."

„Gib mir einfach ein paar alte Kleider und Schuhe", antwortete ich , „und niemand wird jemals erfahren, dass du mich gesehen hast. Außerdem werde ich in dieser Schule nur zum Teufel gehen. Es hat mir nichts genützt."

Der Bauer schien zu schwanken, und ich wandte mich an den Sohn und bat ihn, für mich einzutreten und ihm ein wenig, sehr wenig über mich zu erzählen. Er lächelte. „Papa wird dich nicht zurücknehmen, keine Sorge", tröstete er mich, und es war, als sei mir ein großer Stein vom Rücken gefallen. Nur sehr wenige Male in meinem Leben habe ich denselben Frieden und dieselbe Dankbarkeit empfunden, die ich nach den Worten des Sohnes verspürte . Bald brachte er mir ein paar alte Stiefel, einen Mantel und eine andere Mütze, für die ich gern die der Schule eintauschte. Als meine Taschen mit Sandwiches und Donuts gefüllt waren und der Bauer mich endlich ermahnt hatte, vorsichtig zu sein, verabschiedete ich mich von diesen guten Menschen. Wenn sie diese Zeilen jemals sehen sollten, möchte ich, dass sie noch einmal meinen herzlichen Dank für ihre Gastfreundschaft erhalten und wissen, dass ihre Freundlichkeit nicht ganz fehl am Platz war.

Den ganzen Sonntag über blieb ich in einem Waldstück versteckt und setzte meine Reise in Richtung der Grenze zu West Virginia nachts fort. Nach fünf Reisetagen überquerte ich die imaginäre Grenze – sie war für mich ein lebendiges Wesen – und befand mich endlich außerhalb der Zuständigkeit des Aufsehers und seiner Beamten. Dann begann diese lange, acht Monate dauernde Wanderreise, während der ich schließlich zur Besinnung kam und der *Ferne* für immer *Adios sagte – Adios* in dem Sinne, dass sie mich nie wieder in ein Netz von Schwierigkeiten verwickeln oder mich von der mir gestellten Aufgabe abbringen konnte. Viele Male später, wenn der Ruf der Straße stark und verlockend war, dachte sie, sie hätte mich wieder in ihren Fängen. Aber anständige Urlaubsreisen oder *echte* Ermittlungen in der Welt der Wanderer genügten, um meine *Wanderlust zu stillen* . Zweifellos waren diese Exkursionen und Ermittlungen in gewissem Sinne ein Kompromiss mit der Straße; das Wandertemperament blieb mir jahrelang erhalten. Aber *die Ferne* war für alle Zeiten besiegt.

Dem Schulleben und dem darauffolgenden achtmonatigen Aufenthalt in Hoboland ist auch das Verschwinden meiner Dieberei zu verdanken. Wann, wie, warum oder wohin sie verschwunden ist, sind Fragen, die ich heute nur unvollständig beantworten kann. Sie ist so still und heimlich aus meinem Leben verschwunden, wie sie sich hineingewunden hatte, und alles, woran ich mich heute noch in Form eines „Auf Wiedersehens" von ihr erinnern kann, ist ein plötzliches Erwachen eines Morgens auf der Straße und mein Entschluss, das Eigentum anderer Leute in Ruhe zu lassen. Ich habe nicht lange über die Sache nachgedacht, sondern einfach auf der Stelle aufgehört; und als ich wusste, dass ich aufgehört hatte, dass ich entschlossen war, von dem zu leben, was mir gehörte, oder von nichts, war der Rest der Reise eine vergleichsweise leichte Aufgabe.

Ich habe gesagt, dass ich dem Bauern, der mich bei meiner Flucht aus der Schule unterstützte, sagte, dass ich nur zum Teufel gehen würde, wenn ich dorthin zurückgebracht würde. Es ist heute unmöglich zu sagen, ob das passiert wäre oder nicht. Aber es ist unfair, wenn ich heute, wenn ich über die Sache nachdenke, nicht zugebe, dass das Schulleben mit all seinen Fehlern und Nachteilen dazu beigetragen hat, mich zur Vernunft zu bringen . Es brachte mich dazu, wie nie zuvor über die erbärmliche Boshaftigkeit meiner Lebensweise nachzudenken, und es zeigte mir auf unmissverständliche Weise, wohin mich *Die Ferne* schließlich führen würde, wenn ich nicht mit ihr brach. Die lange, ermüdende Wanderreise, die folgte, tat das Nötige, um mir zu zeigen, dass es unnütz und unmännlich war, gegen das Gute zu wettern, wie ich es so lange getan hatte.

Zu einer Zeit in meinem Leben habe ich ernsthaft erwogen, eine Offiziersstelle in einer Besserungsanstalt anzunehmen, in der Hoffnung, dass ich auf diese Weise von Nutzen sein könnte. Die Politik – sie ist in unserem Land anscheinend überall zu finden – und Zweifel an meiner Eignung für eine solche Arbeit haben mich schließlich davon abgehalten, es zu versuchen. Aber ich möchte hier sagen, dass ich für junge Männer, die an institutioneller Arbeit interessiert sind und bereit sind, eine Reihe von Opfern zu bringen, kein besseres Feld kenne, um Gutes zu tun , als eine Besserungsanstalt. Je mehr ein Kandidat für eine solche Position studiert, gereist und beobachtet hat, desto *besser* . In Deutschland gibt es eine Schule oder ein Seminar, wo Bewerber für Stellen in Besserungs- und, glaube ich, auch Strafanstalten einen festgelegten Ausbildungs- und Studiengang durchlaufen, bevor sie angenommen werden. Etwas Ähnliches, abzüglich der starren deutschen Vorstellungen von der Unfehlbarkeit ihrer „Systeme" und „Allheilmittel", könnte in diesem Land mit Vorteil versucht werden. Die zu leistende Arbeit verdient das größte Mitgefühl seitens der Hochschul- und Universitätsabsolventen, die sich zu solchen Aktivitäten hingezogen fühlen.

KAPITEL VII

ERSTE TRAMPERFAHRUNGEN

Hoboland – Gay-Cat Country – The Road – was für Erinnerungen diese Namen in mir wecken! Vor Jahren standen sie für mehr als heute. Es gab nicht so viele *echte* Arbeitslose oder Landstreicher wie heute, und die Begriffe bezeichneten klare Gebiete und Grenzen. Jetzt sind die Treffpunkte überfüllt mit wandernden „Pfahlmännern", und der echte Hobo, der „in-Glas-Blasen-Steife", hat die alten Treffpunkte meistens verlassen und sich neue gebaut, versteckt in Büschen oder in Wäldern. Ich glaube auch, dass der echte Hobo, wie er zu meiner Zeit existierte, immer mehr einer Armee von Gelegenheitsarbeitern und wandernden Tagelöhnern Platz macht. Ob er „alles geregelt" hat und anständig lebt oder ob er wieder in die kriminellen Reihen eingestiegen ist und noch einmal versucht, den letzten großen „Pfahl" zu erreichen, der ihn unabhängig und wohlhabend machen soll, kann ich nicht sagen. Es ist nun schon mehrere Jahre her, dass ich in den Vereinigten Staaten auf der echten Straße war, und ich treffe nur selten alte Bekannte in Städten, wo viele von ihnen das ganze Jahr über stationär sind. Die Straße von vor zwanzig Jahren jedoch lernte ich während dieser achtmonatigen Reise kennen, wie sie wahrscheinlich nur wenige Jungen meines Alters und meiner Erziehung je kannten – oder kennen werden. Das Wort Straße wurde als allgemeiner Begriff für die Eisenbahnen, Mautstraßen, Gassen und Pfade verwendet, denen alle Wanderer, Berufstätige und Halbamateure, zum Reisen, zur „Kohle" und zur allgemeinen Unterhaltung folgten. Hoboland war der Teil der Straße, auf dem die „in Glas geblasenen Leichen" umherwandern sollten – die Haupt- und Nebenstraßen, auf denen die Männer zu finden waren, die nicht arbeiten wollten und nur vom Betteln lebten. Gay-Cat Country, das im geographischen Sinne ebenso unbestimmt war wie Hoboland, da es sich über die gesamten Vereinigten Staaten erstreckte, war die Heimat und Zuflucht jener Landstreicher, die gelegentlich *arbeiteten* – wenn zum Beispiel der Winter kam und die Güterwagen zu kalt und trostlos wurden. Im Frühling gaben sie wie die modernen „Pfahlmänner" ihre Arbeit auf und machten sich fröhlich wieder auf den Weg, da die Straße wieder gastfreundlich geworden war. Sowohl Hoboland als auch Gay-Cat Country gingen in gewisser Weise ineinander über – ein „Hangout" zum Beispiel musste oft beiden Vagabundengruppen dienen –, aber die Überschneidungen waren fast ausschließlich physischer Natur. Dieselben Eisenbahnen und Autobahnen standen den Gay-Cats, sofern sie stark genug waren, ihre Rechte geltend zu machen, ebenso offen wie den Hobos – manchmal auch den „Hangouts"; aber hier endete die Verbindung. Der Hobo betrachtete sich selbst als mehr Mensch als der Gay-Cat und war es auch wirklich, und er ließ Letzteren das wissen. Obwohl beide Männer im

Laufe eines Jahres oft ziemlich dasselbe Gebiet bereisten, gab jeder von ihnen diesem Gebiet einen anderen Namen und hielt sich ziemlich fern vom anderen – der Landstreicher wegen seines Stolzes und seiner Kaste, der Schwule, weil er wusste, dass er im Kreis der „Gestohlenen" unwillkommen war . Heute zweifle ich nicht daran, dass die Straße von hundert verschiedenen Arten von Landstreichern bevölkert wird, von denen jede ihren eigenen Namen und vielleicht sogar ihr eigenes Territorium hat. Die Welt hat ihre Verschiebungen und Veränderungen im Reich der Ausgestoßenen ebenso wie im Reich der Aristokraten, und ich höre jetzt von seltsamen Clans von Vagabunden, die noch nicht organisiert waren, als ich mit dem Wandern begann. So ist es mit allem, und ich hätte jetzt wahrscheinlich Schwierigkeiten, die alten Wegweiser und „Treffpunkte" zu finden, die ich einst so gut kannte.

Mein erster Auftritt auf der Straße, nachdem ich so unspektakulär die Bürstenfabrik und das Klassenzimmer verlassen hatte, fand eines Nachts an einigen Koksöfen in der Nähe der Staatsgrenze statt, in deren Richtung ich unterwegs war. Meine Stiefel waren gegen Schuhe getauscht worden, die alte Mütze war einer besseren gewichen, und der zerlumpte Mantel war geflickt worden. Auf diese Weise kletterte ich auf die Öfen und sagte „Hallo!" zu einigen Männern, die ihren Kaffee in einer Tomatendose über einer der Ofenöffnungen kochten. Ich weiß jetzt nicht mehr, ob es Gay-Cats oder Hobos waren, aber sie waren auf jeden Fall sehr gastfreundlich, was man von beiden Menschenklassen sagen muss, wenn man sie voneinander trennt. Zusammen betrachtet sind sie wahrscheinlich in Würde – besonders die Hobos.

Ich bekam Kaffee, Brot und Fleisch, und man zeigte mir, wie man ein paar Bretter über den Rand des Ofens zum Schlafen legt. Meine Unerfahrenheit wurde nur allzu offensichtlich, als ich den Männern sagte, ich hätte „gerade den Schiedsrichter geschlagen". Der Blick, den sie sich nach diesem Geständnis zuwarfen, war damals eine Offenbarung für mich und bleibt mir als einer der ersten typischen Hobo-Charaktere in Erinnerung, die mir aufgefallen sind. Was es mir in diesem Moment bedeutete, ist mir nicht mehr klar; wahrscheinlich habe ich es mir einfach gemerkt und beschlossen, später mehr darüber zu erfahren. Wenn ich darüber nachdenke, scheint es mir, als ob es auf einen Blick all die geheime Clan- und „Ohrenwackel"-Tendenzen verkörperte, die die Reisenden der Straße in so großem und reichlichem Maße besitzen. Das „Ohrenwackeln" – Zuhören – war deutlich zu erkennen, als die Männer selbst aufhörten zu reden und mir, praktisch einem Kind, Beachtung schenkten; die Heimlichtuerei, als einer von ihnen mir freundlich riet, die Neuigkeiten meiner Flucht nicht zu wahllos zu verbreiten; und die Clan-Tendenz, einem Mitreisenden auf der Straße solch praktische Ratschläge zu geben.

Diese Nacht in den Koksöfen verlief ereignislos, außer dass wir alle aufpassen mussten, nicht von unseren Sitzstangen in das heiße Feuer unter uns zu rollen, was mich an ein Erlebnis erinnert, das ich später in einem Sandhaus der Eisenbahn in Ohio hatte. Der Sand war gerade angenehm heiß, als ich mich schlafen legte, aber ich vergaß, dass das Feuer im Laufe der Nacht noch heller werden könnte, und legte mich dicht an den Ofen. Wie groß war mein Entsetzen, als ich am Morgen den Sand abklopfte und feststellte, dass der Sitz meiner besten Hose über Nacht durchgebrannt war. Zum Glück hatte ich zwei Paar an, sonst wäre meine missliche Lage kein Grund zum Lachen gewesen.

Nachdem ich die Staatsgrenze überquert hatte, machte ich mich auf den Weg nach Wheeling. Es gab keinen besonderen Grund, in diese Stadt zu fahren, aber im Leben eines Landstreichers gibt es keinen besonderen Grund, irgendwohin zu gehen. Immer wieder bin ich mit einer gut ausgearbeiteten Reiseroute und festen Plänen nach Norden oder Süden aufgebrochen. Da kam ein Roadster mit einer interessanteren Route oder so etwas, und meine oder seine Route wurde sofort verworfen. So war es während der acht Monate immer; eines Tages könnte Chicago mein Ziel sein, und ich bildete mir ein, genau zu wissen, was dort zu tun war. In hundert Meilen Entfernung erforderte wahrscheinlich etwas viel Wichtigeres, wie ich dachte, meine Aufmerksamkeit in New Orleans. Selten habe ich den wilden Rufen *der Ferne* aufmerksamer zugehört als zu dieser Zeit. Es gab kein Zuhause, in das ich mich zu gehen traute, die Welt lag mir buchstäblich zu Füßen, und alles, was ich tun musste oder konnte, war im Moment umherzuwandern. Roadster, die so ausdauernd mit der Eisenbahn unterwegs waren wie ich und sich selten länger als einen Tag oder so, höchstens ein Wochenende an einem Ort aufhielten, gelten als Opfer des „Eisenbahnfiebers".

In West Virginia hörte ich von einer ländlichen Gegend zwischen der Staatsgrenze und Wheeling, wo man leicht „essen" konnte, wo tatsächlich Reisende auf der Landstraße, wenn es Zeit zum Essen war, von den Bergbewohnern in die Hütten gelockt wurden, um etwas zu essen. Solche Gegenden werden von Landstreichern „Mästplätze" genannt. Durch die Nervosität, die ich mit der Flucht hatte, und die darauffolgende schwere Reise war ich ziemlich dünn und erschöpft geworden, und die ländliche Gegend in den Bergen nahm meine Phantasie gefangen. Es gibt nichts besonders Interessantes an der Gegend oder meinem Aufenthalt dort, das hier einer besonderen Erwähnung bedürfte, außer dass die Bergbewohner so freundlich und gastfreundlich waren, dass ich meine Kräfte für den Existenzkampf in unwirtlichen Gegenden weiter hinten beträchtlich aufbauen konnte. Es war auch ein hervorragendes Versteck, bis die Aufregung über meinen Abschied von der Schule, falls es überhaupt welche gegeben hatte, nachgelassen hatte.

In meinen anderen Schriften habe ich ziemlich genau beschrieben, was ich während der achtmonatigen Reise und auf späteren Ausflügen über das Leben als Tramp gelernt habe. Es gibt daher nicht mehr viel zu erzählen, außer etwas ganz Persönlichem und in Bezug auf den allgemeinen Verlauf dieser Autobiographie. Ich werde daher eilig von Bezirk zu Bezirk springen müssen, um solche Vorfälle zu erzählen, die meine Position und meine Erfahrungen in Hoboland veranschaulichen, und um zu schätzen, was dieses seltsame Land für mich und mit mir geleistet hat.

Während des ersten Monats meiner Wanderung war ich bettlos und oft auch obdachlos. Und als ich mich schließlich doch einmal in einem Bett ausruhte oder es zumindest versuchte, war das Erlebnis so seltsam, dass ich kaum schlief. Ein Güterwagen, ein Heuhaufen, eine Eisenbahnschwelle, die dicht an ein Feuer gerückt war – das waren meine Hauptunterkünfte während der gesamten acht Monate. Es mag eine harte Reise gewesen sein, aber sie machte mich abgehärtet und unempfindlich gegen Unannehmlichkeiten, die mir heute sicher sehr unerwünscht erscheinen würden. In gewisser Weise waren sie damals unerwünscht. Ich lache immer, wenn mir ein Landstreicher sagt, er sei in einem Güterwagen glücklicher als in einem Bett. Er bildet sich das bloß ein, und ich möchte es sicher nicht riskieren, ihm mein Bett im Tausch gegen seinen Güterwagen anzubieten. Doch zur fraglichen Zeit konnte ich in einem Güterwagen oder Heuhaufen ungewöhnlich gut schlafen, und außer wenn ich nachts reiste, waren acht Stunden guter Schlaf mein regelmäßiger Tagessatz. Im Allgemeinen habe ich mir die Namen der verschiedenen Staaten und großen Städte gemerkt, die ich besucht habe, aber wenn ich heute gefragt werde, ob ich in einer bestimmten Stadt gewesen bin, weiß ich oft nicht, ob ich dort war oder nicht. Andererseits sind mir gewisse „Aufenthalte" an vergleichsweise unbedeutenden Orten im Gedächtnis geblieben, während viel größere Orte, die ich gesehen haben muss, dunkel und verschwommen sind. Alles in allem bereiste ich die große Mehrheit der damals voll entwickelten Staaten und besuchte viele der großen Städte.

Bei einem dieser kleineren „Stopps" in Michigan hatte ich wahrscheinlich Gelegenheit, den verlockenden Traum früherer Jahre auszuleben - die Vorstellung, ich müsse, um es zu etwas zu bringen, heimlich irgendwo hingehen, mir einen Beruf erarbeiten und dann die Karriereleiter hinaufsteigen, bis ich zu meinen Leuten zurückkehren und sagen könne: „Trotz meiner ganzen Arglist habe ich es geschafft, weiterzukommen."

Die Stadt hatte die konventionelle Akademie und andere Bildungseinrichtungen, die in meinem Traum immer in die von mir angestrebte Karriere einbezogen worden waren, und die Gastfreundschaft der Menschen versprach alles Mögliche. Ich nahm mein Abendessen im Haus einer wohlhabenden Witwe ein, die mich sehr vernünftigerweise dafür arbeiten ließ, Holz hacken, eine Arbeit, die ich sorgfältig hinter dem Haus erledigte, damit meine Gefährten, allesamt echte Landstreicher, nicht sahen, wie ich eine ihrer Kardinalregeln brach. Nachdem die Arbeit erledigt war, wurde ich zum Essen ins Esszimmer eingeladen, währenddessen mich die freundliche Gastgeberin ziemlich ausführlich über mein Leben ausfragte. Aus irgendeinem Grund war ich zu der Zeit in der Stimmung eines „Selfmademan" und erzählte der Frau von meinem Wunsch nach einer Ausbildung und später einer beruflichen Laufbahn. Sie kam zu meinem Platz herüber, untersuchte meinen Schädel und sagte dann, sich an ihre Tochter wendend – ein ansehnliches Fräulein –: „Der Kopf ist überhaupt nicht schlecht geformt. Er *könnte* klug sein."

„Das wollen wir zumindest ihm zuliebe hoffen", war der eher zweifelnde Kommentar der Tochter. Vor ihrer Abreise bestand die Mutter darauf, dass ich in der Kanzlei eines örtlichen Anwalts vorbeischaue, der sich angeblich „sehr für junge Männer und ihr Wohlergehen interessiert". Ich versprach, ihn aufzusuchen, aber irgendwie passte seine Zeit nicht zu meiner – er war nicht in seiner Kanzlei – und vielleicht verpasste ich eine weitere Chance, ein juristisches Lichtblick zu sein. Im Laufe der Wochen und Monate wurde der Traum vom „Selfmadeness", wie ich ihn einmal von einem Landstreicher beschreiben hörte, immer weniger bedrückend; jedenfalls bemerkte ich, dass es mich nicht ausreichte, aus dem durch die Gegend rollenden Güterwagen auszusteigen, nur weil eine Stadt oder ein Dorf eine Akademie und ein College und möglicherweise einen philanthropischen Anwalt beherbergte. Soweit ich mich erinnere, war nichts Besonderes an seine Stelle getreten . Sicher ist jedoch, dass der Güterwagen, der an einem hellen, sonnigen Tag klirrend dahinrollte, vorübergehende Reize besaß, die verträumtes Selfmadeness nicht bieten konnte. Zu dieser Zeit meiner Wanderungen erreichte das Eisenbahnfieber in mir wahrscheinlich seinen Höhepunkt. Manchmal schien es fast zu brennen und zu zischen, und das ferne Pfeifen eines Güterzuges, der in meine Richtung fuhr, oder überhaupt in irgendeine andere Richtung, wurde zu einem ebenso süßen Klang wie der Ruf zum Essen oder die Pausenglocke. Heute kann ich darüber lachen, aber damals war es eine sehr ernste Angelegenheit; wenn ich nicht jeden Tag oder jede Woche eine bestimmte Anzahl von Meilen zurücklegte und so viele verschiedene Staaten, Städte, Flüsse und Menschen sah, war ich enttäuscht – Hoboland gab mir nicht meinen Anteil an seinem reichlichen Angebot an Spaß und Abwechslung. Natürlich wurde ich von den ruhigeren Roadstern, bei denen das Fieber als solches längst abgeklungen war, als „Eisenbahnverrückter" bezeichnet, aber das machte mir nichts aus. Weiter, weiter, *weiter*! Darauf bestand ich und bekam es. Am Ende hatte ich natürlich eine Menge gesehen, aber insgesamt zu viel davon nur oberflächlich. Spätere Wanderreisen, die ich mit ernster Absicht und in einem engeren Rahmen unternahm, brachten mir wesentlich mehr bleibende Informationen und Unterhaltung.

Über Unfälle während meiner stürmischen Reisen kann ich zum Glück nur wenig berichten. Während andere Männer und Jungen sich die Beine brachen, unter Rädern zerquetscht wurden und zwischen Waggons fielen, setzte ich meinen Weg unbeschadet fort. Die Worte „Unbekannter Mann unter den Toten", die so oft im Zusammenhang mit Güterzugunglücken verwendet werden, haben für mich heute eine enorme Bedeutung. Normalerweise bedeuten sie, dass noch ein Hobo oder Gay-Cat „einkassiert" hat und „auf dem Weg nach draußen" ist. Vielleicht war ich in West-Pennsylvania einem schweren Unfall so nahe wie anderswo. Ich reiste mit einem großen, schlaksigen Roadster namens Slim auf der „Lake Shore"-Eisenbahn. Wir waren den größten Teil der Nacht im Zug gewesen, in der Hoffnung, Erie vor Tagesanbruch zu erreichen. Die „Fracht" hatte jedoch mehrere Verspätungen, und als es dämmerte, waren wir noch zwölf Meilen von Erie entfernt. Wir fuhren „draußen", auf den Stoßstangen und auf den Dächern der Waggons. Als der Zug anhielt, um Wasser zu holen, versteckten wir uns vorsichtig im hohen Gras neben den Gleisen, damit die Lokführer uns nicht entdeckten. Bald darauf ertönte die Pfeife und der Zug fuhr weiter. „Slim", mein Begleiter, war der erste, der die Leiter hinaufkletterte, und ich folgte ihm bald. Zu diesem Zeitpunkt hatte der Wagen, in dem wir uns befanden, den Wasserstopfen erreicht, wo der Heizer den Schwenkarm unachtsam in Richtung des Zuges gelassen hatte. Es gab genügend Platz, damit der Zug ohne Berührung vorbeifahren konnte, aber während ich die Leiter hinaufkletterte, ließ ich meinen Körper ein Stück nach hinten schwingen, um zu sehen, ob die Mannschaft im Dienstwagen uns beobachtete. „Slim" war bereits oben. Plötzlich traf mich der Arm des Wassergeräts an der Hüfte und ich wurde vollständig darüber geschwungen und fiel glücklicherweise auf den Rücken, Hände und Füße auf dem Boden darunter, aber meine linke Hand war etwa drei Zoll von der Schiene und den Rädern entfernt. Ich war so erschrocken, dass mindestens zwei Wagen an mir vorbeifuhren, bevor ich es wagte, mich zu bewegen. Dann schlich ich ins Gras, um zu sehen, wie schwer ich verletzt war. Ich hatte weder einen blauen Fleck noch einen Kratzer. Im nächsten Moment war ich wieder im Zug und suchte nach „Slim".

„Du bist ein netter Kerl!", sagte ich in deutlich angewidertem Tonfall zu ihm. „Ich konnte nicht einmal zurückschauen, um zu sehen, wo ich hingefallen war, was?"

„Ich habe zurückgeschaut", erwiderte er gekränkt. „Ich habe die ganze Sache gesehen. Was hatte es für einen Sinn, auszusteigen, wenn ich sah, dass es Ihnen gut ging? Außerdem möchte ich Erie zum Frühstück machen."

Das sind die „eingebildeten Typen". Wenn man in Eile ist und eine Mahlzeit in Sicht ist, können sogar Nationen aufeinanderprallen und untergehen, ohne dass dies die Reiseroute eines Hobos auch nur im Geringsten beeinflusst.

Selbst wenn meine Hand unter den Rädern zerquetscht worden wäre, ist es fraglich, ob „Slim" aus dem Zug ausgestiegen wäre. Hätte er erst einmal Erie erreicht und ein gutes Frühstück zu seinem Vermögen hinzugefügt, hätte er sich zweifellos für mich ins Zeug gelegt. In Hoboland lernt man, sich nicht über solche Kleinigkeiten zu beschweren. Ich habe mich auch schuldig gemacht, Gefährten in Gefahr mit ruhigem Auge und fester Lippe zu betrachten.

Meine erste „Feuertaufe", bei der das „Lied der Kugel" in seiner ganzen Fülle zu hören war, fand in Iowa oder im westlichen Illinois statt, ich habe vergessen, wo genau. Diese Vergesslichkeit ist ein weiterer Beweis für die kaltblütige Gleichgültigkeit der Straße und ihrer Reisenden gegenüber Zeit, Ort und Wetter. Fünf von uns waren sehr darauf bedacht, Chicago („Chi") bis zum frühen Morgen des nächsten Tages zu „erreichen". Normalerweise hatten wir jede Menge Zeit, aber wir hatten nicht bedacht, dass wir auf der Eisenbahn waren – der C. B. and Q. oder der „Q", wie sie besser bekannt ist. Einige Jahre zuvor hatte der große „Q"-Streik stattgefunden, der sogenannten „Streikbrechern" aus dem Osten, die sehr freizügig in das Gebiet der „Q" eingeführt wurden, die Möglichkeit bot, die Dinge eine Zeit lang zu regeln. Ihr Schicksal war nicht leicht, und als „Streikbrecher" bezeichnet zu werden, erzürnte sie nicht wenig.

Wir beschlossen, mit einem Nachmittags-"Güter" zumindest weit genug zu fahren, um rechtzeitig zum Abendessen irgendwo zu landen. Ich erinnere mich noch genau, wie wir den Zug in Iowa nahmen, aber ob das "Lied der Kugel" dort oder auf der Illinois-Seite des Mississippi gesungen wurde, kann ich nicht sagen. Auf der einen oder anderen Seite entdeckte uns die Besatzung und bestand darauf, dass wir "auf den Kies hauen" und aus dem Zug aussteigen sollten. Wir lehnten ab.

„Raus, ihr dreckigen Landstreicher", befahl der Schaffner.

Wir waren nicht besonders schmutzig, und obwohl man uns als Landstreicher bezeichnen konnte und wir unserem „Beruf" gerecht wurden, glaubten wir, dass wir selbst als solche auf der sozialen Leiter höher standen als „Streikbrecher". Die Mannschaft bestand aus vier Personen. Wie ich bereits sagte, waren wir fünf Mann stark. Schließlich verloren wir die Fassung und das Urteilsvermögen und sagten dem Schaffner, dass wir nicht nur in seinem Zug, sondern auch in seinem Dienstwagen mitfahren würden, und wir rangen um Plätze auf dem Bahnsteig. Zuerst versuchte er, nach uns zu treten, aber bald übermannte ihn die Angst vor unserer großen Zahl, und mit einem Fluch rannte er in den Dienstwagen und rief zurück: „Ich werde gleich sehen, wer diesen Zug fährt." Wir wussten nur zu gut, was sein Verhalten bedeutete, und ließen nach. Eine Minute später erschien er mit einem Revolver auf dem hinteren Bahnsteig und eröffnete das Feuer auf uns.

Glücklicherweise fuhr sein Zug mit annehmbarer Geschwindigkeit vorwärts, und er war ein schlechter Schütze. Soweit ich mich an den Vorfall erinnere, war keiner von uns besonders verängstigt, und es gab kein solches „Pingh-h" im „Lied der Kugel", wie ich es so oft beschrieben gehört habe. Das „Pingh-h" habe ich tatsächlich nirgendwo gehört. Die Kugeln, die der Schaffner in unsere Richtung schickte, flogen mit einem zischenden Heulen über unsere Köpfe und um uns herum. Wie Bret Harte in seinen Kugelversen andeutet, war es, als ob die Enttäuschung, uns nicht zu erreichen, überwältigend groß war. Seit dieser Erfahrung sind andere Kugeln um mich herumgezischt und gejammert – nicht viele, danke! – und manchmal kam es mir so vor, als ob sie auf ihrem Flug schnurrten und dann wieder heulten. Vielleicht fanden die schnurrenden Kugeln nach dem Passieren meines Ziels einen weichen Halt, aber ich hoffe nicht, wenn das Ziel ein Mensch war.

Ein Erlebnis, das ich in einem Eisenbahn-Sandhaus in Wisconsin hatte, veranschaulicht die Entschiedenheit, mit der der Landstreicher häufig seine Rechte geltend machen muss. Ein Mann, von manchen „Scotchy" und von anderen „Rhuderick" genannt, war damals mein Begleiter. Wir waren die ersten Ankömmlinge im Sandhaus und wussten überhaupt nichts von einer Gruppe von Vagabunden aus Wisconsin, die den Spitznamen „The Kickers" trugen. Diese Kickers, so scheint es, hatten die Angewohnheit, alle verfügbaren „Haltestellen" (Schlafplätze) der Landstreicher zu nutzen, um ihren eigenen Unsinn zu befriedigen, und wenn ihre sogenannten „Plätze" an einer „Haltestelle" bei ihrer Ankunft von anderen besetzt vorgefunden wurden, egal wie spät es war, machten sie sich daran, die angeblichen Eindringlinge hinauszujagen, wenn sie sich stark genug fühlten. Sie waren eine Art Landstreicher, aber sie achteten darauf, *inkognito zu reisen*, wenn sie allein waren. „Scotchy" und ich nahmen ganz unwissentlich drei der Plätze der Kickers in dem fraglichen Sandhaus ein und schliefen gemütlich, als die Kickers auftauchten.

„Du hast Nerven", sagte einer der stämmigen Bestien zu „Scotchy" und kitzelte ihn nicht gerade sanft mit der Zehenspitze in den Rippen. „Hau ab und gib deinen Vorgesetzten ihr Recht." Die krächzende Stimme und das Anzünden von Streichhölzern weckten auch mich. Irgendwie war es vielleicht der Instinkt eines Landstreichers, denn die Straße entwickelt sicherlich solche Dinge, ich fühlte mich sofort gezwungen, den Schürhaken zu greifen und einzufangen, und „Scotchy" sicherte sich den Sandeimer.

„ Ich bin besser, was?", rief „Scotchy" und schwang bedrohlich seinen Eimer. „Das hier ist für dich", und er brachte den Eimer gefährlich nahe an den Kopf eines der Kickers. Von allen Seiten wurden Streichhölzer angezündet, und es war nicht schwer zu erkennen. Die Kickers standen dicht beieinander für ihren Angriff. Sie vergaßen oder wussten nichts von meinem Schürhaken. Ziemlich bald wurde ein weiteres Streichholz angezündet. Die

Kickers hatten Kupplungsstifte und sahen furchterregend aus. Ich stand im Schatten. Sie bündelten ihre Kräfte gegen „Scotchy". Sein Eimer jedoch streckte einen Kicker flach, bevor er Zeit hatte, sich zu verteidigen. Es folgte völlige Dunkelheit und Stille. Dann wagte ein Kicker ein weiteres Streichholz. Das war meine Chance. Der lange Schürhaken schoss heraus, und die Spitze musste hart an der Schläfe eingeschlagen sein; jedenfalls setzte sich der verwundete Kicker hin. Der verbleibende Kicker riskierte noch ein weiteres Licht, aber als er seine behinderten Kameraden sah, rannte er zur Tür. Zu spät! Andere Hobos, keine Kickers, waren angekommen, „coole" Lichter wurden gesichert, und die Geschichte war erzählt. Ich bin sicher, dass die armen Kickers so oft aus dem Sandhaus „geworfen" wurden wie nie zuvor oder danach.

Solche Ansammlungen von Landstreichern trifft man überall in Hoboland an, und es kommt ständig zu Zusammenstößen zwischen ihnen und herumziehenden Roadstern, die die Bezirke der Banden durchqueren. Das Einzige, was man tun kann, ist, sie zu meiden, wenn sie allein sind, und sie zu bekämpfen, wenn sie in großer Zahl sind; sonst werden sie so arrogant und despotisch, dass niemand, nicht einmal der bloße Eindringling, der nur eine kurze Strecke unterwegs ist, unbehelligt bleibt.

Trotz all der Möglichkeiten, sich zu verletzen, sowohl emotional als auch körperlich, die Hoboland jedem bietet, der sich nähert, muss ich wiederholen, dass ich seine Haupt- und Nebenstraßen mit sehr wenigen Kratzern erkunden konnte, die mir zugute kamen oder mich in Verruf brachten. Ein oder zwei kleine Narben und einige Tätowierungen sind die körperlichen Spuren der Erfahrung, die ich heute noch mit mir herumtrage. Es gab unzählige Gelegenheiten für Faustkämpfe, aber wie ich bereits sagte, war ich schon lange der Friedensbewegung beigetreten und wich ihnen regelmäßig aus.

Eine dreißigtägige Gefängnisstrafe gegen Ende der achtmonatigen Reise schmerzte und quälte mich mehr als alle Unfälle auf der Eisenbahn oder Auseinandersetzungen mit Schlägern. Unglücklicherweise kam sie im Juni, dem Lieblingsmonat der Landstreicher. Nachts in einem Güterwagen zu schlafen war mein Verbrechen. Ich habe die Verhaftung und die allgemeinen Erlebnisse in einem meiner Tramp-Bücher beschrieben, aber ich kann es nicht unterlassen, ein paar Worte über den Richter zu verlieren, der mich verurteilte. Damals, ich glaube, es war das Jahr 1889, war er Polizeirichter in Utica, N. Y., wo ich zusammen mit einem Freund gefangen genommen wurde. Die Gefangenen der Nacht wurden gleichzeitig vor ihn gebracht – Betrunkene, Diebe, Ausreißer, Zugspringer, *echte* Landstreicher und Schwule. Der Gerichtssaal war ein schäbiger kleiner Raum mit Bänken für die Gefangenen und Beamten und einer erhöhten Plattform mit einem Schreibtisch für den Richter. Ich werde nie vergessen, wie dieser aussah –

äußerlich blitzsauber bis ins letzte Detail, aber er hatte einen nächtlichen Gesichtsausdruck, der uns, fürchtete ich, nichts Gutes ahnen ließ. „Als käme er gerade aus einem türkischen Bad", flüsterte ein Unglücklicher, den man schlafend auf der Straße gefunden hatte. Der Richter schenkte unseren Fällen sicherlich nicht genug Aufmerksamkeit, um von irgendwoher zu kommen, aber ein türkisches Bad hätte ihn gnädiger machen sollen. Wir wurden alle nach den Launen des *Richters* und den Beschränkungen des Gesetzes bestraft, und der nächtliche Gesichtsausdruck unseres Verfolgers, wie wir ihn betrachteten, schien mit jedem Urteil tiefer zu werden. Mein „Dreißig-Tage-Schicksal" kam ihm ebenso leicht über die Lippen wie die Fünf- und Zehn-Tage-Verurteilungen für die „Alkoholiker"; er schien keinen Unterschied zwischen ihnen zu kennen. Vielleicht ist er in den Jahren, die seitdem vergangen sind, in diesem Punkt aufgeklärt worden. Ich hoffe es zumindest für ihn.

Oliver Atherton Willard. Josiah Flynts Vater.

Nach der Urteilsverkündung wurden wir Gefangenen zu unseren verschiedenen Bestimmungsorten gebracht. Mein Ziel war das Gefängnis in Rom, während das Gefängnis in Utica überfüllt war. Dem, was ich vor langer Zeit in gedruckter Form über meinen Aufenthalt dort berichtet habe, ist hier wenig hinzuzufügen; aber vielleicht habe ich nie genug betont, wie sehr sich der Landstreicher darüber ärgert, im Juni „seine Zeit absitzen" zu müssen. Von Mai bis November ist seine natürliche Wanderzeit, sein Güterwagenurlaub; im Winter sind das Gefängnis und sogar das Arbeitshaus oft ein Segen. Das Gefängnis in Rom beherbergte daher in den wenigen dort untergebrachten Landstreichern sehr unfreiwillige Gäste. Doch selbst dreißig Sommertage, so kostbar sie „draußen" auch sein mögen, vergehen schneller, als man zunächst erwartet, und dann kommt jener herrliche Moment – Donner, Blitz, nicht einmal strömender Regen kann ihn trüben –, in dem der Freigelassene wieder sein eigener Herr ist. Es mag im Leben noch ekstatischere Erlebnisse geben als dieses, aber ich würde sie alle gern vorübergehend gegen das erste Aufatmen in der freien Luft und den ungehinderten Schritt auf dem Boden eintauschen, den der entlassene Gefangene genießt.

Über meinen Status als Landstreicher im allgemeinen sozialen Gefüge von Hoboland ist vielleicht genug gesagt, wenn ich erzähle, dass ich, bevor ich die Straße verließ, jederzeit den Respekt hätte beanspruchen und mir sichern können, der dem „ausgeblasenen" Wanderer gebührt. Dennoch konnte ich mich in einem „Treffpunkt" der Gay-Cats genauso wohlfühlen wie unter den Landstreichern. Betteln um Geld war etwas, dem ich so wenig wie möglich nachgab; am Anfang war es mir unmöglich, um „Münzen" zu bitten. Meine Mahlzeiten, Unterkunft und Kleidung fand ich jedoch in der gleichen Fülle wie die alten Hasen. Ich musste solche Dinge haben, und da es die übliche Art war, danach zu fragen , bat ich beharrlich, regelmäßig und ziemlich erfolgreich.

Es gibt nichts, was man zur Verteidigung dieser Praxis sagen könnte. Es ist genauso eine „Korruption" wie Stehlen; tatsächlich wird Stehlen in der Unterwelt aller Wahrscheinlichkeit nach als das vornehmere Unterfangen angesehen. Aber Stehlen ist in Hoboland weder ein beliebtes Geschäft noch ein beliebter Zeitvertreib. Hoboland ist die Heimat des entmutigten Kriminellen, der keine andere Zuflucht hat. Sein krimineller Verstand, wenn er denn welchen hatte, hat sich nicht bewährt, und er greift auf Betteln und heimliches Eisenbahnfahren als nächstbesten Zeitvertreib zurück. Die Bestrafung hat ihn ermüdet, ihm Angst gemacht, und die Straße liegt weit und freundlich vor ihm.

Ich bin oft ernsthaft gefragt worden, ob die Straße als notwendige Disziplinierungsschule für bestimmte Naturen betrachtet werden kann; ob mir beispielsweise als besorgte Mutter eines eigensinnigen Jungen einmal die Frage gestellt wurde: „Gibt es genug Wertvolles darin, wenn man danach sucht, um das aufzuwiegen, was nicht lohnenswert ist?" Es hängt sowohl vom Jungen als auch von der Behandlung ab, die er seinen Freunden gibt und von ihnen bekommt. Im Allgemeinen ist die Straße nicht zu empfehlen – nicht wegen der Moral, des Komforts, der Sauberkeit oder der „Ehrwürdigkeit". Sie ist ein abgelegener Teil unserer Zivilisation; sie ist voller Malaria und anderer sumpfiger Dinge. Doch trotz all ihres Miasmas hat dieser abgelegene Bezirk viele gute Männer zurück auf die Hauptstraße geschickt, die wir alle zu bereisen versuchen. In meinem eigenen Fall kann ich mit Sicherheit sagen, dass mir in Hoboland viele wünschenswerte Wahrheiten offenbart wurden, die ich bis zu meiner Hoboland-Erfahrung unmöglich zu begreifen schien.

Aber wenn ich ernsthaft von der Straße als Erholungsort für verfallene Moralvorstellungen oder als Stärkungsmittel für schwache Naturen sprechen möchte, kann ich nur sagen: Versuchen Sie es im Allgemeinen nicht. Es gibt zu viele „Aufbau"-Farmen und „nervenstärkende" Sanatorien, als dass es heute noch nötig wäre, dass jemand nach Hoboland geht, um wieder auf die Beine zu kommen. Doch die Straße wird uns wahrscheinlich erhalten bleiben, im Guten wie im Schlechten, wenn die Beruhigungsfarmen und Disziplinarsanatorien verschwunden sind; ich meine solche, die, sagen wir, in den nächsten tausend Jahren oder so besucht werden. Es gab Landstreicher vor Tausenden von Jahren, und ich fürchte, dass sie auch in Tausenden von Jahren noch auf der Erde sein werden, wenn es sie denn gibt. Sie ändern im Laufe der Jahre ein wenig ihre Kleidung, Bräuche und Ernährung, genau wie sich andere Menschen ändern. Aber aus praktischen Gründen würde ich erwarten, dass der alte ägyptische Landstreicher, wenn er zum Leben erwachen und natürlich sein könnte, ziemlich genau der gleiche Roadstertyp wäre, den wir heute in Amerika kennen. Faulheit, Faulenzen, Wanderlust *und* Betteln sind heute das, was sie immer waren — Eigenschaften und Gewohnheiten, die praktisch unverändert von Generation zu Generation weitergegeben werden.

Meine längste *Wanderlust-* Reise endete in der viel geschmähten Stadt Hoboken in New Jersey. Ich verdiente ein paar Dollar, indem ich für einen Bauern in der Nähe von Castleton am Hudson River arbeitete, und eines Nachts im September fuhr ich in Begleitung eines alten Iren auf einem Kanalboot den Fluss hinunter in die große Stadt. Der Ire wurde auf den überfüllten Hauptstraßen New Yorks von mir getrennt, und ich fuhr allein nach Hoboken, mit einem wichtigen Auftrag, aber im Unklaren über dessen Ausgang. Damals war mir noch nicht klar, was für eine schwere Aufgabe vor mir lag und wie groß die Veränderung in meinem Leben sein würde, wenn diese Aufgabe erst einmal erledigt war.

KAPITEL VIII

MEINE REISE NACH EUROPA

Vor zwanzig Jahren, und wahrscheinlich auch schon früher, hätte der Reisende, der mit einem der Schiffe, die von Hoboken aus in See stachen, nach Europa reiste, wenn er neugierig genug gewesen wäre, sich umzusehen, eine seltsame Ansammlung von Männern jeden Alters, jeder Größe und jeder Statur gesehen, die sich nachts in einem muffigen Keller nur wenige Schritte von den Docks des Norddeutschen Lloyds zusammendrängten. Und hätte er mit dieser ungehobelten Gesellschaft gesprochen, hätte er viel über die Mittel und Wege gelernt, die nötig sind, um große Schiffe auf ihren Seereisen an- und abfahren zu lassen.

Vor etwas weniger als zwanzig Jahren, sagen wir achtzehn, wurde ein Schild aus fettigem Papier an die Kellertür geheftet, für diejenigen, die nach dem schmuddeligen Loch suchten. Darauf stand: „Internashnul Bankrupp Klubb – Willkommen!" Die Worte und die Beschriftung waren das Werk eines jungen Italieners, der die Gabe hatte, Dinge lustig zu finden, die andere zum Weinen und Seufzen brachten. In den vergangenen Jahren wurde das Schild weggeweht, und wo früher die „Bankrupps" wohnten, hält heute ein Friseur seine Dienste. Der Laden darüber, ein allgemeines Einrichtungsgeschäft für Auswanderer und Einwanderer, ist, glaube ich, ebenfalls einem Wirtshaus gewichen, und das Einrichtungsgeschäft von früher hat sich in den Händen der Söhne des alten Besitzers zu einem allgemeinen Bank- und Wechselgeschäft gleich um die Ecke entwickelt. Der alte Besitzer ist, wie man mir sagte, schon lange zu seinen Vätern zurückgeholt worden; Die Jungen besitzen jedoch viel von seinem Geschäftssinn und seiner Begabung, Geld zu verdienen, und kommen gut zurecht. Allerdings ziehen sie es vor, mit den Währungen der verschiedenen Länder umzugehen, anstatt wie der alte Mann Blechtöpfe, Pfannen, Matratzen und schäbige Kleidung zu verkaufen.

Ihr Vater war ein Hebräer, der vielleicht eine sehr interessante Vergangenheit hatte, bevor ich ihn kennenlernte, aber als wir uns kennenlernten, sah er so dick und wohlhabend aus und Geld war so eindeutig sein Freund und Wohltäter, dass er ein ziemlich prosaischer Vertreter seiner Rasse war. Ich hatte in New York von ihm gehört, nachdem ich dort und in Brooklyn erfolglos versucht hatte, eine Anstellung als Hausmeister auf einem Viehtransporter nach Europa zu ergattern.

Acht Monate des harten Lebens auf der Landstraße hatten mein Temperament, meine Berechnungsweise und mein allgemeines Erscheinungsbild stark verändert. Ich war nicht mehr der junge Mann, der aus dem Fenster im zweiten Stock gesprungen war und in unbekannte Gegenden aufgebrochen war. Wäre es nötig gewesen, so war mein Körper so zäh und abgehärtet geworden, dass ich mir bei meiner Ankunft in Hoboken, glaube ich, die Ehre hätte zuschreiben können, aus einem Fenster im dritten Stock zu springen. Ich war zwar dünn und dürr, aber solche Merkmale sind für den Beobachter, der mit dem Leben als Landstreicher nicht vertraut ist, höchst trügerisch. Sie können natürlich Krankheit bedeuten, aber häufiger gute Gesundheit, und in meinem Fall war es entschieden Letzteres. Was auch immer das Landstreicherleben sonst für mich getan oder nicht getan hatte, es hatte meine Muskeln gestählt, meine Nerven gestärkt und meine Selbstständigkeit in einen durch und durch funktionierenden Zustand versetzt. So mancher Urlaub in den letzten Jahren hätte, was die bloße Gesundheit betrifft, gewinnbringend auf der Landstraße verbracht werden können. Aber vor achtzehn Jahren war das eine andere Sache. *Die Ferne* als solche war zumindest vorübergehend unter Kontrolle; Ich hatte es satt, einfach nur herumzutreiben, und ob ich im Ausland eine Heimat finden würde oder nicht, die Aussichten konnten in Übersee kaum düsterer sein als in meinem eigenen Land. Ich hatte einige Fremdsprachenkenntnisse und wusste, dass ich mich zur Not nach England oder in eine seiner Kolonien zurückziehen konnte, falls sich Deutschland als ungastlich erweisen sollte. Das Hauptproblem war jedoch, wie ich hinüberkam. Die Viehtransporter waren anscheinend überbemannt, und die Aussichten, als blinder Passagier Erfolg zu haben, waren ausgesprochen schlecht.

Schließlich hörte ich von dem korpulenten Hebräer und dem „Bankrupps"-Club in Hoboken. Ein deutscher Seemann erzählte mir von dem Ort und beschrieb den Keller als Zufluchtsort für „gebuste" Europäer, die bereit waren, sich als Kohlenlieferanten ihren Weg zurück in ihre alten Landhäuser zu bahnen. Der Seemann sagte, dass jeder, ob Europäer oder nicht, im Club willkommen sei, vorausgesetzt, er scheine der Reise gewachsen zu sein. Der Hebräer erhielt von den Dampfschifffahrtsgesellschaften zwei Dollar für jeden Mann, den er an Bord brachte.

Mein erstes Gespräch mit diesem Mann, wie er sich über mich aufspielte und wie ich ihm antwortete – diese Dinge sind mir heute noch genauso lebendig wie vor Jahren. „Du bist zu schwach", sagte er zu mir, als er von meinem Wunsch nach einer Anstellung als Kohlentrimmer hörte. „Für diese Arbeit braucht man Schweine", und seine großen orientalischen Augen musterten verächtlich mein schäbiges Aussehen.

„Kümmern Sie sich nicht darum, wie *schwach* ich bin", versicherte ich ihm. „Das ist mein Ziel. Hören Sie! Ich gebe Ihnen zwei Dollar zusätzlich zu dem, was die Firma Ihnen gibt, wenn Sie mir eine Koje besorgen."

Wieder verdrehte der Orientale die Augen und schloss sie. „Gut", erwiderte der Mann schließlich, „du kannst unten schlafen, aber ich glaube, du bist *zu schwach .*"

Die Woche, die ich „unten" verbrachte, ist vielleicht die denkwürdigste Woche meines Lebens. Tag für Tag verging, Dutzende von „Schweinemännern" verließen den Keller, um ihre Positionen einzunehmen, große Schiffe pfiffen und zogen in den mächtigen Strom hinaus, mein kleiner Vorrat an Zehn- und Fünfcentstücken wurde immer kleiner – und ich war immer noch „unten" und wartete auf meine Chance (eine hoffnungslose, wie es schien) mit den anderen Kranken, die die Schiffsärzte nicht durchgelassen hatten. Der italienische Junge mit seiner süßen Tenorstimme und seinem heiteren Temperament trug dazu bei, das Leben tagsüber und am frühen Abend aufzuhellen, aber die dunklen Stunden der Nacht, voll mit dem Stöhnen und Seufzen der alten Männer, die versuchten, einen Platz zu bekommen, waren düster genug. Während der Woche, die ich dort verbrachte, war fast jede Nationalität im Keller vertreten, aber die Deutschen überwogen. Was für Geschichten von Leid und Elend hatten diese Männer zu erzählen! Sie waren alle „gebusted", jeder einzelne von ihnen. Ein Pfandleiher hätte für die Habseligkeiten der gesamten Besatzung vermutlich keine fünf Dollar gegeben.

„Amerika" war der Schuldige in jedem gemeldeten Fall von Misserfolg – die Männer selbst waren sich absolut sicher, dass sie nicht im Geringsten für ihre Niederlage und ihren Bankrott verantwortlich waren. „Ich wäre nie in dieses verfluchte Land gekommen", behaupteten praktisch alle Kellerbewohner, außer dem kleinen Italiener. Er mochte *Neuvo Yorko, malto una citt bellissima* – aber er wollte seine Mutter und *Itallia noch einmal sehen. Dann würde er vielleicht eines Tages nach Neuvo Yorko* zurückkehren , um Bürgermeister zu werden. Die Hoffnung, die in den Amerikanern steckt, steckte auch in ihm. Er glaubte daran, an sich selbst und an seine Mutter; warum sollte er nicht ein guter Amerikaner werden? Warum eigentlich nicht?

Aber diese armen alten Männer aus Norwegen! Ihr Schicksal war das traurigste. „Die Käfer", sagte einer zu mir, ein uraltes Wesen mit eingefallenen Augen und Schläfen, „sie fressen meinen ganzen Hof auf – alles. Sie kommen an einem Tag. Mein Hypothekengeld ist fällig. Sie nehmen mir meine Ernte – alles, was ich hatte. Nein! Amerika ist nicht gut für mich. Ich gehe zurück, um meine Tochter zu sehen. Norwegen ist besser." Ich frage mich, wo die arme alte Seele ist, wenn sie noch auf der Erde ist. Ein Schiff nach dem anderen lief aus, aber es gab keinen Liegeplatz für seinen verdorrten Körper, und nach jeder Niederlage fiel er seufzend in seine

Kellerecke zurück, ein Bild der Enttäuschung und des Kummers, wie ich es nirgendwo sonst gesehen habe und auch nie wieder sehen möchte.

Unsere Betten bestanden nur aus Zeitungen, einige davon gelb, einige halb gelb und andere ziemlich ruhig, da bin ich mir sicher. Wir schliefen jedoch, ohne auf die Zeitungspolitik und Leitartikel zu achten. Unsere Tagesarbeit bestand darin, nach unseren Mahlzeiten zu suchen und uns zu fragen, wann unsere Kojen auf den Dampfern bereit sein würden, und nachts waren wir zu müde, um zu wissen oder uns groß darum zu kümmern, ob wir auf Federn oder Eisen lagen. Seitdem habe ich viele erholsame Nächte in Hoboken verbracht, und um Schlaf zu finden, selbst mit Moskitos als Bettgenossen, war nichts weiter nötig, als mich an jene Zeitungsnächte in der unterirdischen Zuflucht des Hebräers zu erinnern. Ich vertraue darauf, dass er irgendwo gut ruht.

"Aufstehen, *presto* ! Wir gehen alle, *presto* !" Es war fünf Uhr an einem kühlen Oktobermorgen, und mein Freund, der kleine Italiener, zerrte an meiner Jacke. "Aufstehen, *fratello* ", beharrte er. "Viele gute Neuigkeiten." Das Licht drang durch die mit Spinnweben bedeckten Fenster und die Tür, und der Norweger seufzte wieder wach. Ich setzte mich auf, rieb mir die Augen und starrte den Italiener verwundert an.

„Wo sind deine guten Neuigkeiten?", gähnte ich und zog meine Jacke an.

„Mucha – mucha", fuhr er fort. „Polizist, er ist tot. Achtzehn Feuerwehrmänner und Passanten haben ihm hier vorne eine Axt in den Kopf gerammt. Blut auf dem Gehsteig. Feuerwehrmänner und Passanten wurden festgenommen. Schiff – sie heißt Elbe – *sie* legt um neun Uhr ab. Der alte Jude muss uns an Bord bringen . Keine Zeit, sich umzusehen. Mucha, gute Neuigkeiten, was?"

Ich war der Erste, der dem Hebräer erzählte, was in der Nacht geschehen war, und betonte, wie wichtig es sei, sofort Kohlenlieferanten zu finden, und dass wir das am besten geeignete Material seien. Welch eine Veränderung trat auf dem Gesicht des Mannes ein! Schläfrige Falten, träge Augen, juwelenbesetzte Hände und ein vorstehender Bauch erwachten zu wundersamer Lebendigkeit.

„Bist du sicher?", fragte er eifrig.

„Absolut. Die Männer sind alle verhaftet."

„Ah, ha!" und die juwelengeschmückten Hände rieben sich anerkennend. „Sehr gut! Jetzt kommt dein *Gelegenhei* – das ist gut. Ich kümmere mich schnell darum", und er watschelte zu den Docks des Norddeutschen Lloyd, um sich zu vergewissern, dass die Nachricht stimmte – dass der Italiener sich nicht geirrt hatte, weil er am Abend zuvor ein paar Groschenromane als

Kopfkissen benutzt hatte. 36 Dollar standen ihm zu, wenn er die erforderliche Anzahl an Männern finden konnte – ein guter Lohn für seine Zeit und Arbeit.

„Ja, ja", kicherte er eine halbe Stunde später, als ich ihn wiedersah. „Diesmal gehst du, *ganz sicher* . Du hast wirklich Glück gehabt. Sag den anderen, sie sollen im Keller bleiben, ich darf sie nicht verlieren."

Um acht Uhr erschien er unter uns, um die brauchbarsten Männer auszuwählen. Wieder wurde der arme alte Norweger für aussortiert – „ *zu schwach* ", donnerte der Hebräer als Antwort auf die Bitten des Mannes, ihn aufzunehmen, und wieder schlich er sich weinend in seine Ecke. Es gab noch andere, die nicht an die Fitness des Hebräers herankamen, aber keiner war so erbärmlich wie der des Norwegers.

Achtzehn Männer, einige erfahrene Heizer, die man woanders gefunden hatte, und der Rest waren grüne Kohlenträger wie ich, wurden schließlich ausgewählt, auf der Straße in einer Reihe aufgestellt, zum zwanzigsten Mal, so schien es, von den mathematischen Söhnen des Hebräers gezählt und dann in einer Reihe über die Straße und das Dock hinunter zur Gangway *der Elbe marschiert* , wo der Schiffsarzt auf uns wartete. Der Heizraum war so unterbesetzt, dass der Mann gezwungen war, uns alle aufzunehmen, was er sicher nicht getan hätte, wenn er eine größere Auswahl an Männern gehabt hätte. Er lächelte bedeutungsvoll, als er mich passieren ließ, und ich musste daran denken, was mir ein Wirt früher am Morgen gesagt hatte. Ich war zum Frühstück zu ihm gegangen, und er fragte mich, ob ich auf der Suche nach einem Job sei. Ich bejahte dies und erklärte, wie lange wir alle auf Gelegenheiten gewartet hatten, an Bord zu gehen.

„Gehst du als Passant?", rief er aus. „Aber Junge, sie werden dich sicher auf See begraben. Du hältst die Arbeit nicht aus. Warte einfach ab", warnte er, als ob das Abwarten, Beobachten und die Seebestattung notwendig wären, um seine Worte zu untermauern.

„Bleiben Sie hier bei mir", fuhr er fort, „und ich gebe Ihnen einen Job."

"Was machen?"

„Oh, aufräumen und das Geschäft lernen."

Ich dankte ihm für seine Freundlichkeit, bestand aber darauf, dass ich versenden würde.

„Nun, wenn sie dich über Bord werfen, gib mir nicht die Schuld", bat er und füllte meinen Suppenteller wieder auf, als wäre es das letzte „Lückenfüller", das ich je an Land essen sollte. Als wir alle in einer Reihe standen und zum Schiff marschierten, winkte er mir *von seiner Tür aus mit einem Biertuch zu* und erinnerte mich daran, nicht zu vergessen, was er gesagt hatte.

Wie früher, als ich das College besuchte und im Haus des Anwalts lebte, die Karriere als Anwalt rücksichtslos aufgegeben wurde, verschenkte ich jetzt vielleicht eine wunderbare Chance, Wirt zu werden – sogar ein großer Fettbrauer, wer weiß? So ist es, dass Gelegenheiten kommen und gehen. Ich könnte jetzt in einem Palast ohne Mücken auf den Hoboken Heights in Bequemlichkeit und Luxus leben. So wie es ist, bin ich immer noch ein armer Kämpfer – aber im Moment bin ich dem Himmel sei Dank von Mücken verschont. Viele, viele Male, nachdem unser gutes Schiff in See gestochen war und wir alle in unsere Arbeit eingeweiht worden waren, erinnerte ich mich an meinen Freund, den Wirt, und bedauerte vorübergehend, dass ich mich nicht seinem Unternehmen angeschlossen hatte. Jetzt weiß ich, dass es das Beste war, dass der Job des Kohlenschiebers bevorzugt wurde. Erst neulich erfuhr ich mit Bedauern, dass der Wirt nicht lange nach meiner ersten Begegnung verrückt wurde, da er sich nur auf Gehwege konzentrierte. Man sagt, er sei so schlimm geworden, dass er dachte, die Decke seiner Kneipe sei ein Gehweg, und als er versuchte, die Decke als Gehweg für seine leeren Bierfässer zu verwenden, wurde er für unheilbar krank erklärt.

Elbe zugewiesen bekommen hatten , teilte uns einer der Feuerwehrchefs unsere verschiedenen Wachen ein. Ein Offizier, der gerade vorbeikam, bemerkte, dass der Feuerwehrchef „eine ganze Menge" Trimmer zu bedienen habe.

„Ach Gott!", erwiderte dieser fröhlich. „Die Hitze wird sie in Form schwitzen. Ich kenne die Sorte."

Zweifellos tat er das, aber ich erinnere mich trotzdem an einige Männer, die sich in der Hitze nicht in Form brachten oder sonst etwas Sinnvolles taten. Sie waren geborene Nachzügler und Schleicher und schoben alle Arbeit, die sie vermeiden konnten, anderen zu, die ehrlich versuchten, ihr Bestes zu geben. Es ist banal genug zu sagen, dass es solche Menschen überall gibt, aber sie sollten auf jeden Fall aus dem Feuerraum eines Ozeandampfers verbannt werden.

Meine vierstündigen „Wachen" begannen um acht Uhr morgens und um vier Uhr nachmittags; die übrige Zeit gehörte mir, außer wenn ich an der Reihe war, Wasser zu holen und beim Aufräumen der Messe zu helfen.

Der erste Abstieg in den Feuerraum ist unvergesslich. Obwohl ich die Hölle als Wohnort schon lange als bloße theologische Erfindung aufgegeben hatte, die nützlich war, um die Leute im Unklaren zu lassen, ansonsten aber eine Belastung für die Intelligenz eines vernünftigen Menschen darstellte und im Gesamtzusammenhang nicht der Rede wert war, versetzte der Abstieg über die Leitern in die Eingeweide der alten *Elbe* , bei dem die Hitze scheinbar mit jeder Leiter um zehn Grad anstieg, meiner todsicheren Annahme, die Hölle sei vorbei, einen heftigen Schock. Ich dachte an General Shermans oft zitierte Bemerkung über den Krieg und fragte mich, ob er seinen Glauben an denselben jemals durch spätere Untersuchungen im Heizraum eines Linienschiffs auf die Probe gestellt hatte. Tatsächlich dachte ich, so schien es, an alles, was höllische Dinge bedeutete.

Endlich war die letzte Leiter erreicht und wir waren unten – der Boden von allem war der Gedanke, der an diesem Nachmittag in mehr als einem Kopf war. Der Chefheizer unserer Wache lenkte meine Aufmerksamkeit sofort auf einen Schürhaken, der locker dreieinhalb Zentimeter dick und sechs bis neun Meter lang war. „Dein!", schrie er. „Dein!" und er riss eine der Aschetüren eines Ofens auf und machte damit pantomimisch deutlich, was ich mit dem Schürhaken tun sollte. Ich stürzte mich wie verrückt darauf, hob ihn gerade so vom Boden und warf ihn in die Asche – und ließ ihn dann nicht gerade ordentlich darauf fallen. „Beeil dich, du Sau", schrie der Heizer, und ich kämpfte erneut mit dem schrecklichen Schürhaken, bis ich es schließlich schaffte, die Asche herauszuharken. Dann kam der „Aschewurf", wobei die *Elbe* für diese Aufgabe das alte Eimersystem hatte. Große Metalleimer wurden von oben durch einen Ventilator zu uns herabgelassen. Die Eimer füllten sich, sie wurden wieder hochgezogen, ausgekippt und dann zum erneuten Füllen nach unten geschickt. Einmal löste sich ein Eimer von der Kette und krachte in den Ventilator, unter dem ich gerade lüftete. Aus irgendeinem Grund hörte ich den Eimer nicht, und der Feuerwehrmann hatte kaum Zeit, mich aus der Gefahrenzone zu schubsen, als der Eimer mit einem widerlichen Knall auf den Boden fiel. Wenn wir uns jemals begegnet wären – aber was nützt „wenn" mehr als „vielleicht"? Es war einfach ein klarer Fall von aufgeschobenem „Einlösen".

Nachdem die Asche raus und aufgehoben war, wurden wir Trimmer in Schaufeler und Träger aufgeteilt. Manchmal war ich Träger und musste Körbe mit Kohle zu den Heizern schleppen – das „Trimmen" der Kohle besteht, soweit ich herausgefunden habe, lediglich darin, die Körbe bequem für die Heizer auszukippen; und manchmal war ich Schaufeler, und meine Aufgaben bestanden dann darin, die Körbe für die Passanten zu füllen. Jeder Teil davon, Passieren und Schaufeln, war ehrliche, harte Arbeit. Drückeberger wurden streng gerügt, aber wie ich bereits sagte, gab es einige, die so wenig taten wie sie konnten, obwohl sie für die Arbeit viel besser geeignet waren als ich zum Beispiel. Einmal entschied unser „Chef", dass ich mich zu langsam bewegte. Er fand mich mit einem vollen Korb kämpfend in der Gasse zwischen den heißen Kesseln. „Weiter mit den Kohlen", rief er; „weiter!" und begleitete den Befehl mit dem, was er einen „Schlag" auf meinen Kopf mit seinem Schweißlappen nannte. Ich war geistig und körperlich erschöpft, mir war schwindlig und meine Beine zitterten. Für eine ganz kurze Sekunde, nachdem der Heizer mich geschlagen hatte, war ich kurz davor, die Kontrolle über mich selbst zu verlieren und etwas sehr

Rücksichtsloses zu tun. Dieser „Schlag“ mit dem Schweißlappen hatte alles geweckt, was noch an Männlichkeit, Ehre und Stolz in mir war, und ich sah dem Heizer mit Mordlust in den Augen in die Augen. Er drehte sich um, und ich wollte gerade nach einem großen Stück Kohle greifen und es ihm geben, als sich die letzten Reste von gesundem Menschenverstand, die mir noch geblieben waren, durchsetzten; und ich erinnerte mich daran, wie man Meutereien auf hoher See zuteil werden ließ. Zweifellos hätte man mich in Ketten legen sollen, und in Deutschland hätte mich möglicherweise weiterer Ärger erwartet. Ich ließ das Stück Kohle fallen und setzte meinen Weg fort, ein Feigling, wie es schien, und ich fühlte mich auch wie einer. Aber es war für den Moment besser, solche Gefühle zu ertragen, so ärgerlich sie auch waren, als eingesperrt und in Ketten gelegt zu werden. Ich muss meinem Landstreicherleben die Schuld geben – wenn man dem überhaupt eine Schuld zuschreiben will –, dass ich bei mehr oder weniger ähnlichen Gelegenheiten oft meinen Stolz eingesteckt habe, wenn mir eine vernichtende Niederlage ins Gesicht gestarrt hätte, wenn ich in die Offensive gegangen wäre.

Etwa zur Mitte jeder Wache wurden „Erfrischungen“ in Form von Gin gereicht. Eine große Flasche, manchmal ein Eimer, wurde herumgereicht, und von jedem Mann, Feuerwehrmann wie auch Trimmer, wurde erwartet, dass er seinen vollen Anteil nahm. Während der kurzen Ruhepause herrschte unter den Männern der geringste Anschein von Fröhlichkeit. Man hörte streitlustige Gespräche und gelegentlich ein Lachen – ein heiseres, vulgäres, kohlstaubiges Lachen war aus dem allgemeinen Lärm herauszuhören. Unsere Wache bestand aus den rauheren Männern, mit denen ich je gearbeitet habe. Jede ihrer Bewegungen wurde von einem Fluch begleitet, und die Feuerwehrmänner, mit nacktem Oberkörper und dem Schweiß, der von ihnen ablief, sahen manchmal wie schreckliche Dämonen aus, wenn sie ihre Feuer hüteten. Doch als die „Wache“ vorbei war und die Männer sauber gemacht hatten, zeigten viele von ihnen sanftere Charakterzüge, die viel von ihrer Rauheit unten wettmachten.

Der Ruf, die Leitern hinaufzusteigen, war das schönste Geräusch, das ich während der ganzen Fahrt hörte. Zuerst kamen die Männer, die uns ablösen sollten, heruntergepoltert, und bald darauf waren wir wieder frei, um ans Tageslicht und an die frische Luft zurückzukehren. Bei solchen Gelegenheiten gab es im Allgemeinen einen Freudenschrei, und die Feuerwehrmänner waren genauso glücklich wie die unerfahrenen Trimmer. Mein kleiner italienischer Freund pflegte bei fast jedem Aufstieg in Richtung Badewanne und Koje „Santa Lucia“ zu singen. Oben erwartete uns alle eine Dusche und bald darauf eine üppige Mahlzeit, die in Menge und Bekömmlichkeit sicherlich so gut war wie alles, was den Passagieren im Salon angeboten wurde. Der Oberfeuerwehrmann bestand darauf, dass wir so viel aßen, wie wir konnten. Er wollte kräftige, gut ernährte Trimmer in seinem Team, und zumindest ich musste oft mehr essen, als ich wollte oder wirklich brauchte.

Eines Tages beschloss ich, einer Wache zu entgehen. In der Nacht zuvor hatte ich kaum geschlafen, meine Augen schmerzten von der Asche, die in sie gelangt war, und ich war insgesamt ziemlich erschöpft. Andere Männer waren zu unterschiedlichen Zeiten vom Dienst abgelöst worden, und ich hatte das Gefühl, dass ich an der Reihe war. Ich ging zum Arzt.

„Nun?", sagte er auf Englisch. Ich redete hauptsächlich über meine wunden Augen und erzählte ihm, wie die Hitze sie entzündete.

„Lassen Sie mich sie sehen", und er schlug nacheinander die Lider zurück und wusch jedes Auge aus, als wäre es ein Tisch mit Marmorplatte.

„Und was ist jetzt mit ihnen?", fragte er, nachdem er das geschwärzte Tuch weggeworfen hatte. Es hätte sich gelohnt, ihm zu sagen, dass sie besser waren, und sei es nur, um ihn davon abzuhalten, wieder auf sie loszugehen.

„Oh, aber mein lahmer Rücken!", antwortete ich und war froh, die Aufmerksamkeit des Arztes auf diese Richtung zu lenken. Das Schlimmste, was er meinem Rücken antun könnte, wäre, ihn mit einem Pflaster zu versehen, dachte ich, und das würde mich mit ziemlicher Sicherheit von mindestens einer Wache befreien.

„Lass dich nicht so weit bücken", war alles, was er empfahl. „Was sonst?"

„Also, Doktor", fuhr ich fort, „mir ist schlecht, total schlecht. Ich brauche mindestens eine Schicht, in der ich mich ausruhen kann."

Der gute Mann wurde scherzhaft.

„Wir sind ja alle krank", lachte er. „Der Kapitän, der Erste Offizier, der Koch und so weiter. Wir sind furchtbar unterbesetzt. Wenn Sie nicht aufpassen, fährt das Schiff einfach nicht, und wer weiß, wann wir Bremerhaven sehen."

Ich lächelte ein sehr kränkliches Lächeln und zog mich zurück. Wenn die alte *Elbe* so knapp an Antriebskraft war, dass meine schwachen Dienste eindeutig notwendig waren, dann musste ich natürlich mein Möglichstes tun, um vielleicht das Leben der kostbaren Fracht in den Kabinen zu retten – aber, oh! wie sehr wünschte ich, ich wäre in Hoboken geblieben und Wirt geworden, alles andere als Kohlenschieber.

Der erste Blick auf Land mag für einige der Kabinenpassagiere ein schönerer Anblick gewesen sein als für uns Trimmer, aber das scheint kaum möglich.

Meine Begleiter erzählten mir, dass die kaum sichtbaren Felsen und Klippen zu unserer Linken England seien, die Heimat meiner Vorfahren, aber diese Tatsache interessierte mich nicht halb so sehr wie die weitaus wichtigere Tatsache, dass sie *festes Land darstellten*. Ich wollte wieder Land betreten, wenn nötig sogar in der Türkei. Kohlentransport, Bunkerleben, heiße Feuer und klirrende Ascheeimer hatten mich zumindest für den Moment von allen Neigungen zur Seefahrt in beruflicher Hinsicht geheilt. Ein schmeichelhaftes Angebot, das Kommando über ein großes Linienschiff zu übernehmen, hätte mich im Moment kaum gereizt. Tatsächlich erschien mir das Trampleben mit all seinen Nachteilen im Vergleich zum Bunkerleben wie ein Sommerzeitvertreib.

Ich glaube, es war der zwölfte Tag auf der Reise, als wir Bremerhaven erreichten, wo das gute Schiff eine Pause einlegen und die Männer, die in Hoboken eingeschifft worden waren, bezahlt werden sollten. Die lange Reise war vorbei, ich hatte meine letzte „Wache" unten beendet und konnte mich unter die Zwischendeckpassagiere an Deck mischen und das neue Land besichtigen, für das ich so weit gereist war. Meine Kleidung war dieselbe, die ich in Hoboken an Bord getragen hatte – damals eine recht anständige Kleidung, die jetzt aber leider einer Reinigung und Reparatur bedurfte. Mein Gesicht und meine Hände waren dunkel und schmutzig, obwohl sie unzählige Male gewaschen worden waren; es war einfach unmöglich, den ganzen Kohlenstaub aus ihnen herauszubekommen. Tatsächlich dauerte es Tage, bis meine Hände wieder normal aussahen.

Der Oberheizer sah mich auf dem Deck und kam auf mich zu. Sein ganzes Verhalten hatte sich verändert. Sein Dienst war vorbei, das große Schiff lag im Hafen, und er konnte es sich leisten, ein wenig lockerer zu werden.

„Noch nicht angezogen, um an Land zu gehen?", sagte er freundlich und musterte hastig meine Kleidung. „Wir legen bald an und du willst bereit sein."

„Das sind alle Strand- und sonstigen Kleidungsstücke, die ich habe", antwortete ich, und soweit ich in diesem Moment erkennen konnte, waren das alle anderen Kleidungsstücke, die ich für einige Zeit haben würde.

„Ich bin zu groß, sonst könntest du etwas von meinem haben", versicherte mir der Heizer, und die offensichtliche Aufrichtigkeit seines Angebots ließ mich den „Schlag" vergessen, den er mir im Feuerraum verpasst hatte. Wir schüttelten uns die Hände, gratulierten einander, dass er seinen Teil dazu beigetragen hatte, das Schiff in den Hafen zu bringen, und trennten uns dann. Fünf Minuten und ein freundliches Benehmen des Heizers hatten völlig ausgereicht, um, so hoffe ich, all die mörderischen Rachegedanken, die ich seit über einer Woche gegen ihn hegte, für immer zu zerstreuen. Dies war das Schicksal fast aller meiner Rachegedanken im Leben. Entweder haben sie sich selbst mit ihrer eigenen intensiven Wärme verzehrt, oder ein paar

Worte der Versöhnung haben sie abgekühlt, bis sie schlaff und nutzlos geworden waren.

Es war eine ganz andere Reihe von Kohlenträgern, die von der *Elbe* zum *Seemanns Amt* in Bremerhaven marschierten, um bezahlt zu werden, als die, die sich vor dem Hebräerladen in Hoboken gebildet hatte. Unsere harte und elende Aufgabe lag hinter uns, Geld war „in Sicht" und die Mehrheit der Männer war wieder zu Hause. Wir erhielten für die Reise jeweils siebzehn Mark und fünfzig Pfennig, vier Dollar und einen Bruchteil in amerikanischer Währung. Wir verabschiedeten uns bei einigen *Krügen* Bier voneinander und gingen einzeln und in Gruppen unserer Wege. Ich winkte der *Elbe ein letztes Adios zu* und schloss mich zwei Heizern an, die Englisch sprachen und angeboten hatten, mich nach Berlin, meinem nächsten Ziel, zu begleiten.

lernte ich etwas, was das Leben in den Quartieren und Häusern der Seeleute später in jeder Hinsicht bestätigt hat – *nämlich* , dass Seeleute, wenn sie sich nach einer gemeinsamen Reise voneinander verabschieden, völlig unterschiedliche Wege der Trennung einschlagen und alle Gruppentreffen und Geselligkeit bei einem letzten Drink meiden sollten. Aber man könnte genauso gut Pavianen Theosophie predigen, als zu versuchen, diese Lehre Männern beizubringen, die „auf Schiffen zur See fahren". Tatsächlich ist es eine undankbare Aufgabe, zu versuchen, diesen Leuten etwas beizubringen, bis sie einen Teil ihres Geldes, allzu oft sogar das ganze Geld, für einen Betrunkenen verprasst haben. So war es zu meiner Zeit in Bremerhaven, und ich zweifle nicht daran, dass es heute überall dort genauso ist, wo es Häfen und bezahlte Seeleute gibt – in Kalkutta, Singapur, Frisco, New York oder wo immer Sie wollen. Und warum nicht? Soll das Leben des Kohlenpassanten ausschließlich in den Bunkern verbracht werden? Was ist natürlicher, als dass er an Land versucht, bei einem Gelage im Freien einige der harten Schläge, den Schweiß und den Staub im Heizraum zu vergessen? Wofür hat man denn all den Aufruhr unten ertragen, wenn nicht, um sich an Land solche Genüsse zu gönnen? Der Moralist, der Ökonom, der Sabbathalter haben zweifellos ihre eigenen Antworten auf diese Fragen. Alles, was ich über diese Fragen und meine Einstellung zu ihnen weiß, als ich die *Elbe* in Bremerhaven verließ, ist, dass ich meine Fahrkarte nach Berlin gesichert und zwei Mark für den Notfall versteckt hatte, sodass Vorsicht, Mäßigung und Sparsamkeit völlig außer Acht gelassen wurden. Ich sang, lachte und feierte mit meinen Freunden bis an die Grenzen meiner finanziellen und körperlichen Möglichkeiten, und ich kann mich nicht erinnern, in meinem ganzen Leben eine schönere Zeit mit anderthalb Dollar verbracht zu haben. So hart die Reise auch gewesen war, ich dankte der *Elbe* für das Vergnügen, zu dem sie mich geführt hatte. Armes altes Schiff! Ich war in Rom, als sie in der Nordsee unterging. Ich las die „Bulletins" vor dem englischen Buchladen auf der Piazza di Spagne. Plötzlich fiel mein Blick auf die Meldung über die *Elbe* . „Runter!", murmelte ich laut, und die Leute, die in der Nähe standen, sahen mich an, als hätte ich bei dem Unglück vielleicht einen Freund verloren. Das hatte ich tatsächlich. In einer Zeit der Not, vielleicht an *einem* Wendepunkt in meinem Leben, als der eine Weg, der mich, wie sich herausstellte und wie ich hoffte, zu einem Zuhause und einem anständigen Leben führte, mich bei einer solchen Gelegenheit sicher aus der Not in einen willkommenen Hafen jenseits des Meeres trug, trug mich dieses knarrende, müde Schiff sicher aus der Not in einen willkommenen Hafen jenseits des Meeres. Wenn das keine Freundschaft ist, wenn es seltsam ist, dass ich vor diesem schwarzen Brett ernst und nachdenklich dreinschaute, dann weiß ich nicht, was freundliche Taten und dankbare Erinnerungen daran bedeuten.

Die Reise nach Berlin war ein trauriges Unterfangen. Ich begann müde, auf meiner Fahrkarte stand vierte Klasse, es gab mehrere verwirrende Umstiege, und die meiste Zeit der Reise war ich zwischen einer Menge stämmiger und parfümierter Polen eingezwängt. Normalerweise dauert die Reise von Bremen aus mit einem anständigen Zug und einer Fahrkarte dritter Klasse etwa sechs Stunden. Mit meinem Zug dauerte sie fast sechzehn, wenn nicht achtzehn Stunden. Eine bescheidenere Heimkehr konnte man sich kaum vorstellen, und ich verschwendete keine geistige Anstrengung darauf, die Demut durch Vorstellungen zu steigern . In Celli war es eine gewisse Abwechslung, ein oder zwei Stunden zu warten und dem Geplapper eines kleinen jüdischen Landstreichers zuzuhören, der nach Nürnberg unterwegs war. Er war gerade aus Amerika gekommen, behauptete er, über England, und war von einer angeblichen philanthropischen Organisation aus diesem Land und über die Nordsee hinausgeschmuggelt worden, die offenbar darauf bedacht war, Großbritannien von allem zu befreien, was die Einkommensteuer erhöhen könnte. Er reiste zu Fuß und hatte die übliche Liste von Geistergeschichten über die Mautstraße und „Almosen" in petto. Ich erzählte ihm einen Teil meiner Geschichte, um zu erklären, warum ich so schmutzig aussah.

„So lassen sie dich nicht nach Berlin", erklärte er, „kannst du dich nicht sauber machen?" Ich versuchte noch einmal, an einer Pumpe den Staub und Schmutz des Dampfers loszuwerden, aber dieser Versuch führte zu keiner nennenswerten Verbesserung meines Aussehens. Bald rückte die Abfahrtszeit meines Zuges näher und dann zeigte sich der kleine Wanderer in seinem wahren Gesicht.

„Sie sind kein Amerikaner", sagte er, „ich auch. Können Sie mir nicht ein wenig aushelfen? Fünf Cent reichen."

Alles, was ich je in einer Nationalität gebettelt und gekniet habe, war in der Art und Stimme dieses elenden Jungen vorhanden. Aber er war ein Vagabund wie ich, und ich hatte ein Zwanzigpfennigstück, das ich gerade so entbehren konnte. Er sah, wie ich in meine Tasche griff und zögerte. „Um Amerikas willen", jammerte er, und dummer Sentimentalist, der ich war, gab ich ihm das Geld, obwohl er schon mehr hatte als ich. Er sagte, die fünf Cent seien notwendig, um seine Abendkasse für Abendessen und Unterkunft aufzufüllen. Ich beziehe mich auf diesen Jungen, weil er typisch für so viele Möchtegern-Amerikaner in Not ist, und wegen seines völligen Mangels an Kameradschaft auf der Straße, als er mich – ärmer als er war – belästigte, als ihm eine ganze Stadt voller Deutscher ins Gesicht starrte. Die *internationale* Straße wird durch diese skrupellosen Vagabunden schändlich entehrt.

Meine Ankunft in Berlin um ein Uhr morgens, schmutzig, die Kleider zerfetzt und zerrissen, und meine Staatskasse so niedrig, dass ich mir nicht einmal einen Groschen (zweieinhalb Cent) für eine Straßenbahnfahrt leisten konnte, war, wenn das überhaupt möglich war, noch trauriger als die Fahrt von Bremen. Eines hatte ich jedoch sorgfältig aufbewahrt: die Adresse meiner Mutter. Ich fragte und tastete mich vorwärts, wurde von Straßenhändlern und Arbeitern in der Nacht ausgelacht und von Polizisten misstrauisch beobachtet, bis ich schließlich das Haus fand. Es war jetzt zwei Uhr morgens.

Der *Portier* öffnete mein Klingeln an der Haustür. Ich erzählte ihm eine Geschichte, wie er sie wahrscheinlich noch nie zuvor gehört hatte und auch nie wieder hören würde, aber mein Erfolg lag wahrscheinlich eher an meiner offensichtlichen ausländischen Nationalität als an der Geschichte. Er wusste, dass meine Leute Ausländer waren, und er wusste, wie ich später erfuhr, so wenig von Bedeutung, dass er trotz meines Aussehens zweifellos zu dem Schluss kam, Amerikanern seien alle möglichen Exzentrizitäten erlaubt, und dass ich das war, was ich zu sein behaupte: ein Schiffsingenieur auf kurzem Landurlaub, dessen Gepäck unterwegs verloren gegangen war. Bestenfalls eine lahme „Gespenstergeschichte", egal wie gut sie vorgetragen wurde, aber in meinem Fall war sie erfolgreich.

„Gut, ich gehe mit Ihnen rauf und sehe, was die Madame sagt", erklärte er schließlich, und wir marschierten los. Der gute Mann blickte mich ab und zu verstohlen unter den Brauen an und fragte sich offensichtlich, ob er einen schrecklichen Fehler machte oder nicht. Meine Mutter antwortete auf unser Klingeln.

„Wer ist da?", fragte sie auf Deutsch, da sie an die nächtlichen Rufe der Telegrafenboten gewöhnt war. Ich vergaß meine Grammatik, mein Aussehen, eigentlich alles, außer dass auf der anderen Seite dieser Tür ein

Mensch war, der mir höchstwahrscheinlich eine Nacht Unterkunft geben
und vergeben würde.

„Ich bin's!", antwortete ich auf Englisch. Die Tür öffnete sich, der *Portier*
bekam sein Honorar und ich betrat ein Haus, das neben dem alten braunen
Haus in unserem Mittleren Westen mehr dazu beigetragen hat, dass es sich
für mich lebenswert anfühlt, ein Zuhause zu haben, als jedes andere, das ich
kenne.

KAPITEL IX

UNTER DEN LINDEN

Das Berlin der späten achtziger Jahre war eine ganz andere Stadt als das Berlin von heute. Es gibt wahrscheinlich keine andere kontinentale Stadt, die im gleichen Zeitraum so viele Veränderungen durchgemacht hat. Als ich vor fast zwanzig Jahren in die Stadt kam, gab es noch keine Elektroautos – Pferde waren noch die einzige Antriebskraft in den Geschäftsstraßen; es gab keine vernünftige Verkehrsführung – die gibt es heute in manchen Gegenden nicht; es gab keine Autos, soweit ich mich erinnern kann, sie gesehen zu haben; es gab keine großen Kaufhäuser, wie sie heute mit denen von New York konkurrieren; es gab keine Straßenbeleuchtung wie heute; und es gab bei weitem nicht so viele Deutsche, die auf Fensterbänken und auf den Straßen lehnten. Wie Moskau ähnelte die Stadt eher einem großen, überwucherten Dorf als der Hauptstadt eines großen Landes. Die Leute waren provinziell, die militärischen Emporkömmlinge benahmen sich oft, als glaubten sie, die Stadt sei ausschließlich zu ihrer Unterhaltung erbaut und instand gehalten worden, und Fremde, insbesondere Amerikaner, die es wagten, sich so zu kleiden wie zu Hause - Damen trugen im Sommer beispielsweise weiße Kleider - wurden angestarrt, als gehörten sie einer neuen Spezies Menschen an. In einem Punkt jedoch hat sich die Stadt nicht verändert und wird es wahrscheinlich auch nie tun, *nämlich* in der Lautstärke, der die Berliner ausgesetzt sind, wenn sie auf die Straße, zu Fuß, in Zügen oder im *Droschken losgelassen werden* . Wenn es stimmt, dass das Wort " *deutsch"* , philologisch seziert, "ein Schreihals im Kampf" bedeutet, dann bezeichnet das Wort "Berliner" zwei Schreihalse, die über einen Kampf reden. Das unaufhörliche Ja-Ja und Nein-Nein auf den Straßen, die schwitzende und nervöse Verlegenheit einer schwer gebauten Bevölkerung, die plötzlich *Weltstadt*- Bedeutung erlangt hat, die rücksichtslose Fahrweise der Taxifahrer, die Schreie der Opfer der Taxifahrer – all dies trägt zur heutigen Provinzialität der Metropole bei, trotz moderner Straßenbahnen, Autos, halb-londoner Polizisten und Taxameter-Taxis. Tatsächlich betonen gerade diese Accessoires des Kosmopolitismus, die knirschende Straßenbahn zum Beispiel und das schnaufende „Auto", sehr deutlich die übermäßige Betonung, die die Stadt auf Geräusche legt, und sind ein Anzeichen für ihre Gier nach mehr. Vor zwanzig Jahren war das Geschrei und Gebrumme nicht so schlimm, aber die Stadt holt jetzt jede Stille nach, die man damals vielleicht beobachtet hat.

Ein Teil des Lärms und Geschreis auf den Straßen ist auf den ungewöhnlich hohen Kleinverkehr zurückzuführen, auf die Tausenden und Abertausenden von Taxis, „kommerziellen" Dreirädern und Schubkarren, die alle das Recht beanspruchen, ihren Teil zum Lärm und Treiben der Stadt beizutragen. Aber ein viel offensichtlicherer Grund, wenn nicht der Hauptgrund, ist die Tatsache, dass Berlin sozusagen über Nacht zur Weltstadt herangewachsen ist und die braven Berliner ihre Füße noch nicht ausreichend entwirrt haben, um unter der neuen Ordnung der Dinge ein ordentliches Tempo zu halten. Zwei Drittel von ihnen leben noch unter dem alten Pferdebahnregime, und wenn sie an verstopfte Ecken kommen, wo das Klirren der Straßenbahn und das „Toff-Toff" der Autos vorherrschen, tragen sie sehr gern dazu bei, die allgemeine Verwirrung zu vergrößern.

Zumindest machte die Stadt vor ein oder zwei Jahren diesen Eindruck auf mich, verglichen mit der gemütlichen Stadt, die ich zum ersten Mal als Kohlenpassant mit ehrenhaften Entlassungspapieren in der Tasche und sonst kaum etwas betrat. Aber es liegt mir fern, bei diesem Thema zu verweilen, denn wenn es eine Stadt auf der Welt gibt, der ich dankbar sein sollte, dann ist es Berlin. Wenn es den Berlinern gefällt, ihren Titel als Weltstadt von den Dächern zu schreien, als hätten sie Angst, dass er sonst unbemerkt bleiben könnte, dann ist das gut und schön; der Lärm klingt einfach komisch, das ist alles – besonders nach London und New York.

Ich begann meine Karriere in der Stadt in einem sehr „holländischen" Konfektionsanzug, Stöckelschuhen, die man wie die „Romeo"-Slipper mit einem Ruck anziehen konnte, einer konfektionierten Fliege und einem Hut, dessen Stil man in diesem Land in der Gegend von Ellis Island am besten sehen kann; er war wirklich von Lokalkolorit geprägt. Während ich auf dem Sofa in der Bibliothek meiner Mutter schlief und den Schlafverlust auf See nachholte, ging meine Mutter hinaus und erledigte freundlicherweise diese Einkäufe. Gewaschen, angezogen und gefüttert sah ich vielleicht „holländisch" aus, aber ich war zumindest sauber, und es war kein dunkelhaariger Feuerwehrmann da, der mir befahl, „weiter mit den Kohlen" zu gehen.

Der Hausarzt, ein Herr, der es inzwischen zu etwas Großem gebracht hat und einer der berühmtesten Mediziner Berlins ist, untersuchte mich aus einem ihm nur bekannten Grund sorgfältig, um festzustellen, wie ich die Reise überstanden hatte. Er konnte lediglich eine deutlich beschleunigte Herztätigkeit feststellen, die ihm jedoch keine großen Sorgen bereitete. Zu dieser Zeit fing der gute Mann gerade an, Englisch zu lernen, und bei unserem ersten Treffen ließ er mich seine Wiedergabe von „Early to bed, early to rise" usw. anhören. Als er einige Wochen später eine junge Amerikanerin, eine unserer neuen Nachbarinnen, beruflich besuchte, ergriff er den Mut, ihr einen Rat auf Englisch zu geben – einen originellen Satz zu bilden. Er wollte, dass die junge Dame mehr Sport treibt, und so sagte er ihr, sie solle sich mehr bewegen.

„Hol dir eine Inspiration, nimm drei Schweinescheiße über den Boden und zehn verrecken." Sie hat ihre Krankheit prächtig überstanden.

Damals, in den späten Achtzigern und frühen Neunzigern, lebte die amerikanische Kolonie, wie sie genannt wurde, hauptsächlich im westlichen Teil der Stadt, in der Nähe des Zoologischen Gartens. Der Doktor oder Professor, wie er heute genannt wird, war jahrelang der Arzt der Kolonie, und viele bedauerten es, als er aufhörte, uns zu besuchen. Wir hatten noch immer das Privileg, ihn in seiner Praxis aufzusuchen, aber *Krankenhausarbeit* und kaiserliche Patienten machten es ihm unmöglich, uns zu besuchen, obwohl er freundlicherweise nachbarschaftliche Besuche im Haus meiner Mutter machte, solange er in unserer Straße wohnte. Er wird jetzt alt und grau, aber ich fand ihn bei meinem letzten Besuch in Berlin trotz seiner schönen Villa, Lakaien und Kutschen genauso freundlich und gastfreundlich wie damals, als er mich nach dem Kohlenpass auf Knochenbrüche und Muskelzerrungen untersuchte. Ich sagte ihm, dass ich auf dem Weg nach Russland sei, um die stark beworbene Revolution zu studieren. Sein Gesicht wurde ernst, wie früher, wenn man einen Fall studiert. „Sei vorsichtig, mein Sohn", warnte er mich, „sei sehr vorsichtig in Polen." Die väterliche Warnung und das freundliche Interesse riefen in mir Erinnerungen an das Berlin wach, das ich kannte und in gewisser Weise liebte, die Stadt, die mich aufgenommen und mir wirklich eine zweite Chance gegeben hatte.

Fast alle amerikanischen Kolonien im Ausland sind kaum mehr als Lager. Die Camper bleiben aus dem einen oder anderen Grund eine Weile – die meisten von ihnen behaupten, Kultur zu suchen – und brechen dann ihre Zelte ab und ziehen weiter. Diejenigen, die zurückbleiben, müssen sich erneut mit der neuen Gruppe von „Kulturisten" vertraut machen, die sicher zu gegebener Zeit eintreffen werden. In Venedig gibt es ein angelsächsisches Lager, das Anspruch auf alte Privilegien und Rechte erhebt. 1894-95 verbrachte ich dort vier unvergessliche Monate und lernte viele der Camper gut kennen.

„Und wie lange sind Sie schon hier?", war eine meiner Fragen, wenn ich einen Engländer oder Landsmann traf, und ich begann bereits, mit meinem langen Aufenthalt zu prahlen.

„Achtzehn Jahre, danke!" war die Antwort, die ich mehrmals bekam. Mein viermonatiger Aufenthalt war im Vergleich zu den Aufzeichnungen der alten Bewohner von sehr geringer Bedeutung, aber trotz ihres langen Aufenthalts in der Stadt waren sie schließlich Camper. Als zum Beispiel die Weihnachtsferien kamen, sprachen sie alle davon, „nach Hause" nach England zu gehen. Venedig war nicht ihre Heimat. Es war für den Moment einfach ein wünschenswerter Aufenthaltsort.

So ist es überall, wo ich auf dem Kontinent gelebt habe. Mit ganz wenigen Ausnahmen sind die amerikanischen Kolonisten vorübergehende Bewohner, die man kaum kennengelernt hat, bevor sie schon zu einem neuen Zeltplatz aufbrechen. Ob ein solches „kolossales" Leben für die Kindererziehung von Vorteil ist oder nicht, ist eine Frage, die jede Campingfamilie für sich selbst entscheidet. Bei jungen Männern, Studenten zum Beispiel, hat es seine Vor- und Nachteile. In meinem eigenen Fall, denke ich, hat es eine Zeit lang gut funktioniert. Es war nicht obligatorisch; ich hätte jederzeit nach Amerika zurückkehren können. Und es bot mir die Gelegenheit zu sehen, wie sauber ich mein Aktenblatt in einer Gemeinschaft führen konnte, die meine frühere Teufelei nicht kannte. Es gab keinerlei örtlichen Grund, warum ich meinen Kopf nicht genauso hoch halten sollte wie jeder andere – ein Privileg, das, glaube ich, viel dazu beiträgt, den Stolz zu erklären, den ich empfand, als ich versuchte, mir ein solches Recht zu verdienen.

Von der Heizkammer eines Ozeandampfers zu einem gepflegten Zuhause und unübertroffenen Bildungsmöglichkeiten ist es ein weiter Weg. Niemand, der mich auf der *Elbe Kohle ausliefern sah*, hätte erwartet, mich ein paar Monate später in den Hörsälen der Berliner Universität als vollwertigen Studenten der „Philosophischen Fakultät" zu treffen. Und niemand war über eine solche Metamorphose mehr überrascht als der Student selbst.

Es kam folgendermaßen: Etwa zwei Wochen nach meiner Ankunft in Berlin gab es für mich kaum etwas, wozu ich mich fähig fühlte, außer in der Bibliothek meiner Mutter zu sitzen, mich auszuruhen und zu lesen. Das kleine „holländische" Outfit machte mich zumindest vorzeigbar, und ich durfte so viel Zeit damit verbringen, in den Büchern zu stöbern, wie ich wollte. Es kam mir eine Zeit lang seltsam vor, nach der langen Wanderreise und der Fahrt auf der *Elbe bequem und entspannt dort zu sitzen*, aber bald merkte ich, dass ich mich ohne große Schwierigkeiten in die neue Situation einfügte. Die Erfahrung des Kohlentransports hatte meine körperlichen Kräfte mehr erschöpft, als ich zunächst gedacht hatte, und tagelang auf einer Liege zu liegen war ungefähr das Einzige, wozu ich mich in der Lage fühlte. Ich erinnere mich, dass ich in dieser Zeit Livingstones „Reisen durch Afrika", George Eliots „Daniel Deronda", einige von John Stuart Mills' „Politische Ökonomie" und Kapitel aus der deutschen Geschichte las. Diese Auswahl schien mir bei meiner Lektüre so selbstverständlich zu sein wie früher bei Wandertouren – ein Beweis dafür, dass in mir immer zwei Kräfte am Werk waren. Während ich diese Bücher las, schienen mir The Road, *Die Ferne* und meine früheren Kameradschaften so fremdartig wie nur möglich; tatsächlich ertappte ich mich häufig dabei, wie ich mich in der angenehm eingerichteten Bibliothek umsah und mich fragte, ob meine Wanderungen nicht letztlich nur ein Albtraum waren.

Durch freundliche Pflege und gutes Essen wurde ich bald wieder gesund, und dann folgten Spaziergänge, Besuche in und um die Stadt, Sprachexperimente mit leidgeprüften Taxifahrern und Straßenbahnschaffnern und eine angenehme Runde von Ausflügen in die Umgebung. Aber über meinen Status in der neuen Heimat war noch nichts gesagt oder entschieden worden, denn meine Mutter wollte offenbar, dass ich mich erst erhole und dann selbst etwas vorschlagen würde. Mein einundzwanzigster Geburtstag stand kurz bevor. Ich war kein Junge mehr ohne Verantwortung. Mein eigenes Gespür für die Dinge sagte mir, dass es höchste Zeit für mich war, aufzustehen und etwas zu unternehmen, wenn ich mir und der Familie von Nutzen sein wollte. Doch beim besten Willen konnte ich mir keinen einträglicheren und ehrenvolleren Beruf vorstellen als das Leben eines Holzfällers im Schwarzwald. Einer der Kohlenschneider an der *Elbe* , ein „Bankrupp", den ich im Keller von Hoboken kennengelernt hatte, hatte mir von dieser Arbeit in Süddeutschland erzählt, und ich hatte mich entschlossen, dorthin zu gehen, falls Berlin sich als unwirtlich erweisen sollte. Bestenfalls war es ein provisorischer Job, aber im Moment war es die beste Aussicht, die ich hatte – zumindest dachte ich das. Meine Mutter hielt jedoch nichts von diesem Plan und empfahl mir, die ganze Sache gründlicher zu überdenken.

Schließlich beschloss ich, das Leben auf See noch einmal richtig zu testen, nicht in den Bunkern oder im Heizraum, sondern an Deck oder wo auch immer meine Dienste gefragt sein könnten. Aus irgendeinem seltsamen Grund hatte ich Ägypten als Ziel, vielleicht weil ich Livingstones Buch gelesen hatte. Ich kann mich jetzt an nichts Besonderes erinnern, das Ägypten attraktiver gemacht hätte als Italien. Aber der Name schien mich zu faszinieren, und ich sagte meiner Mutter, wenn sie mir helfen würde, nach Liverpool zu kommen, würde ich dort meine wahre Berufung finden. Mehrere Tage lang diskutierten wir über dieses neue Projekt, aber ich beharrte auf der Annahme, dass Liverpool und Ägypten etwas Wunderbares für mich bereithielten. Die gute Unterkunft und Verpflegung hatten sehr wahrscheinlich mein Fernweh *wieder geweckt* , aber ich weiß, dass die geplante Reise nicht nur als ein Herumirren im Dunkeln gedacht war; ich glaubte ehrlich, dass etwas Wertvolles dabei herauskommen würde. Wenn ich heute auf die Angelegenheit zurückblicke, erinnere ich mich jedoch daran, dass wahrscheinlich der alte Wunsch, in unbekannte Gegenden zu verschwinden und später erfolgreich zurückzukehren, in mir am Werk war.

Offenbar wurde beschlossen, dass ich zumindest mein Glück in Liverpool versuchen sollte, und man gab mir genügend Geld für die Reise und mehr. Ich verließ Berlin mit dem Gedanken, dass ich zumindest als Admiral der Flotte zurückkehren sollte. Meine Mutter hatte große Hoffnungen in mich, bedauerte jedoch, dass ich nicht bereit war, Berlin ein wenig näher zu erkunden und zu sehen, ob ich dort hineinpassen würde.

Da mir das Liverpool-Experiment keinen besonderen Schaden zufügte, ist es heute vielleicht nicht zu bedauern, aber damals schien es sehr wenig zu bewirken. Ich wohnte im Sailor's Home und versuchte, mich wie ein Kapitän zu benehmen und zu sprechen, solange mein Geld reichte, aber weiter kam ich nicht auf dem Weg zum Admiral oder in Richtung Ägypten. Die einzige „Koje", die mir angeboten wurde, war auf einem norwegischen Schoner als „Kochmaat" oder so ähnlich, was auch immer „das" bedeuten mag. Liverpool selbst jedoch, oder vielmehr die Teile davon in der Nähe des Sailors' Home und der Lime Street, wurde gewissenhaft erkundet und studiert. Eine Erfahrung, die ich machte, mag je nach den zulässigen Ansichten darüber wertvoll gewesen sein oder auch nicht; aber damals dachte ich, dass sie wertvoll war.

Ein aus Manchester entlaufenes Mädchen, ein hübsches kleines Ding, das den Kopf über das Theater, die Varietés und das Ballett verloren hatte, kreuzte meinen Weg. Sie erzählte mir ihre Geschichte, eine Schablonengeschichte, wie sie in England voll ist, und ich erzählte ihr meine, auch über Ägypten und meinen Entschluss, wenn möglich Admiral zu werden. Sie schlug vor, dass wir unsere Geschichten und Gelder zusammenlegen und gemeinsam reich und berühmt werden. Sie war überzeugt, dass ihr Schicksal es war, Schauspielerin zu werden, eine große, und ich war ebenso überzeugt, dass mich etwas Berühmtes erwartete. „Alice" – so hieß die Schöne – arrangierte die Zusammenlegung der Gelder sehr sorgfältig; glücklicherweise war der Großteil meiner Gelder im Sailor's Home sicher verwahrt. Der ganze Betrag, oder vielmehr der Betrag, den ich ihr überließ, ging für die Ausbildung ihrer Stimme und ihres „Auftritts" in den Konzertsälen von Lime Street drauf; aber sie erklärte diesen Egoismus mit dem Versprechen, mich zu finanzieren, wenn sie erfolgreich sein sollte und ich die Abschlussprüfungen für die Position des Admirals bestand. Es ist nicht unwahrscheinlich, dass ich noch immer Mühe hätte, Geld für „Alices" musikalische Ausbildung zu bekommen, wenn ihr Charme mir weiterhin gefallen hätte, aber sie fiel eines Abends in der Nähe des Heims in meinen Armen in Ohnmacht oder tat zumindest so, als ob sie es täte, und der Zauber war auf der Stelle gebrochen. Die Ohnmacht ereignete sich in einer Gasse, durch die die Leute zur Rückseite des Heims und dann in eine andere Straße gingen. Es kam so unerwartet, dass das Mädchen mich trotz seiner zierlichen Gestalt fast umwarf, als sie sich an mich klammerte. Einige Zeitungsjungen sahen, wie ich sie hochhielt und ihr mit meinem Hut Luft zufächelte. Eine Gruppe Polizisten, die ihren Nachtdienst verrichteten, kam vorbei und kicherte.

„Das würde ich für diesen Schluck tun, das würde ich“, schrie einer der Jungen, und die anderen machten ähnliche neckische Bemerkungen. „Alice“ erholte sich allmählich und packte mich am Hals.

„Rette mich!“, rief sie. „Rette mich! Ich verliere alle meine hohen Töne.“

Ich „rettete“ sie blitzschnell in ein Taxi und schickte sie nach Hause, um nach den hohen Tönen zu suchen. Ich sah sie nie wieder, aber fünf Jahre später, als ich mit einem Freund durch England reiste, erkundigte ich mich in den Konzerthallen in der Lime Street nach ihr und fand schließlich einen alten Bekannten, der sich an sie erinnerte.

„Oh, dieses Mädchen!“, rief der Bekannte aus. „Sie hat sieben Tage. Sie ist verrückt. Hält sich für eine Grundschullehrerin. Gut, dass Sie und sie nie in den Haushalt gegangen sind – oder?“

Aufgrund meiner Erfahrungen mit dem kapriziösen „Jeminy“ früherer Tage und der kreischenden „Alice“ hat die Haushaltsführung in meinem Leben keine große Rolle gespielt. Ich muss „Alice“ jedoch dafür danken, dass sie mir gezeigt hat, wie töricht es ist, auf Grundlage der Erfahrungen eines bloßen Kohlenschiebers Admiral werden zu wollen. Ihr geschickter Einfallsreichtum und die daraus resultierende Erschöpfung meiner Mittel halfen mir auch, das ägyptische Fieber zu überwinden. Das Ergebnis der Reise nach England war eine hastige Rückkehr nach Deutschland, um etwas anderes auszuprobieren – und meine Volljährigkeit zu feiern. Ich wollte, dass dieses Ereignis eine deutliche Veränderung in meinem Leben markieren sollte, und in vielerlei Hinsicht tat es das auch.

KAPITEL X

Universität Berlin

Anfang der neunziger Jahre war es für Ausländer einfacher, an die Berliner Universität zu kommen als heute. Heute, so erzählte man mir, müssen Zeugnisse und Diplome anderer Institutionen vorgelegt werden, bevor sich ein Student immatrikulieren kann. 1890, in meinem Immatrikulationsjahr, genügte es, zwanzig Mark in der Tasche zu haben, um die Immatrikulationsgebühr zu bezahlen, und vielleicht fünfzig Mark mehr, um die Vorlesungen des ersten Semesters zu bezahlen. Nach früheren Studien oder akademischer Ausbildung wurde nicht gefragt. Die Universität stand allen männlichen Ausländern über siebzehn Jahren offen. Deutsche mussten ein Abitur vorweisen , Ausländer wurden jedoch ohne Angabe von Gründen aufgenommen.

Ich kann mir ein Lächeln kaum verkneifen, wenn ich an meinen Eintritt in diese berühmte Universität denke. Ich hatte zwar das nötige Geld und war schon lange über der erforderlichen Altersgrenze, aber ich fürchte, eine Bestandsaufnahme meiner anderen Qualifikationen hätte mich kläglich im Stich gelassen, wenn die anderen Qualifikationen nicht als selbstverständlich vorausgesetzt worden wären. Ich hatte zwar zwei Jahre an einem amerikanischen College vorzuweisen und vielleicht mehr *allgemeine* Lektüre als selbst der durchschnittliche deutsche Student. Aber was gab es sonst, das mich zur Immatrikulation berechtigte? Nichts, fürchte ich, es sei denn, es war der aufrichtige Wunsch meiner Mutter, dass dies geschah.

Nach meiner Rückkehr aus England war ich entschlossen, sie vorschlagen zu lassen, was für mich am besten sei, da ich aus dem englischen Abenteuer ein solches Fiasko gemacht hatte, und zwar auf meine eigene Idee und mein eigenes Unterfangen. Die Universität und ihre Professoren nahmen in den Augen meiner Mutter einen großen Platz ein. Wenn sie mich nur einmal eine solche Karriere beginnen sehen könnte, sagte sie, dann wäre ihr Glücksbecher tatsächlich voll. Sie wollte unbedingt mindestens ein akademisches Kind in der Familie haben, und meine Anwesenheit in Berlin und meine Bereitschaft, mich zu benehmen, erneuerten ihre Hoffnung, dass dieser Wunsch in Erfüllung gehen würde. Zum Glück für ihren Ehrgeiz und meine Sensibilität waren die Immatrikulationszeremonien so unkompliziert. Mein Deutsch war damals hauptsächlich aus dem Vokabular der Kohlenpassanten ausgewählt worden, aber ich war schnell dabei, es wieder aufzufrischen, und als ich zur Immatrikulation bereit war, beherrschte ich die Sprache wahrscheinlich so gut wie der durchschnittliche amerikanische Student, der zum ersten Mal die Universität betritt. Als ich vom Rektor meine Immatrikulationsbescheinigung erhielt – ein beeindruckendes Dokument, das in Latein verfasst war, was ich längst vergessen hatte –, schüttelte ich ihm die Hand und wurde von der Fakultät in der Einrichtung willkommen geheißen. Dabei bat ich darum, mir mein fehlerhaftes Deutsch zu verzeihen.

„Sicher, Herr Studiosus, sicher", versicherte mir der Rektor. „Sie sind hier, um zu lernen, das tun wir alle. Ausreden sind also nicht nötig."

Das war die ganze Formalität, die mit der Aufnahmezeremonie verbunden war. Dank des Rektors verwandelte ich mich in fünf Minuten von einem ehemaligen Kohlenschieber in einen angehenden Doktor der Philosophie an der großen Friedrich-Wilhelm-Universität, einer königlichen Institution. Die Bedeutung des königlichen Protektorats über die Universität und die Studenten beeindruckte mich nie besonders, bis ein Freund von mir eine Wortverschiedenheit mit einem der Beamten der Königlichen Bibliothek hatte. Mein Freund war hinkend und musste Krücken benutzen. Eines Tages, als er den Raum betrat, in dem ausgeliehene Bücher zurückgegeben werden, ging er mit seinem Hut auf dem Kopf zum Schreibtisch und konnte ihn erst abnehmen, als er seinen Arm voll Bücher los war. Der dienstbeflissene Angestellte machte ihn in nicht allzu höflicher Sprache auf den entschuldbaren Verstoß gegen die Etikette aufmerksam und fügte hinzu: „Sie müssen bedenken, dass ich ein kaiserlicher Beamter bin." „Und bedenken Sie", forderte mein tapferer griechischer Freund, „dass ich ein kaiserlicher Student bin."

Während meiner Zeit an der Universität hatte ich nie Gelegenheit, auf meinen „Imperialismus" aufmerksam zu machen, aber es war eine Art kleiner Scherz, den ich mir bei Gelegenheit erlaubte.

Um zu meiner Zeit in Berlin einen Ph. D. zu machen, waren mindestens ein Hauptfach und zwei Nebenfächer erforderlich. Sechs Semester waren die Vorbereitungszeit, bevor man *promoviren konnte* , und eine akzeptable „Dissertation" war unbedingt erforderlich, bevor eine Prüfung zulässig war. In der Regel gelang es einem Mann mit einer gut geschriebenen Dissertation und einer guten Beherrschung seines *Hauptfachs* , einen Abschluss zu erlangen. Es gab keine Prüfungen, bis die Kandidaten für den Abschluss bereit waren, *promoviren* , ihren Doktortitel anzustreben. Am Ende von drei Jahren, sechs Semestern, wurden solche Kandidaten vor ihre Professoren gerufen und mussten erzählen, was sie sowohl in ihrem *Haupt-* als auch in ihrem *Nebenfach* wussten. Die Prüfung war mündlich und angeblich ziemlich anspruchsvoll, aber ein Japaner mit einem Ph. D.-Abschluss von der Johns Hopkins University und Vorstudien an deutschen Institutionen hat mir erzählt, dass er in seinem Fall lieber sein Glück in einem Kampf mit den Berliner Prüfern versucht hätte.

Die Bedeutung des Titels war mir bei meiner Immatrikulation in Berlin keineswegs klar. Ich wusste zwar, dass er für bestimmte wissenschaftliche Kenntnisse stand, aber was diese bedeuteten, war mir damals ein Rätsel und tut es auch heute noch. Gelegentlich predigte ein Gastgeistlicher für unseren örtlichen Pastor in der amerikanischen Kirche, und ich bemerkte, dass es als äußerst höflich galt, seiner Rede besondere Aufmerksamkeit zu schenken, wenn ein Ph.D. Teil seines Titels war.

Ich glaube, diese besondere Aufmerksamkeit war teilweise auf die Bedeutung zurückzuführen, die unser Pastor solchen Dekorationen beimaß. Er legte großen Wert auf gelehrte Institutionen, ihre Doktrinen und Lehren, und seine Vorträge – zumindest viele davon – hätten auch an der Universität gehalten werden können, soweit sie die geistige Abnutzung seiner Zuhörer heilten. Er zitierte gern die Professoren seiner Universitätstage, und bei seinen abendlichen Hausvorlesungen konnte er sich sehr interessant machen, indem er uns vom Deutschland seiner Jugend und frühen Jugend erzählte. Ein Professor, dessen Namen er ständig erwähnte, war Tollock oder Toccoch oder so ähnlich. Ich glaube, dieser Herr war als Theologe bekannt, aber was ich mehr als alles andere bewunderte, war, unseren Pastor diesen Namen aussprechen zu hören. Seine Aussprache schien mir die ganze deutsche Sprache in einem einzigen Mundvoll zu vereinen. Mit Wörtern, ob Englisch oder Deutsch, die auf „d" enden, hatte der Pastor Schwierigkeiten. In seinen Gebeten zum Beispiel wurde aus „Herrgott" „Lorn Gone", und ich fürchte, einige von uns nannten den guten Mann „Lorn Gone". Er blieb, glaube ich, zwanzig Jahre oder länger bei uns, und er und seine Frau taten viel, um das Geld für den Bau der heutigen amerikanischen Kirche zu beschaffen. Er interessierte sich sehr freundlich für meine Auswahl der Vorlesungen an der Universität. Ich kann mich beim besten Willen nicht erinnern, warum er oder ich Volkswirtschaftslehre als *Hauptfach wählten* . Vielleicht lag es daran, dass mein Vater sich sehr für dieses Fach interessiert hatte und eine schöne Bibliothek zu wirtschaftlichen Fragen besaß. Es kann auch daran liegen, dass ich vor meiner Abreise nach Liverpool flüchtig einen Blick in John Stuart Mills Buch geworfen hatte. Aber vielleicht war es auch eine jener willkürlichen Entscheidungen, die in Fällen wie meinem getroffen werden; das Fach war zumindest sicher, und vielleicht dachte der gute Doktor, dass das Studium mir gute Grundsätze für die persönliche Wirtschaft vermitteln könnte. Was auch immer der Grund gewesen sein mag, ich wurde an *der philosophischen Fakultät eingeschrieben* , um mich ernsthaft mit *Theoretischer und praktischer Nationalökonomie zu befassen* . In jedem Semester, das ich an der Universität war, besuchte ich zwei *private* 20-Mark-Vorlesungen in meinem Hauptfach. Die Professoren Wagner und Schmoller waren meine Dozenten in diesen Kursen. Professor Wagner habe ich nie richtig kennengelernt, aber ein Gespräch, das ich einmal mit Professor Schmoller hatte, ist mir immer in Erinnerung geblieben. Ich hatte Semester für Semester

20 Mark für seine Vorlesungen ausgegeben und hatte den Eindruck, dass ich in meinem Fach nicht sehr schnell vorankam. Da ich unser Nachbar war, beschloss ich eines Tages, ihn in seiner Villa aufzusuchen und herauszufinden, ob das Problem auf seiner oder meiner Seite lag. Ich hatte andere Verwendungsmöglichkeiten für die 20-Mark für das Semester, es sei denn, er brauchte sie unbedingt. Er fragte mich direkt, wie ich mich vor meiner Immatrikulation in Berlin auf die Universität vorbereitet hatte und wie es dazu gekommen war, dass ich Politische Ökonomie als Hauptfach gewählt hatte. Ich sagte ihm die Wahrheit und griff sogar auf Anekdoten über das Fahren in Güterwaggons zurück, um mich klar auszudrücken. Er lachte.

„Und was schwebt Ihnen als Thema für eine Abschlussarbeit vor?", fragte er mich. Ich war vier Semester an der Universität und es war an der Zeit, dass ich ernsthaft über eine Abschlussarbeit nachdachte, wenn ich *Promoviren machen wollte* . Meine Gedanken waren in dieser Hinsicht sehr zerstreut, aber schließlich gelang es mir, dem Professor zu sagen, dass Landstreicherei und Geographie anscheinend viel gemeinsam hätten und dass ich über eine Abschlussarbeit nachdachte, die mein Wissen in diesen Fächern festigen würde. Wieder lachte der Professor. Schließlich sprach er diesen Ausspruch aus: „Landstreicherei und Geographie passen nicht so zusammen, wie Sie es an einer deutschen Universität vermuten. Geographie und Volkswirtschaftslehre passen jedoch hervorragend zusammen und sind es wert, gemeinsam studiert zu werden. Vielleicht fällt es Ihnen leichter, Ihren Abschluss an einer der süddeutschen Universitäten zu machen."

Der anzügliche Vorschlag am Ende reizte mich etwas, aber ich hörte Professor Schmoller noch ein weiteres langes Semester lang zu.

Meine Nebenfächer – ich erinnere mich kaum noch, welche es waren. Ich glaube, ein Hauptfach und zwei oder drei Nebenfächer waren vorgeschrieben, und eines der Nebenfächer musste Geschichte der Philosophie sein. Ein Semester in diesem Fach wurde normalerweise als ausreichend angesehen. Ich muss also Vorlesungen zu diesem Thema gehört haben, und ich erinnere mich an andere Kurse in deutscher Literatur. Aber ich fürchte, meine damaligen Professoren hätten heute beim Durchsehen der ausgewählten Kurse in meinem *Anmelde-Buch Schwierigkeiten* , herauszufinden, worauf ich hinauswollte. Trotz all dieser Verwirrung und dieses Herumstolperns war ich schließlich doch mit meinen eigenen privaten Zielen beschäftigt. Ich habe aus den Vorlesungen vielleicht nicht viel mitgenommen, aber ich kam mit Männern wie Virchow, dem Pathologen; Kiepert, dem Geographen; Curtius, dem griechischen Historiker; Pfleiderer, dem Theologen; Helmholtz, dem Chemiker, in Kontakt, und ich bekam flüchtige Einblicke in Mommsen. Während meines Aufenthalts in Berlin las er nicht an der Universität, aber er wohnte nicht weit vom Haus meiner Mutter entfernt, und ich sah ihn oft in der Straßenbahn. Er war ein sehr verschrumpelt aussehender Mensch, und wenn er saß, wirkte er sehr zierlich. Er trug eine riesige Brille, die seinen Augen ein eulenhaftes Aussehen verlieh; ich sah ihn eines Nachmittags am besten, als wir allein in einer Straßenbahn durch den Thiergarten fuhren. Er hatte eine Ecke vorne, und ich hatte eine hinten genommen. Ich bemerkte ihn zunächst kaum und hatte gerade ein Buch zum Lesen aufgeschlagen, als der alte Herr plötzlich anfing, vor sich hin zu murmeln und zu gestikulieren. „Ja, ja, so ist es", hörte ich ihn sagen. „So muss es sein", und er wedelte mit seiner rechten Hand herum, als würde er zu einer Versammlung römischer Senatoren sprechen. Was „so" war und warum es „so" sein musste, konnte ich nicht herausfinden. Vielleicht argumentierte er mit einem imaginären Gegner über einen tiefgründigen Streitpunkt, vielleicht hatte er aber auch nur einen kleinen Streit mit der Polizei. Er war der stolze Vater von ungefähr zwölf Kindern, und kein Berliner Vermieter, so die Geschichte, würde ihm eine Wohnung vermieten. Er lebte folglich in Charlottenburg, wo er, wie ich gehört habe, der Polizei sagte, was er von ihnen und ihren Vorschriften hielt.

Das interessanteste Interview, das ich mit einem meiner Professoren hatte, war das mit Virchow. Zur Zeit des Interviews korrespondierte ich zeitweise für eine New Yorker Zeitung, und eines Tages kam vom Herausgeber die Nachricht, dass ein „Gespräch" mit Virchow über die politische Situation „möglich" sei. (Dieses Wort „möglich" bereitete mir früher bei meinen Begegnungen mit Herausgebern große Probleme, aber ich habe mich schließlich damit abgefunden. Wenn ein Herausgeber es verwendet, lohnt es sich, in einem guten Wörterbuch nachzuschauen und zu sehen, wie viele verschiedene Anwendungen es hat. Seine redaktionelle Bedeutung ist äußerst dehnbar.) Virchow gewährte mir freundlicherweise ein Interview und erzählte mir einige interessante Dinge über seinen Kampf für liberale Ideen. Am unterhaltsamsten war er jedoch, wenn er über „Wissenschaft" sprach. Als unser politisches Gespräch beendet war, fragte er mich, ob ich mich für Anthropologie interessiere, und teilte mir mit, dass die örtliche Anthropologische Gesellschaft am selben Abend eine Sitzung abhalten würde und ich willkommen wäre. Ich sagte ihm, dass mich Anthropologie insoweit interessiere, als sie Licht auf die Kriminologie werfe. Der alte Herr muss mich missverstanden haben, oder ich wusste selbst nicht, was ich sagen wollte, denn meine Antwort schreckte ihn auf und ließ ihn in eine, wie ich fand, ungewohnte nervöse Aufregung verfallen. Während des politischen Plauschs war er sehr ruhig und gelassen gewesen und hatte sogar mit ziemlich gedämpfter Stimme über Bismarck gesprochen. Aber als ich es wagte, Anthropologie und Kriminologie miteinander zu verbinden und dabei Lombrosos Namen kaum erwähnte, war es, als hätte jemand einen Stein durch das Fenster geworfen. Virchow sprang von seinem Stuhl auf und rief: „Da sind Sie auf falschem Boden. Lassen Sie mich Ihnen eine Broschüre von mir geben, die Sie aufklären wird", und er eilte in sein angrenzendes

Arbeitszimmer, um einen Aufsatz zu lesen, der etwas mit Zellen usw. zu tun hatte. Heute würde ich ihn vielleicht verstehen, aber damals las er sich wie Sanskrit. „So", sagte der kleine Mann und reichte mir die Broschüre. „Das wird Ihnen meine Gedanken zu diesem Thema verdeutlichen." Bei anderen Männern hätte dieses Vorgehen vielleicht auf Eitelkeit hingedeutet. Bei Virchow war es lediglich der freundschaftliche Wunsch, mich in einer Angelegenheit aufzuklären, über die er eine Million Mal mehr nachgedacht hatte, als ich es je gekonnt hätte. Er schien sich buchstäblich darüber zu ärgern, dass irgendjemand über eine Angelegenheit im Dunkeln tappen sollte, die er zu erhellen versucht hatte.

Als ich ihm später eine schriftliche Kopie unseres politischen Interviews zeigte, musste ich ihn in seinem berühmten Arbeitszimmer aufsuchen, ich glaube, es war das Pathologische Institut. Der Raum war so voll mit Schädeln, Knochen und „eingelegten" Dingen, dass man sich kaum zurückhalten konnte, beim Herumlaufen nichts umzustoßen. Ich musste ihm das Manuskript zur Korrektur überlassen. Er schickte es mir ein paar Tage später mit sauber geschriebenen Randnotizen in seiner eigenen Handschrift. Von allen Männern, die ich an der Universität traf, war er eindeutig der berühmteste und umgänglichste.

Seinen berühmten politischen Gegner Bismarck, einen Mann, den Virchow, nach seiner Art, über ihn zu sprechen, zu urteilen, zu hassen schien, sah ich nur einmal. Es war nicht lange vor seiner Entlassung aus dem Amt, und er kam gerade aus dem Palast des Kaisers zurück, wo er ihm zum Geburtstag gratulieren wollte. Ich stand gerade vor dem Café Bauer Unter den Linden, als Bismarcks Kutsche vorbeikam. Ich werde mich immer an sein starkes Gesicht und seine bemerkenswert großen Augen erinnern, aber das war so ziemlich alles, was ich sah. Eine Frau erkannte Bismarck genauso wie ich und rannte auf seine Kutsche zu und rief: „Oh, Fürst Bismarck! Fürst Bismarck!" Etwas in ihrem Benehmen ließ einen glauben, dass sie den großen Mann um einen Gefallen bitten wollte und auf sein Erscheinen gewartet hatte. Der traurige Ton in ihrer Stimme konnte alles Mögliche bedeuten – einen Sohn im Gefängnis, einen sterbenden Ehemann, eine bloße Bitte um Brot. Der Kutscher ging jedoch kein Risiko ein, und der große Kanzler wurde in Richtung Wilhelmstraße davongekarrt .

Der kleine und bescheidene Virchow konnte unsere Vorstellungen von Pathologie und Medizin neu gestalten und gleichzeitig ein großer Liberaler sein, aber Bismarck konnte er nicht ertragen. Der monströse Kanzler konnte Deutschland wiedervereinigen, jahrelang seine Außenpolitik diktieren und sich im Parlament und außerhalb als Meistergeist behaupten, aber mit Virchow konnte er nicht verkehren. Zwei große Deutsche, beide Bilderstürmer und Erbauer, beide Bewohner derselben Stadt und beide viel bewundert und kritisiert – aber sie brauchten im Ausland getrennte

Straßenseiten – eine Tatsache, die übrigens die andere Tatsache, die deutsches *Kleinlich Kelt* – Kleinheit – beweist, sehr unterstützt.

Letzten Endes denke ich, dass ich meine Universitätslaufbahn hauptsächlich in der Königlichen Bibliothek und im Thiergarten genossen habe – einem Naturpark im Zentrum der Stadt, in den ich im Winter bei etwa zehn Grad über Null und im Sommer bei etwa siebzig Grad Hitze meine Seele baumeln lassen konnte – all das übrigens *à la* Fahrenheit, die in Deutschland weder in der Nähe von Null noch sonst wo Anhänger hat. Die Bibliothek lieh mir zehn Bücher in jeder Sprache, der ich mich gewachsen fühlte, und der Thiergarten half mir, über das nachzudenken, was ich gelesen hatte und nicht verstand. Sicherlich fühlte sich kein Professor jemals gelehrter als ich, als ich mit den zehn Büchern über der Schulter durch den Park nach Hause stapfte. Meine Mutter liebte es, mich auf diese Weise ins Haus kommen zu sehen, und sogar mein Foxterrier Spicer setzte einen gelehrten Blick auf, der ihr typisch war, wenn sie sich herabließ, meine fleißigen Neigungen zu beobachten. Mehr über dieses fast menschliche kleine Wesen später, aber ich muss gleich hier sagen, dass sie in ihren frühen Tagen meine „Verkürzungsgewohnheiten“ nicht gut aufnahm. Sie glaubte an Bier, viel Essen und Bewegung, Uferlos-Powwows.

Was mich in der Bibliothek oder im Thiergarten dazu brachte, beim Lesen von der Volkswirtschaftslehre auf Afrika, Livingstone, Burton, Speke und Stanley umzusteigen, ist ein wenig schwer zu erklären. Letztendlich war es wohl einfach nur mein Temperament. Im dritten Semester wusste ich zehnmal mehr über Afrika als über mein eigenes Land und unvorstellbar viel mehr über Volkswirtschaftslehre, als ich jemals wissen werde. Burton war der Mann, den ich besonders mochte, und bis heute steht er in meiner Wertschätzung von Menschen ganz oben.

Diese Art der Lektüre brachte mich natürlich nicht näher an meine Doktorarbeit. Aber sie lehrte mich, ruhig zu bleiben, *Die Ferne zu meiden* und mich für das zu interessieren, was andere Menschen getan hatten – und daran zu denken, dass all das Reisen in der Welt nie für mich bestimmt war. Natürlich träumte ich davon, ein Forscher zu werden, aber das waren harmlose Versuche im Lehnsessel, die meiner Mutter keine Sorgen bereiteten und insofern von Nutzen waren, als ich ernsthaft Geographie studierte. Hätte man mir eine Stelle bei einer Forschungsexpedition angeboten, wäre ich möglicherweise versucht gewesen, sie anzunehmen, aber eine solche Gelegenheit bot sich nicht.

Meine Kameraden an der Universität waren fast alle *Streber*, junge Männer, die entschlossen waren, *Promoviren zu machen*. Einen gemischteren Freundeskreis hatte ich nie. Mein engster „Kumpel“ war ein Japaner, die anderen, die mir am nächsten kamen, waren ein Grieche, ein

Deutschamerikaner, ein Britischamerikaner, einige *echte* Germanen und mein Hund Spicer – letzterer war sozusagen durch einen Stellvertreter an der Universität. In den ersten Semestern machten wir so ziemlich das, was alle Studenten an deutschen Universitäten tun. Hier in den Vereinigten Staaten gibt es genau genommen Beobachter der Collegemoral, die gesagt hätten, wir seien alle dem Teufel verfallen. Wir gingen in *die Kneipen* , verbrachten unsere Sonntage im Gruhewald und „ *schwänzen* " – ließen Vorlesungen ausfallen, wenn es uns passte. Aber alle meine Freunde, bis auf einen, haben sich gut geschlagen. Die unglückliche Ausnahme war wahrscheinlich der eifrigste *Streber* in der Gruppe. Er machte seinen Abschluss mit allen Segeln auf eine versprochene Professur in der Heimat eingestellt, ging nach Hause, war enttäuscht von dem, was man ihm zu lehren vorgegaukelt hatte, wurde entmutigt und mutlos und warf sich schließlich vor einen Zug. Armer „Zink"! Er hatte Geschichte studiert und wollte darüber Vorlesungen halten. Die Kuratoren des Western College, die ihm einen Lehrstuhl in Geschichte versprochen hatten, bestanden darauf, dass er auch Grammatik oder ein anderes Fach unterrichten sollte, dem er seit seiner Collegezeit keine Aufmerksamkeit mehr geschenkt hatte, und sein Sinn für die Angemessenheit der Dinge revoltierte. Er hatte sich ehrlich und furchtlos spezialisiert und wollte als Spezialist weitermachen. Die Kuratoren des College wollten eine komplette Fakultät mit ein oder zwei Männern, und „Zink" wollte sich nicht fügen. Wenn irgendjemand eine gerechtere Behandlung verdiente, dann dieser alte Universitätsfreund.

Ich glaube, dass Spicer, mein Foxterrier, das einzige andere Mitglied der Klasse ist, das das Spiel völlig aufgegeben hat. Sie blieb neun Jahre bei meiner Familie, ohne die Deutschen als Volk zu verstehen – sie war Engländerin – und wollte es anscheinend auch nie. Pilsner Bier war das einzige deutsche Produkt, dem sie erlag. Drei Untertassen voll nach jedem nachmittäglichen Spaziergang waren ihre Portion. Da sie nie taumelte und sich unter dem Einfluss des Pilsners auch sonst nie schlecht benahm, glaube ich, dass es ihr gut bekam. Wenn ich sage, dass sie den drei Untertassen voll erlag, meine ich damit nur, dass sie wusste, wann sie genug hatte.

Wenn ich erzählen könnte, was „Pizey", wie sie später genannt wurde, meiner Familie auf eine liebevolle und liebvolle Weise bedeutet hat und wofür sie in der „Kolonie" stand, würde ein großartiges Hundebuch dabei herauskommen. Sie kam in einem Korb zu uns, nachdem sie in der Nordsee heftig umhergeworfen worden war – ein dickes, pummeliges kleines Ding voller John Bullismus und ihrer selbst. Meine Mutter und meine jüngere Schwester brachten sie nach Berlin, und meine Mutter stellte sie mir in derselben Sprache vor wie damals, als sie mir „Major" geschenkt hatte – „Josiah, ich habe dir einen Hund mitgebracht!" Mit 22 freute ich mich über ein solches Geschenk genauso wie in meinen frühen Teenagerjahren. Damals ahnte ich noch nicht, was es bedeutet, einen Welpen in einer Berliner Wohnung auszubilden. Mit „Pizey" würde ich die ganze Sache gerne noch einmal durchmachen, aber ich habe das Gefühl, dass ich meine Landsleute vor dieser Aufgabe bewahren muss. Sogar in Oskaloosa liegen harte Monate vor demjenigen, der einen Welpen drei Stockwerke höher aufzieht. (Feuerleitern helfen dabei kein bisschen.)

„Pizeys" Hauptinteresse galt ihrem eigenen kurzen Schwanz und ihren langschwänzigen Welpen. Wenn Mutter ihren Gästen nichts Besseres zur Unterhaltung zu bieten hatte, wurde „Pizey" beschlagnahmt, ins Wohnzimmer gerufen und gezwungen, ihrem Stummelschwanz nachzujagen. Wenn ihre Gäste nach anderer Unterhaltung suchten, waren sie enttäuscht, aber „Pizey" war es nicht, und ich glaube, dass Mutter die Schlägerei genoss. Sie sagte dem Hausarzt einmal, dass sie „Pizey" unter keinen Umständen töten würde, egal, ob „Pizey" *Majestätsbeleidigung beging* , weil sie sie an Josiah erinnerte, „wenn er nicht zu Hause war".

„Pizeys" Auszeichnung als Mitglied der „Kolonie" beruhte fast ausschließlich auf ihrer Missachtung des malthusianischen Traums. Sie vergrößerte die deutsch-britische *Entente* um mindestens siebenundvierzig kleine „Pizeys". Einige ihrer Nachkommen fanden den Weg in amerikanische Familien und versuchen, das Richtige zu tun – vielleicht ein halbes Dutzend. Die restlichen einundvierzig sind *auf der Wanderschaft* .

„Pizeys" Tod war mysteriös. Ich hatte Berlin schon lange verlassen und nur selten etwas von ihr gehört. Schließlich zog die ganze Familie weg und der Hund blieb in seinem alten Zuhause, aber unter einem neuen Regime; sie weigerte sich absolut auszuwandern. Man sagt, sie sei an Asthma erkrankt und musste aus dem Weg geräumt werden. Ich hoffe nur, dass sie auf ehrliche Weise aus dem Weg geräumt wurde. Die deutschen Wissenschaftler sezieren sehr gern Hunde wie „Pizey", während sie noch leben. Wenn ein deutscher Wissenschaftler eine solche Gräueltat an Spicer begehen würde, vertraue ich darauf, dass seine Wissenschaft in Stücke fallen würde – zumindest die Teile davon, die auf „Pizeys" Beweisen basieren.

KAPITEL XI

WANDERUNGEN IN DEUTSCHLAND

Vor vielen, vielen Jahren, als Luther uns zwei starke Beine und ein hartnäckiges „Nein" gab, wenn wir eigentlich „Nein" sagen mussten, oder vielmehr von uns verlangte, gab es in Deutschland Tausende junger Männer, die Schubkarren und, wie ich hoffe, zwei starke Beine hatten; sie wurden *Handwerksburschen genannt* , reisende Lehrlinge, ein Name, der bis heute unverändert geblieben ist. Die Lehrlinge verließen ihre Meister in Ehren — ich fürchte, manchmal bevor Ehre ein fester Bestandteil ihres moralischen Gepäcks geworden war —, legten ihre Werkzeuge in die Schubkarren, die Meister gaben ihnen ein „ *Glück auf*" und die jungen Männer zogen durch Europa, studierten in verschiedenen Ländern ihr Handwerk und lernten das Leben in Städten, Dörfern und auf dem Land kennen. Im Großen und Ganzen waren sie ernsthafte Forscher ihrer Art, die nach vergleichender Weisheit und einer freundschaftlichen Bekanntschaft mit der *Chaussee suchten*
.

Luther ist längst tot und mit ihm der *Handwerksbursch* seiner Zeit. Die *Chaussee* ist dem Eisenbahnwaggon der vierten Klasse gewichen und Schubkarre und Werkzeugkasten einem dürftigen Tornister. Der *Handwerksbursch* hat in der Regel noch zwei Beine, aber er hasst es, sie zu benutzen.

Die gleiche Freundlichkeit und Kameradschaft, die unter Luthers reisenden Lehrlingen geherrscht haben muss, konnte man auch unter den Studenten jener Zeit finden. Sie gingen auf die *Chaussee* , sahen Menschen, Städte und Dinge, und kehrten nach den Ferien zu ihren Vorlesungen und Büchern zurück. Wie die *Handwerksburschen* haben sie jedoch mit der Gegenwart abgeschlossen und fühlen sich heute in den Wagen der vierten Klasse genauso wohl wie ihre Vorgänger auf der *Chaussee* .

Im Laufe der Zeit kam ich an die Reihe, eine der Studentenreisen durch Deutschland zu machen. Das *Semester* war vorbei, ein freundlicher Begleiter war da und für eine *Rundreise* hatten wir genug Geld in der Tasche. Vielleicht war es ein Trost für *Die Ferne* , dass ich diesen Ausflug unternahm, oder auch nicht, aber ich denke jetzt, dass es nur ein gut getimter Ausflug war, damit *Die Ferne* nicht bewusst in Betracht gezogen wurde. Auch hier muss man, wie so oft zuvor und danach, meiner Mutter Anerkennung zollen. Sie schien fast auf die Stunde genau zu wissen, wann es für mich notwendig war, aus dem Geschirr zu springen und wieder ins Freie hinauszugehen.

Mein Begleiter bei dieser ersten Erkundung Deutschlands war ein Herr, der erheblich älter war als ich. Er war ein kräftiger Norweger, vielleicht vierzig Jahre alt, mit einem kräftigen blonden Bart, einem großen „Haarbündel", wie die Landstreicher sagen, und einem kämpferischen Glauben an das Verbot des Alkoholhandels. Körperlich war Nietzsches *„ guter großer blonder Mensch"* in ihm in hohem Maße zu finden. Einige Monate vor meiner Ankunft in Berlin erschien er eines Abends an der Tür meiner Mutter und sagte mit westlicher, nasaler Stimme: „Freut mich, Sie kennenzulernen. Ich glaube an die Prinzipien Ihrer Schwägerin und dachte, ich würde mal vorbeikommen und Sie besuchen."

Meine Mutter sah in ihm zunächst nur den typischen Prohibitionisten, der ausführlich die Gründe dafür aufzählte, warum man in einer wasserlosen, aber alkoholreichen Gegend notfalls aufs Trockene gehen sollte. Es gab eine Teilprobe, und dann begann der große, blonde Mann aus „Minnesoty" höchst interessante Gespräche über die Universität, Philosophie, Religion, Norwegen – und Ibsen. Er sprach auch über seine Muttersprache, über Literatur im Allgemeinen und über Männer in „Minnesoty", die versuchten, eine neue norwegische Literatur zu schaffen.

Über Ibsen wurde damals viel gesprochen, und „Nora" war das Stadtgespräch. Es war beinahe eine Staatsangelegenheit geworden, ob Nora richtig handelte, als sie ihr Haus verließ, und es war entschieden eine Frage der Etikette, ob ein Ehemann seiner verschwundenen Frau in einer regnerischen Nacht einen Regenschirm anbieten sollte oder nicht. (Das „Nora-Haus", wie ich es sah, setzte einen Sturm draußen voraus.) Ibsen lebte damals in München.

Unser Freund, der Norweger, schrieb an Ibsen und fragte ihn, ob er zwei Amerikaner empfangen würde, die ihm ihre Aufwartung machen wollten. Es war beschlossen worden, dass der Norweger und ich *die Rundreise* gemeinsam machen sollten, und München war in unserer Reiseroute enthalten. Ibsen antwortete auf den Brief des Norwegers in sehr ordentlicher Handschrift, dass er normalerweise um elf Uhr zu Hause in der Maximilianstraße sei und dass Besucher ihn normalerweise um diese Zeit besuchten. Die Nachricht enthielt keine konventionelle Etikette; uns wurde nicht einmal gesagt, dass wir willkommen seien. Das kleine Schreiben hätte, soweit es Gefühle ausdrückte, die „Stempelkarte" eines Zahnarztes sein können. Aber es war auf jeden Fall eine gewissenhafte Sache. Später erzählte uns Ibsen, dass ihm so viele Leute geschrieben hatten, dass er gezwungen war, seine Korrespondenz so weit wie möglich zu kürzen.

Die Reise nach München in Begleitung des Norwegers war allen Studentenausflügen sehr ähnlich und braucht hier nicht näher beschrieben zu werden. Das Gespräch mit Ibsen, unsere unerhörte Enthaltsamkeit in Restaurants und die Mühe, die wir uns machten, um alles auf fünf Pfennig Trinkgeldbasis zu besichtigen, waren die einzigen Besonderheiten der Reise.

Madam Willard. Josiah Flynts Großmutter

Als wir Berlin verließen, beschlossen wir, so weit zu fahren, wie es unsere Taschen erlaubten, wenn möglich bis nach Tirol, und wir dachten, wir könnten unsere Reisestrecke erheblich verlängern, wenn wir zu unseren Mahlzeiten Wasser tranken und „wegsahen", wenn mehr als fünf Pfennig als *Trinkgeld verlangt wurde* . Der Norweger wich nie ein einziges Mal von diesem Programm ab, aber ich geriet manchmal in Ungnade. Die Blicke und „Gesichter", die wir von Führern, Palastlakaien und Kellnern bekamen, waren Beispiele, die, wenn wir sie hätten zeichnen können, heute eine sehr interessante Galerie abgeben würden. Aber leider konnte keiner von uns zeichnen, alles, was wir jetzt haben, ist die Erinnerung. Während der sechs oder mehr Wochen, die wir reisten, sahen wir Enttäuschung, Misstrauen, Hass

und Streitsucht in all den verschiedenen Schattierungen und Farben, denen das deutsche Gesicht ebenbürtig ist. Der Norweger sagte, er genieße solche Anblicke, aber es gab Momente, in denen ich mich entschuldigte und

Trinkgeld gab, wie es mir passte. Dem Norweger war es jedoch gleichgültig, ob die erbrachte Dienstleistung eine zweistündige Begleitung durch ein großes Schloss oder die bloße Beantwortung einer Frage war. Fünf Pfennig blieb bis zum Schluss sein Trinkgeldlimit, und ich bezweifle, dass seine gesamte Rechnung in dieser Hinsicht über drei Mark hinausging. Sein alkoholfreies Regime brachte uns in Nürnberg beinahe in ernsthafte Schwierigkeiten. Wie in anderen Städten üblich, hatten wir uns zur Mittagszeit ein bescheidenes Restaurant ausgesucht und das normale Essen bestellt. Obwohl wir kein Bier bestellten, wurde es uns serviert, aber unberührt gelassen. Als wir unsere Rechnung bezahlen wollten, machten wir den Kellner auf das Bier aufmerksam und sagten, dass wir es nicht bezahlen würden, da das Bier nicht bestellt worden sei. Einen solchen Tumult und Powwow wie damals habe ich bei zwei Gläsern Bier noch nie erlebt. Der Wirt kam, die anderen Kellner auch, und sogar einige der Gäste arbeiteten mit uns zusammen.

„Aber es ist so üblich, *meine Herren* ", sagte der Wirt immer wieder, worauf der Norweger mit einem entschiedenen „Nein" antwortete. Es mochte üblich sein oder nicht, und ob es üblich war oder nicht, spielte überhaupt keine Rolle; er würde nicht für etwas bezahlen, das er weder gewollt noch verlangt hatte.

Das Ergebnis des Streits war, dass wir unsere Sachen zusammennahmen und uns auf den Weg machten. Der stämmige Besitzer riss mir im Flur meine Tasche weg. Der Norweger sprang ihn mit einem Fluch an – dem ersten und letzten, den ich ihn je ausstoßen hörte.

"Verdammt!", zischte er durch die Zähne. "Ich werde dir jeden Knochen in deinem Körper brechen", und ich glaube, er hätte den Vertrag erfüllt, wenn der Besitzer ihm eine Chance gegeben hätte. Letzterer ließ meine Tasche fallen und floh zurück ins Restaurant, um Verstärkung zu holen. Aber als er wieder kampfbereit war, waren wir schon auf der Straße, und der Wirt begnügte sich damit, uns Betrüger und Schweine zu nennen. Ich zweifle nicht daran, dass es später im Restaurant eine langwierige Diskussion über die Angelegenheit gab und dass die *Starumgäste* , die die Angelegenheit miterlebt hatten, noch viele Tage danach bierselige Vermutungen über unsere Nationalität und Bildung anstellten. Was auch immer ihre endgültige Entscheidung gewesen sein mag, der Norweger hatte seinen Standpunkt durchgesetzt. Alleine hätte ich wohl kaum meine Unabhängigkeit so durchgesetzt, aber ich war damals froh, Zeuge einer erfolgreichen Revolte gegen den tyrannischen deutschen *Getränkezwang gewesen zu sein* .

Was Ibsen, den wir ein paar Tage später in seinem Haus sahen, zu dieser Episode gesagt hätte, lässt sich schwer erraten. Sehr wahrscheinlich hätte er uns gesagt, dass wir falsch daran täten, an einen solchen Ort zu gehen, dass wir ein vegetarisches Restaurant hätten aufsuchen sollen – die Zuflucht der Abstinenzler, wenn man den *Bierzwang* vermeiden will. Er sagte uns jedoch sehr offen, was er von der Prohibition als Allheilmittel für das Problem des Alkoholhandels hielt. Der Norweger hatte ihn nach seiner Meinung zu dieser Angelegenheit gefragt und er bekam sie. Dies ist ungefähr das, was Ibsen sagte:

„Man kann Menschen nicht durch Gesetze zu guten Menschen machen. Nur das, was ein Mensch aus freiem Willen tut und weil er weiß, dass es das *Richtige ist*, zählt in dieser Welt. Moralgesetze sind bestenfalls ein armseliger Notbehelf. Die Menschen müssen lernen, sich selbst Gesetze zu geben, ohne dass der Staat eingreift, bevor menschliches Verhalten auf einer richtigen Grundlage steht.“

Diese Befreiung von Ibsens Seite kam ihrerseits mit anderen Themen, zu denen er sich während unseres Interviews mit ihm äußerte. Wir waren zur verabredeten Zeit – elf – bei ihm zu Hause vorgesprochen und, glaube ich, sofort ins Wohnzimmer geführt worden. Ziemlich bald schlenderte Ibsen herein. Ich hätte ihn ohne Probleme überall wiedererkennen müssen. Das lange, trotzige Haar, das aus seiner Stirn zurückgestrichen war, der seidige Kotelettenbart, die unvermeidliche Brille, die fest geschlossenen Lippen, der lange Mantel – all diese Dinge waren auf seinen Fotos deutlich hervorgehoben und unverkennbar. Zu dieser Zeit war er der berühmteste Literat, den ich je getroffen hatte, und er war bei weitem der Dramatiker, über den in Europa am meisten gesprochen wurde. Ich war sehr beeindruckt von dieser Tatsache und sah ihn im Moment wahrscheinlich so an, als wäre dies die letzte Gelegenheit, die ich haben würde, eine große Persönlichkeit des öffentlichen Lebens zu sehen. Der Norweger nahm das Ereignis gelassener hin und ging auf Ibsen zu, wobei er seine große Hand wie die eines älteren Bruders ausstreckte. Die beiden Männer schauten sich fest in die Augen – ihre Augen waren sich in Farbe und Form auffallend ähnlich –, begrüßten sich auf Norwegisch und dann wurde ich vorgestellt.

„Und was wollen Sie?“, fragte Ibsen unverblümt und deutete auf das Sofa, während er selbst auf einem Stuhl Platz nahm. Sein Benehmen und die knappe Ausdrucksweise hätten ihn für einen Arzt während der Besuchszeiten halten können. Er war auf eine gewisse Art freundlich, aber es war, als hätte er schon lange keine intimen Bekanntschaften mehr geschlossen und wollte von nun an die Welt auf Distanz halten. Er sah durch und durch „geschäftsmäßig“ aus.

Im Laufe des Gesprächs taute er etwas auf und war nicht mehr ganz so zurückhaltend. Aber während unserer beiden Besuche bei ihm – am nächsten Tag gab es einen zweiten Anruf – *beantwortete er zumindest* Fragen, als säße er im Zeugenstand und sei von seinem Anwalt ermahnt worden, die Dinge nicht zu übertreiben.

Sowohl bei Fragen an uns als auch bei der Äußerung einer Meinung, die keine direkte Antwort auf eine Frage war, war er nicht so übermäßig vorsichtig.

Der Norweger hatte eine bedrohlich lange Liste mit Fragen für den alten Herrn vorbereitet, aber er ging sie gewissenhaft von Anfang bis Ende durch. Er fragte ihn über alles und jeden aus, so schien es, von der Prohibition, dem Kaiser, Bismarck, Skandinavien, Russland und der europäischen Politik im Allgemeinen bis hin zu Familienangelegenheiten, seiner Art zu schreiben, seinem bevorstehenden Stück und über zahllose obskure Passagen in seinen früheren Dramen. Ibsen nahm die Schläge, wie sie fielen, wich ihnen aus, wie ich schon sagte, wenn ihm danach war, aber er nahm sie im Großen und Ganzen ziemlich stur hin. Viele der Fragen wurden durch ein Stirnrunzeln oder eine Geste fast abgetan, bevor sie ausgesprochen wurden. Über die angeblich unklaren Passagen in seinen Büchern sagte er: „Es mag sie geben, aber ich wollte nicht, dass sie unklar sind. Eine Zeit lang habe ich Briefe von Leuten beantwortet, die wollten, dass ich diesen oder jenen Satz erkläre, aber ich musste die Arbeit aufgeben – es wurde so nervig. Ich mache meine Worte so deutlich, wie ich es kann. Die meisten meiner Leser verstehen mich, darauf vertraue ich."

Ibsen sprach beim Fechten mit meinem Begleiter Norwegisch, aber bei mir griff er sehr freundlich auf Deutsch zurück und fragte mich auf recht väterliche Weise nach meiner Familie, meinen Reisen und Studien und meiner Meinung über Deutschland. Gelegentlich lächelte er, und dann sahen wir den Mann von seiner besten Seite. Er mochte manchmal mürrisch und kurz angebunden sein, aber hinter diesem freundlichen Lächeln verbarg sich ohne Zweifel ein sehr freundliches Wesen, dessen war ich mir damals sicher und bin es seitdem immer gewesen. In den kommenden Jahren wird viel über Ibsen geschrieben werden, den Schriftsteller, den Pessimisten, den soziologischen Chirurgen und was nicht alles, aber nichts, was über ihn geschrieben wurde oder noch geschrieben werden wird, wird mir jemals den Menschen so nahebringen wie dieses freundliche Gespräch in seinem Haus in München. Eine Erfahrung, nebenbei bemerkt, die möglicherweise beweist, dass mein Freund, Mr. Arthur Symons, in einer Diskussion, die wir vor einigen Jahren in London über persönliche Interviews oder „Sitzungen" mit berühmten Leuten, insbesondere Schriftstellern, hatten, recht hatte. Damals war ich der Meinung, dass Schriftsteller, wenn sie überhaupt etwas wert sind, ihren Wert am besten durch das beweisen, was sie schreiben, und nicht durch das, was sie sagen, dass es ihre Bücher und nicht ihre physische Präsenz sind, die das Interesse wecken sollten. Symons war der Meinung, er habe noch nie einen Autor gelesen, der für ihn (Symons) nicht interessanter gewesen wäre, *wenn* er ihn hätte treffen und mit ihm sprechen können. Mehr über Symons später. Seine Bücher und seine persönliche Freundschaft sind beide wertvoll für mich, aber aus ganz unterschiedlichen Gründen. Ich denke selten an Symons, den Menschen, wenn ich seine Essays und Verse lese, und ich denke nur selten an seine Bücher oder an ihn als Literaten überhaupt, wenn wir zusammen sind.

KAPITEL XII

EIN BESUCH IN LONDON

Im Herbst 1892 wurde meine Studienzeit durch einen Besuch in London unterbrochen. Die Volkswirtschaftslehre, wie sie auf Deutsch gelehrt und geschrieben wurde, wurde mir immer mehr zu einem Rätsel, obwohl ich wertvolle Fortschritte beim Erlernen und Verwenden deutscher umgangssprachlicher Ausdrücke gemacht hatte. Ich konnte zum Beispiel einen Kutscher sehr energisch beschimpfen, aber irgendwie konnte ich mein Ohr nicht an die akademische Sprache der Professoren Schmoller und Wagner gewöhnen. Schließlich überzeugte ich meine Leute, dass ich, wenn ich die Volkswirtschaftslehre weiter erforschen wollte, sie in meiner eigenen Sprache lernen durfte, zumindest bis ich etwas darüber wusste, das nichts mit Deutsch zu tun hatte, was für mich damals genauso ein Studienfach war wie die Volkswirtschaftslehre selbst. Meine Argumente in dieser Angelegenheit setzten sich schließlich durch, und ich wurde nach London geschickt, um mich im British Museum über das Thema zu informieren. Dass diese Lektüre in gewisser Weise eine gute Sache war, ist zweifellos wahr, und die sechs Monate, die ich damals in London verbrachte, habe ich immer zu den *Streber*-Monaten meiner Karriere gezählt. Vielleicht habe ich der Geographie und den Büchern von Reisenden und Entdeckern mehr Zeit gewidmet, als angemessen war, aber ich habe auch mein Hauptfach in gewisser Weise fleißig studiert und manchmal meinen Schreibtisch mit Büchern zu diesem Thema vollgestopft. Wenn viele vor einem Leser gestapelte Bände einen Gelehrten im British Museum ausmachen, dann habe ich einen Platz in der ersten Reihe verdient.

Aber trotz all meiner guten Vorsätze, des Lesens und des Aufschreibens von Notizen, konnte ich das Beste, was London mir gebracht hat, außerhalb des düsteren Gebäudes in Bloomsbury erreichen. Das Museum war vor allem ein Ort, an den ich mich zurückziehen konnte, wenn das Leben auf der Straße mein *Fernweh zu sehr zu erregen drohte* . Dort konnte ich auch über viele Dinge lesen, die mich an London selbst interessierten.

Kolonisierung war das Spezialthema, das ich untersuchen sollte, aber Dr. Richard Garnett, der Beamte des Museums, der mir meine Leserkarte gab, konnte sich nie mit dem Gedanken abfinden, dass ich „Komposition" meinte, als ich ihm das Thema nannte, das ich behandeln sollte. Dreimal beharrte ich darauf, dass es *Kolonisierung war* , aber ob der gute Mann taub war oder entschlossen, dass ich mich mit Komposition befassen sollte, habe ich nie herausgefunden. Mein Freund Arthur Symons stellte mich ihm vor und hörte mich deutlich Kolonisierung sagen, aber das half nicht weiter. Der gute Doktor bestand darauf, mir den Lesesaal zu zeigen und zeigte mir die allgemeinen Nachschlagewerke, die mir seiner Meinung nach die Bekanntschaft mit Komposition erleichtern würden. Wir grüßten uns danach oft in den Korridoren, aber der Doktor verzichtete freundlicherweise darauf, mich über meine Lektüre auszufragen, und hatte wahrscheinlich sowieso völlig vergessen, worum es ging – was ich mir gelegentlich selbst nur aus Vermutungen zusammenreimte.

Mein engster Freund während dieses ersten Besuchs in London war Symons, und ich muss ihm dafür danken, dass er mich auf die Spur vieler interessanter Menschen und Erfahrungen gebracht hat. Ich kam mit einer Empfehlung aus Berlin zu ihm, wo er mich später besuchte. 1892 lebte er in Fentin Court im Temple, und Mr. George Moore war, glaube ich, ein enger Nachbar in Pump Court. Beide Männer regten meine Fantasie sehr an, da sie die ersten englischen Schriftsteller waren, die ich kennenlernte. Mit Moore hatte ich nur kurze Gespräche, aber ich erinnere mich jetzt, dass er beträchtliches Interesse an meinem „Tramp-Material" zeigte. Tatsächlich erinnerte er mich zehn Jahre nach unserer ersten Begegnung an ein Abenteuer, das ich ihm einmal erzählt hatte.

Symons dagegen habe ich sehr häufig gesehen, und ich könnte ihn auch gleich als meinen literarischen Paten bezeichnen, wenn ich das überhaupt verdiene. Ob er es damals erkannte oder nicht, es war die Atmosphäre des Schriftstellers, in die er mich einließ, die mich dazu brachte, selbst zu kritzeln.

The Fortnightly fünfzehn Pfund bekommen hatte .

„Fünfzehn Pfund!", murmelte ich auf dem Weg zurück zu meiner Unterkunft vor mich hin. „Mit dieser Summe könnte ich hier in London über einen Monat leben." Später, in Berlin, experimentierte ich zum ersten Mal mit der Wirkung eines Artikels von mir in einer Zeitschrift. Symons' wunderbare fünfzehn Pfund waren schuld. Ich schickte den Artikel, einen kurzen Bericht über den amerikanischen Tramp, an *The Contemporary* . Er wurde angenommen. Ein paar Tage später erhielt ich die Seitenabzüge des Artikels, und in der nächsten Ausgabe wurde er veröffentlicht. Kein junger Schriftsteller hatte jemals seinen Horizont ehrgeiziger erweitert als ich, als dieser Artikel gedruckt und bezahlt wurde. Ich versicherte dem Herausgeber sofort, dass mein Trampwissen unerschöpflich sei, und bat ihn, andere unterwürfige Bemühungen meinerseits in Betracht zu ziehen. Er deutete in seiner Antwort an, dass Unterwürfigkeit eine feine Eigenschaft sei, aber dass *The Contemporary* seine Seiten nicht auf Trampologie beschränke und dass seine Leser vorläufig genug von diesem Thema hätten.

Das kleine Hinterzimmer in der Crown Tavern in der Nähe des Leicester Square, wo sich zu meiner Zeit viele junge Londoner Schriftsteller abends trafen, ist viel anspruchsvolleren Räumlichkeiten gewichen. Symons und ich hatten uns angewöhnt, nächtliche Spaziergänge durch die Stadt zu unternehmen, die zunächst nirgendwohin führten, aber normalerweise für mindestens eine Stunde gegen halb zwölf im „The Crown" unterbrochen wurden. Der Ort selbst bedeutete mir nie viel als Treffpunkt, da ich nie in der Lage war, ein Hinterzimmer, das an eine Bar geschoben wurde, zu genießen. Für sich genommen hat jede Institution ihre Annehmlichkeiten, aber die Engländer scheinen eine Kombination der genannten Art zu mögen.

Zwei der jungen Männer, die sich 1892 bei „The Crown" zusammenfanden, sind für immer von uns gegangen: Lionel Johnson, der Autor von „The Art of Thomas Hardy" (Die Kunst von Thomas Hardy), der mir gegenüber persönlich erklärte, jeden Zoll von Wales zu kennen; und Ernest Dowson, ein Mann, der in einem merkwürdigen, weitläufigen alten Lagerhaus an den Docks lebte – ein ganz eigener Besitz – und der viel über London wusste, was man ihm hätte erzählen sollen.

Die Zusammenkünfte im Hinterzimmer waren vergleichsweise harmlose kleine Besinnungen auf das Leben und die Literatur. Ich habe in vielerlei Hinsicht etwas daraus gelernt und hätte mehr Nutzen daraus ziehen können, wenn meine Absichten deutlich literarischer gewesen wären. Was Swinburne, Pater, Wilde, Verlaine und andere taten und sagten, war für mich nicht halb so interessant wie das, was irgendein zufälliger Angebeteter mir und Symons während unseres Spaziergangs nach dem Ende der Kronversammlung sagen könnte. Einmal jedoch gelang es einem anwesenden irischen Journalisten, mich patriotisch zu empören. Er hatte den Nachmittag in der Westminster Abbey verbracht und war dabei unter anderem auf Longfellows Büste gestoßen.

„Ich verstehe nicht", sagte er am Ende seines Berichts über den Nachmittag und bezog sich dabei unmissverständlich auf die Longfellow-Büste, „warum die Amerikaner ihre Toten nicht zu Hause begraben können." Ich wollte ihn gerade fragen, warum die Iren ihre Toten nicht zu Hause am Leben erhalten könnten, als jemand sagte: „Soda, bitte", und das Problem war sowohl gelöst als auch überbrückt.

Ich nehme an, dass die Treffen der „Krone" eine Art gegenseitige Bewunderungsparty waren, aber eine unschuldige. Ich erinnere mich an einen unerfahrenen Jugendlichen (der sein Vermögen in Paris verprasst hatte), der mit einem schmalen Band mit Gedichten, die Erinnerungen wachriefen, mich ansprach und sagte: „Wissen Sie wirklich, —— (ein Mitglied der Truppe) ist ein Genie. Seine Beherrschung der Vokabeln ist einfach umwerfend." Blank hat sich seitdem einen Namen gemacht, aber ich erinnere mich, wie ich ihn damals ansah und mich unschuldig fragte, ob er ein Genie war und wenn ja, was Vokabeln waren.

Doch trotz der bereitwilligen Unterstützung, die allen angeboten wurde, um eine gute Meinung von sich zu haben, brachten die Zusammenkünfte am Ende meist etwas Wertvolles ein, sei es in Form von Kritik oder Zwischenfällen. Sie erinnern mich jetzt an eine Reihe von Zusammenkünften, die einige Jahre später in New York unter einer Gruppe amerikanischer Schriftsteller stattfanden. Und diese Überlegungen zu beiden Kombinationen erinnern mich an das, was George Augustus Sala einmal in Rom zu mir sagte. Ich war gemäß der Vereinbarung zu ihm gegangen, um ihn zu fragen, was er einem jungen Mann, der im Journalismus erfolgreich sein wollte, über das Schreiben im Allgemeinen zu sagen hätte. Als ich in sein Hotel kam, saß er gerade beim Frühstück, umgeben von Makkaroni und den Lokalzeitungen.

„Und was sind Ihre Vorlieben?", begann Sala ohne Vorwarnung, als wäre ich zu ihm gegangen, um medizinischen Rat zu holen.

Ich war von diesem Anfang der Dinge so aufgeregt, dass ich beim besten Willen keine Sekunde lang darüber nachdenken konnte, was mir Spaß machte. Schließlich brachte ich es fertig, zu sagen, dass mir Whist Spaß machte.

„Hör auf", sagte Sala und seine portugiesischen Augen bohrten sich förmlich in mich hinein. „Hör auf. Whist bedeutet Karten und Karten bedeuten Glücksspiel. Hör auf."

Nach einer Pause: „Was sind die anderen Vergnügungen?" Wenn Whist Glücksspiel bedeutet, schlussfolgerte ich, dass Tabak Opium voraussetzen muss. Ich gab jedoch zu, dass ich Tabak mochte.

„Nicht merkwürdig – nicht merkwürdig", sagte Sala. „Wer schreibt, braucht eine Zigarette. Was sonst? Bist du ein Frauenhasser?"

„Nein, Sir, bin ich nicht", antwortete ich mit aller Entschiedenheit. Sala sah mich merkwürdig an, ging aber nicht weiter auf das Thema ein. Ich war ihm von einem Mann vorgestellt worden, der – zu Recht oder zu Unrecht – den Ruf hatte, böse Dinge über Frauen zu sagen.

„Trinken Sie?", fuhr Sala kurz fort.

„Ja, wenn mir danach ist."

„ *Hör auf, hör auf.* Trinken heißt Saufen, Saufen heißt pleitegehen und pleitegehen heißt Hölle – Hölle, junger Mann, denk daran."

Es entstand eine Pause, während der Sala aus dem Fenster sah, als hätte er meinen Puls gemessen und wollte nun entscheiden, wie viel schneller er schlagen konnte, bevor ich sterben musste. Schon bald wandte er sich mir zu, und nachdem er mir einige allgemeine Ratschläge gegeben hatte, wie ich mich frühzeitig entscheiden sollte, ob ich ein rein beschreibender Autor werden wollte oder nicht, äußerte er sich zu folgender Aussage: „Wenn Sie sich in London als Journalist niederlassen, werden Sie ein Arbeitstier. Wenn Sie es in New York versuchen, werden Sie ein Säufer – *es sei denn* ", und wieder richteten sich die portugiesischen Augen auf mich, „ *Sie vermeiden den Alltagstrott* ."

Wenn ich über meine bisherigen Erfahrungen nachdenke, muss ich oft an dieses Gespräch mit Sala denken, wenn ich die beiden unterschiedlichen Autorengruppen vergleiche, die ich in London und New York kennengelernt habe. Ich würde spontan sagen, dass sie in Bezug auf ihre Tugenden gleichauf lagen, wobei die Engländer in diesem Punkt, wenn überhaupt, aufgrund der frühen Schließzeiten in England im Vorteil waren.

Nach den berühmten Feierabendstunden unternahmen Symons und ich oft einige unserer unterhaltsamsten Spaziergänge. Symons war unermüdlich auf der Suche nach „Eindrücken und Empfindungen", während ich mein Glück einfach im Herumstreunen fand. Ich nehme an, dass ich Eindrücke und Empfindungen dieser Art genauso gut empfing wie Symons, aber als ich begann, sie zu beschreiben, schienen sie irgendwie nicht genug literarische Würde zu haben, um in dieselbe Klasse zu gehören wie diejenigen, von denen Symons erzählen und die er später in gedruckter Form beschreiben konnte.

Eines Nachts trennten wir uns, jeder wanderte so lange umher, wie es ihm gefiel, und am nächsten Morgen tauschten wir unsere Berichte aus. Es stellte sich heraus, dass keiner von uns bei dieser besonderen Gelegenheit genug sah, was wir nicht schon bei anderen Ausflügen gemeinsam erlebt hatten, sodass das Unterfangen sehr unterhaltsam war. Aber wir waren uns beide einig, dass ein literarischer Künstler solche Erkundungen ungemein unterhaltsam gestalten könnte, wenn er ehrlich erzählte, worauf er gestoßen war.

Ein anderes Mal unternahmen wir ein noch gewagteres Unterfangen – eine Busfahrt bis an die Stadtgrenze oder, soweit der Fahrplan es erlaubte, aufs Land und dann eine Wanderung ins Jenseits, so lange wir durchhielten. Wir nahmen den ersten Bus, den wir weit ins Land hinein sahen. Er fuhr von der Liverpool Street Station ab; Symons dachte, er führe nach Osten, aber keiner von uns war sich sicher, die Straße war so kurvenreich. Bei Einbruch der Nacht marschierten wir tapfer zu Fuß weiter, Symons erfreute sich des schönen Mondlichts und des „Gefühls", an Land „auf See" zu sein, während ich mich an Symons romantischer Wertschätzung einer Reise erfreute, die mich sehr banal an andere nächtliche Wanderer zu Hause erinnerte.

Mitternacht hielt uns an einem Gasthof an. Einer von Symons Schuhen machte ihm Probleme, und die Romantik des Abenteuers verblasste ein wenig. Wir waren staubig, müde und sahen, wie ich vermute, verdächtig aus. Der Gastwirt zögerte, bevor er uns einlassen wollte, und wir mussten erklären, wie einfach und unschuldig wir waren. Am Morgen, nachdem wir uns soweit zurechtgefunden hatten, dass wir in Richtung Nordsee unterwegs waren – wir weigerten uns, auf etwas Wichtigeres zu hören –, machten wir uns unbekümmert wieder auf den Weg, glücklich in dem Bewusstsein, dass wir im Moment sorgenfrei waren und zu „irgendeinem alten Ort" unterwegs waren, der uns gefiel. Aber ach! Symons' Schuh fing wieder an, ihn zu ärgern, und seine Stimmung begann zu sinken. Um zehn Uhr waren sie eindeutig auf Halbmast. Sein Fuß schmerzte sehr und zwang ihn, sich am Straßenrand hinzusetzen. Der fröhliche Abenteurer der Nacht zuvor und des frühen Morgens hatte sich plötzlich in einen jähzornigen Literaten „auf der Straße" verwandelt. Er sagte nichts über Kunst, Sätze oder Vokabeln. Er sagte nichts außer den Schmerzen, die ihm sein Fuß bereitete. Blinde Reisen in die Landschaft bekamen einen anderen Aspekt. Es war der Tempel für Symons, und zwar sobald ein Zug ihn dorthin bringen konnte. Diese schöne Unbestimmtheit des Abends im Mondlicht – dieses freudige Mitgehen im Gleichschritt mit *Die Ferne* – der Verführerin ins Jenseits – dieses verträumte, glückliche, unbekümmerte Plaudern über die große Stadt, die wir hinter uns gelassen haben – diese Dinge waren verschwunden; unser Spaziergang zur Nordsee oder zum Nordpol oder wohin auch immer wir träumten, dorthin zu gelangen, war zu Ende. Ich habe selten erlebt, dass unschuldige, bukolische Absichten – wir dachten, unsere seien bukolisch – so unbekümmert in Luft aufgelöst wurden. Aber wie Symons über viele unserer gemeinsamen Reisen sagte: „Das Beste daran kommt, wenn man vor einem schönen Feuer darauf zurückblickt", und so wird er wahrscheinlich lächeln und angenehm in Erinnerungen schwelgen, wenn er auf diese Erinnerung an unseren ziellosen Ausflug nach Essex stößt.

Ich glaube, er wird auch lächeln, wenn er meine Version der Berlin-Havre-Expedition liest. Er hatte einen Monat bei mir zu Hause in Berlin verbracht, wo er wie üblich die ganze Stadt nach Eindrücken und Sensationen durchforstete – „Impreshuns und Sensashuns" nannte man sie schließlich in meinem Haushalt. Als es für ihn an der Zeit war, nach London zurückzukehren, beschloss er, meine Schwester und mich auf unserer Fahrt von Hamburg nach New York bis nach Havre zu begleiten. Er war noch nie auf einem Ozeandampfer gewesen und dachte, dass die neue Erfahrung ihn für die „Sensashuns" entschädigen würde, die er in Berlin nicht sammeln konnte. Außerdem, so dachten wir, könnte er auf diese Weise etwas billiger nach London kommen. Wir waren damals alle ziemlich arm, und Sparsamkeit spielte bei der Recherche nach „Sensationsgeschichten" eine große Rolle. Ich war auf dem Weg nach Amerika, um zu sehen, ob ich nicht

einen Verleger für den Druck von Artikeln und Geschichten über
Landstreicher gewinnen könnte.

Auf der Elbe von Hamburg aus, eigentlich den ganzen ersten Tag auf See,
hatte Symons das Gefühl, selten eine schönere Zeit gehabt zu haben. Das
Meer war ruhig, das Wetter mild und es gab viel zu essen. Am nächsten
Morgen war die See etwas aufgewühlt. Ich fand Symons beim Frühstück an
Deck, wo er sich an einem Geländer festhielt, das um das Raucherzimmer
herumlief. Sein Gesicht war blass und farblos und man sah deutlich, dass er
fürs Erste genug von „Sensashuns" hatte.

„Eine seltsame Bewegung, nicht wahr?", murmelte er und klammerte sich
erneut an das Geländer. „So etwas hätte ich mir noch nie vorgestellt. Ich
freue mich, Havre zu sehen."

Wir erreichten diesen Hafen am nächsten Tag. Symons sollte von Le Havre
nach Southampton einschiffen, nachdem er sich Le Havre angesehen hatte.
Ich erfuhr, dass unser Schiff wegen Reparaturarbeiten vierundzwanzig
Stunden Verspätung haben würde – es schien den ganzen Weg nach New
York in Reparatur zu sein – und dass wir alle drei an Land gehen und einen
Spaziergang machen könnten. Symons' Kasse war zu diesem Zeitpunkt
bedenklich leer – er hatte den Preis für seine Fahrkarte nach London und
vielleicht noch zwei Francs übrig. Wir alle fanden einige vergessene deutsche
Münzen kleinen Nennwerts in unseren Taschen und gingen zu einer
Wechselstube. Keine Transaktion bei der Bank von England schien jemals
wichtiger zu sein als diese mit dem französischen Geldhändler. Symons sollte
der Begünstigte sein, und wir feilschten und feilschten um den Wert unserer
Groschen und *Sechser*, als stünden Millionen auf dem Spiel. Am Ende gelang
es uns, seine Bestände um zwei Francs zu erhöhen – das war alles, und es
war absolut alles, was wir uns leisten konnten. Symons war so froh, wieder
in der richtigen Stimmung für ein Gefühl *auf festem Boden* zu sein, dass ihm
die zwei Francs wie zweihundert vorkamen. Jedenfalls schien es ihm egal zu
sein, wie groß oder klein die Summe war – er dankte den Göttern aus tiefstem
Herzen dafür, dass er stark genug war, um überhaupt zu gehen.

Wir schmuggelten ihn zum Abendessen an Bord und ließen ihn schließlich,
wie wir dachten, dort, bis wir wieder in England sein würden, da unser Boot
am nächsten Morgen früh ablegen sollte, da die Reparaturen beschleunigt
worden waren, wie man uns sagte. Symons sollte die Nacht und den nächsten
Tag an Land verbringen und auf das Boot aus Southampton warten. Am
nächsten Morgen war unser Schiff noch festgemacht. Wir konnten wieder an
Land gehen und eine weitere „letzte" Mahlzeit in einem Restaurant
einnehmen. Als wir die Hauptstraße entlangschlenderten, begegneten wir

niemandem, der stolz die Durchgangsstraße entlangschritt, sondern Symons, dessen braunes Gespinst fröhlich hinter ihm hersegelte.

„Stell dir das vor!", rief er aus, als er uns sah. „Wie lustig! Aber glaubst du, dass dein Boot jemals wieder in Gang kommt?"

Dann erzählte er uns von der wundervollen impressionistischen Nacht, die er verbracht hatte.

„Nachdem ich mich von Ihnen verabschiedet hatte", erklärte er , „schlenderte ich zurück zu Frascati. Der Mond war aufgegangen und mir war nach einem Spaziergang zumute. Als Frascati schloss, ging ich noch eine Weile am Strand entlang – es war eine perfekte Nacht für ‚Sensationen'."

„Endlich wurde ich müde. In der Nähe war eine Badekabine, und ich dachte, es wäre ein tolles Abenteuer, den Rest der Nacht darin zu verbringen. Außerdem wollte ich Geld sparen.

„Ich weiß nicht, wie lange ich geschlummert hatte, aber gegen Morgen wurde ich durch Schritte in der Nähe geweckt. Ich spähte hinaus. Es war ein Wachmann – zumindest sah er so aus. Ich schlich aus der Badekabine und wich bequem um ihn herum aus, bis der Mann vorbei war. Dann ging ich hinunter zum Strand und später hinauf zum Kloster auf dem Hügel. Die Sonne kroch gerade über den Horizont und über allem lag eine wunderbare Morgenstille. Ich setzte mich hin und schrieb ein paar Verse. Wirklich, der impressionistische Reiz war so überwältigend, dass ich nicht anders konnte. Ich hatte noch nie eine so fröhliche Nacht."

Wir frühstückten zusammen, machten noch einen kurzen Spaziergang und trennten uns dann wieder. Später, nach siebzehn Tagen auf See, erfuhren wir, dass Symons ohne weitere Unfälle London erreicht hatte.

KAPITEL XIII

DIE BLOOMSBURY-WACHEN

Ein weiterer Freundeskreis aus meiner Zeit im British Museum, den ich unterhaltsam fand, waren die „Bloomsbury Guards", wie sie sich selbst nennen. Diese Männertruppe, oder „cla-ass", ist anscheinend so organisiert, dass sie dauerhaft in Bloomsbury bleiben. Einige der Mitglieder sterben hin und wieder, aber das spielt keine Rolle. Das großzügige Museum öffnet seine Türen weit und neue Rekruten kommen heraus.

Der verstorbene George Gissing hatte in seinem Buch „New Grub Street" viel über die betreffenden Herren zu berichten. Ich habe seinen Bericht über sie absichtlich nie gelesen, weil ich sie lieber so im Gedächtnis behalten wollte, wie ich sie selbst kannte.

Stellen Sie sich einen ziemlich abgenutzten, krummschultrigen, aber im Allgemeinen sauberen Menschen zwischen vierzig und sechzig vor. Stellen Sie sich vor, er säße an einem Schreibtisch im großen Lesesaal, vor ihm stapeln sich Bücher, er hätte Stift und Papier zur Hand und einen sehr sehnsüchtigen, durstigen Blick, der wie ein Pflaster oder, noch besser, wie ein Schnurrbart-Regler mit der Aufschrift „ *Es ist erreicht* " eng an seinem Gesicht klebt, damit man wie Kaiser Wilhelm aussieht. Flüstern Sie ihm ins Ohr: „Lass uns zum Plough gehen." Beobachten Sie, wie sich sein starres Gesicht entspannt.

Wenn Sie diese Dinge tun, lernen Sie einen der Bloomsbury Guards kennen.

Ich lernte sie in der Taverne gegenüber dem Museum kennen. Politische Ökonomie interessierte mich manchmal überhaupt nicht, und ab und zu schaute ich im „Plough" oder in der „Taverne" vorbei. Die exklusive Saloon-Bar war in beiden Fällen der Erholungsraum der Wachen. Es dauerte eine Weile, bis ich herausfand, warum die Saloon-Bar exklusiv war, aber schließlich nahm mich ein junger Anwalt beiseite und erklärte es mir.

„Seien Sie nicht so gemein", warnte er. „Es ist bloß eine Frage der Klasse, wissen Sie. Wirklich, Sie müssen es verstehen."

Ich habe sofort Erleuchtung vorgetäuscht und hatte von diesem Tag an immer ein Gefühl von „Klasse" in London. Ich zweifle nicht daran, dass der Taxifahrer, der die öffentliche Bar häufig besucht, ein ebenso wichtiges Gefühl von „Klasse" hat.

Die Wachen, die ich am besten kannte, waren „Mengy", „Q" und der „Schwertkämpfer", wie ich ihn aufgrund seiner besonderen Kenntnisse im Schweinestechen unbedingt nennen wollte. (Er erzählte mir, er habe zwei volle Wochen mit diesem Thema verbracht, um eine fundierte Rezension für *die Times zu schreiben* .) Diese drei Männer, „Mengy" in der Mitte als „Little Billie", hätten in einer „Trilby"-Interpretation von Side-Street-Trios den Preis gewonnen.

„Mengy" war Doktor der Philosophie im Allgemeinen und Dozent für Mumien im Besonderen. In Deutschland begann er, in London machte er Pause. In akademischer Hinsicht wollte er ein Experte in Ägyptologie werden, in menschlicher Hinsicht einfach einer der Wächter.

„Q" – der gute alte „Q" – hatte die Instinkte eines Gentlemans, die finanziell nicht unterstützt wurden. Er träumte von Musik, schrieb Artikel, Kritiken und Gedichte darüber, summte und brummte sie, aber „Q" war kein Musiker. Wie „Mengy" hatte er sich *innerlich* mit dem Posten eines „Wächters" abgefunden.

Der „Schwertkämpfer" war ein großer, schlauer Schotte. Aber er hatte sich in finanzieller Hinsicht auf die falsche Weise verausgabt. Ungefähr fünfzig Jahre „Saxophonpence" waren an ihm vorbeigerutscht, und er hatte nicht einen einzigen vorzuweisen. Aber was für eine Fundgrube nutzloser Fakten hatte er drüben im Lesesaal zusammengetragen! Was für ein umherziehender Klatschtant über Belanglosigkeiten war er geworden!

Wenn diese drei Männer zusammenkamen und ein Freund, der mit der Liquidierung beschäftigt war, dabei war, wurde die „Tavern" oder „Plough", je nachdem, zum Schauplatz der tapfersten Kämpfe an der Bar, wie Bloomsbury sie noch nie erlebt hat. Als Wächter ihrer Getränke waren sie unvergleichlich, während man sich fragen muss, ob Bloomsbury als „Pub"-Jäger, bis die Guards auf die Erde kamen, jemals wusste, wie viele Pubs es dort gab. Vielleicht war „Q" der eingefleischteste Entdecker. Wenn „Q" ein oder zwei Pfund für eine Besichtigung bekam, machte er sich auf seine beste Art zurecht und ging allein los, um zu suchen und zu finden. Irgendwie gefielen ihm die „Plough" und die „Tavern" nicht, wenn er zahlungskräftig war. Aber er würde Ihnen sein Hemd geben, wenn Sie ihn zufällig in einem neuen „Pub" trafen, das er aufgespürt hatte und das er mit seinem Geist beeindrucken wollte. Dann war „Q" wirklich in seinem Element. Sein Zylinder hatte nie einen solchen Glanz wie bei solchen Gelegenheiten.

„Aber mein Lieber", sagte er dann, „was für ein Glück, Sie hier zu treffen! Was soll das denn sein?"

Vielleicht wollten Sie das Busticket nach Hampstead.

„Ganz bestimmt. Nehmen Sie etwas mit, um sich für die Fahrt aufzuwärmen."

Den anderen Wächtern gefiel es nicht, wenn „Q" einfach weglief, wenn er Geld hatte – „Mengy" im Besonderen; aber „Mengy" sollte „Q" sehr dankbar sein. Als „Mengy" die Erlaubnis bekam, im Museum Vorträge über Mumien zu halten und gelehrte Rundschreiben über seine Leistungen als Ägyptologe verschickte, wer war es dann, „Mengy", der Ihr Publikum bei Ihrem ersten Vortrag bildete? Niemand anderes als der arme, alte, eigensinnige „Q". Wenn er kein Mitgefühl gezeigt hätte, hätten Sie überhaupt keine Zuhörer gehabt.

Er hat auch bezahlt, „Mengy."

In gewisser Weise war „Mengy" ein weinerlicher Mann. Eines Tages gab es zu viel Wirtshaus und zu wenig Museum, und „Mengy" ging es nicht gut. Ich werde nie das Bild vergessen, das er abgab, als er sich nach dem letzten Drink in seinem Stuhl zurücklehnte. Seine beiden schmutzigen langen Mäntel hüllten seine schlanke Gestalt ein wie Decken um einen Laternenpfahl, und in seinem blassen Gesicht lag ein verzweifelter, halb akademischer, halb angewiderter Ausdruck, den man oft auf See sieht. Seine Verstimmung machte ihn melancholisch. Während einer Gesprächspause stand er auf, raffte die Röcke seiner Mäntel zusammen, rückte seinen schäbigen Hut zurecht und schluchzte, als ob ihm das Herz aus dem Leib gerissen worden wäre: „Niemand mag ,Mengy' – niemand!" Dann machte er sich mit Tränen in den Grimassen seines Gesichts auf den Weg zum Museum, um seinen Schreibtisch aufzuräumen und nach Hause zu seiner korpulenten Frau zu gehen. Sie war die Ernährerin im „Mengy"-Outfit.

Es gibt eine Geschichte, die besagt, dass „Q" einmal über eine Heirat nachdachte und jemanden suchte, der auf ihn aufpasste. Man sagt, er habe sich zurechtgemacht und schließlich eine wohlhabende junge Dame gefunden. Sie war seinen Avancen gegenüber nicht abgeneigt, und es sah nach einer Verbindung aus. Aber „Q" konnte sich den komfortablen Quartieren im Museum und den Konferenzen in der „Tavern" nicht entziehen. Das schöne Mädchen fand das heraus und ging nach Edinburgh, um sich die Sache zu überlegen. Eines Tages brauchte „Q" dringend zehn Schilling. Er konnte sich niemanden vorstellen, der sie ihm so gern geben würde wie die Schöne. Er verschwendete sechs Pence für ein Telegramm, in dem er seine Notlage beschrieb. „Wenn die Frauen das nur wüssten!" Ich habe Frauen seufzen hören. Nun, „Qs" Mädchen wusste es. Sie schrieb per Post zurück: „Lieber Q. – Einen Schilling wirst du wahrscheinlich für den Abend brauchen; diesen findest du beigefügt. Deine Janet." „Q" erzählt diese Geschichte über sich selbst, um seine anhaltende Zielstrebigkeit zu erklären.

Die Wachen konnten hier nicht erwähnt werden, ohne auf „Bosky" zu verweisen, obwohl ich ihn nie so gut kannte wie „Q" und „Mengy". „Bosky" hatte wahrscheinlich den größten Ruf als gelehrter Mann und Schriftsteller von allen. Seine Schriften über alte Männer und Dinge erscheinen gelegentlich in unseren Zeitschriften. Einmal weckte er mein großes Interesse an dem, was er über die Kunst des Einbruchs in der Zeit des Pharaos wusste, und ich habe mich oft gefragt, warum er nicht den Artikel schrieb, den er im Sinn hatte. Aber trotz all seiner Kenntnisse über tote Nationen und Sprachen genoss „Bosky" seine „Tavernen"-Sitzungen genauso sehr wie „Q" und „Mengy". Als ich ihn das letzte Mal sah, bat ich ihn, mir etwas auf Chaldäisch zu schreiben. Er reichte mir einige Hieroglyphen auf einem Umschlag. „Was soll das heißen?", fragte ich. „Bosky" lächelte wohlwollend und sagte: „Ich möchte einen großen Drink aus dem Fernen Westen."

Dann erzählte er mir, wie ihn am Abend zuvor ein Sixpencestück den Schlaf gestört hatte. Er sei spät nach Hause gekommen, sagte er, nachdem er in einer Taverne gesessen hatte, aber als er ins Bett ging, war er sich sicher, dass er es geschafft hatte, das Sixpencestück für sein Frühstück aufzusparen.

„Meine Frau ist sehr schlau", erklärte er, „also habe ich die Münze unter den Teppich gesteckt. Ich habe geträumt, dass ich vergessen habe, wo ich sie versteckt habe, und ab drei Uhr konnte ich nicht mehr schlafen. Später wusste ich zwar, wo sie war, aber ich hatte Angst, dass meine Frau träumen könnte, dass sie es auch wüsste. Das Eheleben hat seine Tücken, das kann ich Ihnen sagen."

KAPITEL XIV

EINIGE LONDONER BEKANNTE

Im Laufe der Jahre habe ich bei meinen Besuchen in London versucht, die Wachen wieder aufzusuchen, die ich bei meinem ersten Besuch kannte, und auch die neuen Mitglieder kennenzulernen. Bei einem meiner späteren Besuche begleitete mich ein junger englischer Journalist in die „Tavern". Ich erzählte ihm, was für interessante Zeiten ich dort verbracht hatte, und zeigte ihm einige der Männer, die ich kannte.

"Das sind Schreiberlinge, wissen Sie", flüsterte er. "Penny-a-liner. Gissing hat sie in der 'New Grub Street' gemacht." Dem jungen Mann gefielen weder seine alten Gefährten noch der Ort, aber er zögerte nicht, sich zehn Bob zu leihen, die er, wenn er möchte, so bald wie möglich zurückgeben kann.

Nennen Sie die Guards Schreiberlinge, Penny-a-Liner oder wie Sie wollen; wie ein Freund von mir einmal über sie sagte, wissen sie jedenfalls, wie man das Wort Gentleman schreibt, und das ist mehr als viele, die sich über sie lustig machen. Sie haben dazu beigetragen, dass mein erster Besuch in London manchmal unvergleichlich amüsant war, und dafür bin ich unendlich dankbar.

Ich habe bereits von Arthur Symons' Interesse an meinen ersten Versuchen gesprochen, das Leben eines Landstreichers zu beschreiben. Ich glaube, dass er und die Zeitschriftenredakteure mich bei meinen Kritzeleien unterstützt haben und nicht die Universität und ihre Doktrinen der „forschenden Forschung", die für all meine Landstreicherreisen in Europa verantwortlich sind. Natürlich steckte wahrscheinlich bis zu einem gewissen Grad die unvermeidliche *Wanderlust* dahinter, aber alle diese Reisen wurden mit dem Ziel unternommen, Artikel und wahrscheinlich ein Buch zu schreiben.

Das kann man von meinen früheren Wanderungen in der Heimat kaum behaupten, und doch haben sie mich, als ich schließlich darüber schrieb, mehr interessiert als die Landstreicher im Ausland. Meine Vagabundentage in fremden Gegenden haben in meinen anderen Büchern so ziemlich ihren gerechten Platz gefunden, und ich möchte hier eher erklären, welche Wirkung sie auf mich als Student und als Anstoß für andere Arbeiten hier in der Heimat hatten, als zu *erzählen*, was mir auf den Landstraßen widerfuhr. Es gibt jedoch einige Episoden und Anekdoten, die bei meinen Feldberichten übersehen wurden und die jetzt vielleicht nicht fehl am Platz sind.

Das unterhaltsamste Erlebnis, das ich während meiner etwa dreiwöchigen Wanderschaft im Jahr 1893 in Großbritannien hatte, betrifft einen wohlmeinenden Professor in Edinburgh. Mein Begleiter bei diesem Unterfangen ist heute ebenfalls Professor an einer unserer Universitäten; damals war er mein Kommilitone in Berlin.

Einer unserer „Stopps" auf meiner Reiseroute war Edinburgh. Wir wollten sowieso von New Castle aus in Leith landen, also warum sollten wir Edinburgh nicht besichtigen, ob wir nun echte Landstreicher waren oder nicht?

Ein Professor aus der Gegend, ein Freund meiner Familie, der einmal Gast in meinem Berliner Haus war, war ein Mann, der sehr an religiöse Dinge glaubte und, wie ich vermute, versuchte, entsprechend seiner Überzeugungen zu handeln. Er war auch für sein Interesse an den Studenten bekannt. Mein Freund und ich dachten, es könnte interessant sein zu sehen, wie weit die Großzügigkeit des alten Herrn reichte, als er einem amerikanischen Studenten in Not eine Spende zukommen ließ. Zweifellos eine kindliche Neugier, aber ich habe später im Leben festgestellt, dass sich eine solche Neugier in vielerlei Hinsicht lohnt – wenn es beispielsweise darum geht, „gemeinnützige Männer" darüber auszufragen, wie weit sie bereit sind, in die Tasche zu greifen, um Ermittlungen und Strafverfolgungen in kommunalen Angelegenheiten zu finanzieren.

Bei meinem Freund war die Frage: „Welche Geschichte soll ich erzählen?" Ich konnte das Abenteuer nicht wagen, weil der Professor mich erkannt hätte. Wir durchsuchten meinen Korb mit „Gespenstergeschichten" und kamen schließlich zu dem Schluss, dass die Wahrheit mit einer leichten Namensänderung das Beste sei.

Während ich also in einem Kaffeehaus in der Nähe eines Bahnhofs wartete, ging mein Freund zu dem vornehmen Haus in der Queen Street und erzählte ihm eine traurige Geschichte darüber, dass er in Schottland gestrandet sei und das Geld für eine Bahnfahrkarte nach Glasgow brauche, um wieder mit Freunden in Kontakt zu treten. Keine große Geschichte, aber völlig ausreichend für meinen Begleiter – einen Mann, der noch nie in seinem Leben auf einer Wanderschaft gewesen war und dessen ganzes Verhalten so nah an dem eines Menschen war, der keine Sünden begeht, wie man es sich nur vorstellen kann.

Er konnte nicht einmal ein starkes Schimpfwort mit aufrichtigem Klang verwenden. Sein Gesicht und sein allgemein unschuldiges Auftreten zeugten von dieser sprachlichen Reinheit. Er war genau der Mann, mit dem ich die Barmherzigkeit des Professors auf die Probe stellen wollte. Ich hatte über eine halbe Stunde im Kaffeehaus gewartet, als mein großer Freund in der Ferne auftauchte. Bald darauf hielt er fünf Finger hoch, und ich konnte sehen, dass er kicherte. „Na ja, fünf Pence, jedenfalls", dachte ich. „Zu Hause hätte er es vielleicht nicht besser gemacht – so wie er gekleidet ist." Eine Minute später stand er bei mir und keuchte: „Fünf Schilling – fünf Schilling."

Ich fragte ihn nach Einzelheiten und er erzählte mir, wie er an der Tür von einem „Buttons" empfangen worden war, der ihn in das Arbeitszimmer des Professors führte, wo die „Geistergeschichte" erzählt und angehört wurde. „Schließlich", schloss mein Freund, „griff der alte Herr in seine Jeans und gab mir die fünf Schilling mit den Worten: ‚Nun, mein guter Mann, ich vertraue aufrichtig darauf, dass dieses Geld nicht den Weg in das nächste Wirtshaus findet.‘"

Ich lachte herzhaft. „Die Vorstellung", rief ich aus, „dass ein Arzt Sie als eine Person auswählt, die sich wahrscheinlich einem Wirtshaus nähert."

Am nächsten Tag lachte ich nicht mehr so viel. Meine Leute in Berlin hatten dem guten Professor geschrieben, dass mein Freund und ich auf einer Reise in Schottland seien und ihn besuchen könnten. Er ahnte, dass ich meine Post auf dem Hauptpostamt abholte und schrieb mir diese Nachricht:

> „Lieber Freund – Ihr Freund hat gestern hier angerufen und ich wusste nicht, wer er war. Hätte ich das gewusst, wäre ich nicht so hart zu ihm gewesen. Kommen Sie und besuchen Sie uns."

Wie Landstreicher im Allgemeinen Edinburgh verlassen, um einen dringenden Besuch zu machen, kann ich nicht sagen, aber nachdem diese Notiz verlesen worden war, „wanderten" zwei studentische Landstreicher im Eiltempo aus der Stadt. Ich nahm die Linlithgow Road und mein Freund eine andere – beide führten jedoch zum Hauptpostamt in Glasgow, vor dem wir uns 36 Stunden später verabredeten. Die fünf Schilling wurden von diesem Ort, den wir auch bald verließen, äußerst pünktlich zurückgegeben. Die Art und Weise, wie dieser Edinburgher Professor die Dinge miteinander verknüpfte, war uns zu schottisch.

KAPITEL XV

ZWEI TRAMPINGERLEBNISSE

Zwei Erlebnisse in Deutschland ragen in meinen Erinnerungen an mein Leben als Landstreicher besonders hervor. Das erste geschah in Berlin, wo ich, obwohl ich offiziell noch Student an der Universität war, Urlaub genommen und mich in die *Arbeiterkolonie* am Stadtrand in der Nähe von Tegel, Humboldts alter Heimat, zurückgezogen hatte. In Berlin gibt es zwei Arbeiterkolonien, eine in der Stadt selbst, die andere in Tegel. Ich entschied mich für den Aufenthalt in Tegel, weil der Leiter der Stadtkolonie befürchtete, dass einige der dortigen Kolonisten mich bei meinen verschiedenen Besuchen dort erkannt haben könnten und mich kennen würden, wenn ich mich um Aufnahme als Arbeitsloser bewarb.

Mein Ziel, Kolonist zu werden, bestand darin, durch persönliche Beobachtung zu erfahren, was die *Arbeiterkolonien* für echte Arbeitslose und auch als Besserungsanstalten für Landstreicher leisten. Insgesamt gibt es in Deutschland nicht mehr als fünfzig solcher Einrichtungen. Ihr Ziel ist es, den ehrenwerten Arbeitslosen, die um Aufnahme bitten und bereit sind, einen Monat unter dem strengen Regime zu bleiben, eine vorübergehende Unterkunft zu bieten. Die Kolonisten arbeiten in den Industrien, die die verschiedenen Kolonien übernehmen, und erhalten für ihre Arbeit etwa 18 Cent pro Tag. Jede Kolonie hält engen Kontakt mit dem Arbeitsmarkt und versucht, den Insassen so weit wie möglich externe Stellen zu sichern. Im Winter sind sie natürlich viel stärker besucht als im Sommer, aber sie sind das ganze Jahr über geöffnet. Ich denke, sie leisten insofern Gutes , als sie die Willigen von den Unwilligen, die echten Arbeiter von den Landstreichern trennen. Sie helfen auch einem ehrlichen Mann über vorübergehende Schwierigkeiten hinweg, die ihn ohne die Hilfe der Kolonien zum Landstreicher machen könnten. Ich glaube jedoch kaum, dass sie in den Vereinigten Staaten notwendig sind, außer vielleicht als Orte, an denen beruflich Arbeitslose ihren Lebensunterhalt selbst bestreiten könnten.

Meine Arbeit in der Kolonie Tegel war für einen solchen Ort wirklich eine seltsame: ich nähte Strohhüllen für Champagnerflaschen zusammen. Etwa acht Stunden von den vierundzwanzig Stunden musste ich die Maschine bedienen und das Stroh für die Nadel teilen. Ich hoffe, dass jemand in den Genuss des Champagners kam, von dem wir Kolonisten nur träumen durften.

Der Tagesablauf sah ungefähr so aus: Alle Hände hoch und Betten gemacht um 5.30 Uhr morgens, Frühstück um sechs, Gebet um halb sieben und Arbeit um sieben. Nach zwei Stunden gab es das unvermeidliche zweite Frühstück – einer der dümmsten Zeitfresser im deutschen Industrieleben.

Um zwölf gab es Mittagessen, um sechs Abendbrot, um acht wieder Gebete und um neun mussten alle Lichter aus sein.

Eines Tages wurde ich mit zwei Begleitern auf einen ungewöhnlichen Auftrag geschickt – zumindest für mich, trotz all meiner früheren vielfältigen Aktivitäten und Beschäftigungen. Wir wurden beauftragt, ein Fass Schweinefleisch – oder vielleicht war es Fett – nach Berlin zu schieben. Was auch immer es war, es musste in der Chausseestraße abgeliefert werden, und wir waren die auserwählten Zugpferde. Das große Fass wurde auf einen vierrädrigen Handwagen geladen, wie man ihn in Berlin so oft sieht, gezogen von Hunden – manchmal Frauen – und los ging es in die Stadt, wobei meine deutschen Begleiter mich (einen Amerikaner, also natürlich einen Millionär!) damit aufzogen, dass ich in Deutschland einen Schweinefleischkarren schieben musste. Ich revanchierte mich, indem ich so wenig wie möglich schob. Ich nehme an, es hätte meine Freunde in der Stadt amüsiert, mich mit dieser Aufgabe zu überraschen, aber glücklicherweise führte uns unsere Reise nicht in ihren Teil der Stadt. Ich habe nie ganz das gleiche Gefühl der Demut empfunden wie das, das mich während dieser Erfahrung überkam. Tatsächlich ging es mir so auf der Seele, dass ich bald die Nachricht an die Kolonie senden ließ, dass draußen Arbeit auf mich wartete und ich entlassen werden sollte. Ich wurde ehrenvoll als Champagner-Beschützer und Verteidiger der Seifenherstellung entlassen.

Das andere Ereignis betrifft die deutsche Polizei. Es ist der Erzählung wert, schon allein um zu zeigen, wie schrecklich dumm manche deutschen Polizisten sein können.

Bevor ich die Reise antrat, die mich mit der Polizei in Kontakt brachte, erhielt ich von dem verstorbenen William Walter Phelps, unserem damaligen Gesandten in Deutschland, einen zweiten Pass, da ich den anderen nicht von der Universität mitnehmen wollte. Ich rechnete damit, im nächsten Semester zu meinen Vorlesungen zurückzukehren, und die Mitnahme meines Passes hätte später eine erneute Immatrikulation oder andere Formalitäten bedeutet, die man vermeiden sollte. Herr Phelps ging sehr freundlich auf meinen Plan ein, gab mir einen weiteren Pass und sagte mir, ich solle ihn informieren, falls ich jemals in Schwierigkeiten geriete. Auf einer früheren Trampreise war ich ziemlich weit durch Norddeutschland gekommen, also beschloss ich, auf der zweiten Reise die südlichen Provinzen zu erkunden. Ich war sechs Wochen unterwegs und kam bis nach Straßburg in den Süden. In Marburg, der alten Universitätsstadt, wo ich erfuhr, dass Tramps fünfzig *Pfennig* pro Stunde verdienen konnten, als die Professoren der Physiologie menschliche Präparate für ihre Illustrationen haben wollten, hatte ich meinen Streit mit der allmächtigen Polizei. Mit mehreren anderen Roadstern fuhr ich gegen Abend zu einer *Herberge*, wo man zu sehr vernünftigen Preisen Abendessen und Übernachtung bekommt. Kurz nach dem Abendessen, als wir alle im

Speise- und Wartezimmer zusammensaßen und plauderten, kam ein *Schutzmann* herein. Sein Erscheinen beunruhigte mich nicht im Geringsten, denn ich wusste, dass mein Pass in Ordnung war, und hatte die Tortur der Passkontrolle schon mehrmals hinter mir. Tatsächlich war ich ein wenig voreilig, als ich ihm meinen Pass in die Hand drückte, und war stolz auf seine bedrohliche Größe. „Das wird ihn überzeugen", sagte ich mir. „Ich frage mich, was man diesmal daraus machen wird." Der aufgeblasene Beamte nahm das Blatt Papier, „starrte" volle drei Minuten lang darauf und sagte dann mit überraschend sanfter Stimme zu mir: „ *Sie sind ein Österreicher, nicht wahr?* " (Ich nehme an, Sie sind Österreicher.) Ich erklärte kühn genug, dass ich Amerikaner sei, wie mein Pass bewies. Noch ein bisschen „Sternengucken" von Seiten des Polizisten – dann brüllte er, als würde er explodieren, wenn er seiner vulgären Überheblichkeit keinen freien Lauf ließ, mir den Pass ins Gesicht warf und sagte: „Amerikaner! Amerikaner! Also, gehen Sie schnell zu Ihrem Konsul in Frankfurt und holen Sie sich einen deutschen Pass. Das große Ding geht nicht", und davon stolzierte er, als wäre er die ganze deutsche Armee in einer Uniform. Als er gegangen war, versammelten sich die anderen *Kunden* um mich und sagten mir, ich solle mich nicht um den „alten Narren" kümmern. Aber die ganze Nacht über konnte ich das Gefühl nicht loswerden, dass der Mann auf meine Flagge gespuckt hatte. Ich nehme jedoch an, dass der arme Ignorant einfach verärgert war, weil er der *Herberge gezeigt hatte* , dass er den Unterschied zwischen einem österreichischen und einem amerikanischen Pass nicht kannte, und dass er keine wirkliche Beleidigung gemeint hatte.

KAPITEL XVI

SCHWEIZ UND ITALIEN

Die vielleicht angenehmste Unterbrechung meines Studiums kam im Sommer 1894, als ich in die Schweiz und später im selben Jahr nach Italien reiste. Meine schriftstellerischen Arbeiten brachten mir inzwischen ein kleines Einkommen ein, und ich hatte gelernt, wie man mit einem Dollar gute Dienste leisten konnte, wenn es um die Bezahlung der Reisekosten ging.

Mein Begleiter in der Schweiz war ein Kommilitone an der Universität. Soweit ich weiß, verbringt er jetzt seine Tage und Nächte damit, eine neue Geschichte Roms zu schreiben. Wir haben auf unserer gemeinsamen Reise die üblichen Dinge gemacht, auch einige ungewöhnliche, und wir haben für verhältnismäßig wenig Geld den größten Teil der Schweiz gesehen. Wir sind auch auf einen Berg gestiegen, und damit ist eine Geschichte verbunden.

Wir hatten beide fleißig Mark Twains „Ein Landstreicher im Ausland" gelesen, insbesondere die Kapitel über die Schweiz. Schließlich gelangten wir ins Rhonetal, und in Visp, oder besser gesagt in St. Nicholas, auf halbem Weg zwischen Visp und Zermatt, stießen wir auf unser Ideal eines Bergführers, oder besser gesagt auf das Ideal, das das Buch „Ein Landstreicher im Ausland" in uns heraufbeschworen hatte. Wir hatten zuvor schon andere Führer gesehen, Dutzende von ihnen, aber die Entdeckung in St. Nicholas hatte etwas „insgesamt" an sich, das uns völlig gefangen nahm. Wir verwickelten den Führer in ein Gespräch. Ja, er kannte einen Berg in Zermatt, den wir besteigen konnten.

"Aneinander gefesselt?", fragte der heutige Historiker Roms. Wenn wir nicht an einem Seil befestigt über Abgründe baumeln könnten, wäre der Aufstieg nicht besonders reizvoll. Ja, wir könnten sogar aneinander gefesselt sein, hintereinander marschieren, Stunden im Schnee verbringen und eine wunderbare *Aussicht haben* .

„Und der Preis?" Plötzlich kam mir der Alltag wieder in den Sinn, und ich fragte: „Unsere Mittel waren inzwischen ziemlich knapp, und keiner von uns war sich sicher, wann seine nächste Überweisung eintreffen würde. Die Überweisung meines Freundes kam übrigens nie dann an, wenn wir sie am dringendsten brauchten."

Der Guide verriet uns die Preise für das Matterhorn und die anderen „Hörner" in und um Zermatt.

„Dreihundert Francs für die Besteigung des Matterhorns!", keuchte der Historiker. „Wir haben doch nicht mehr als hundert in der Ausrüstung."

"Ah, aber das Breithorn!", fuhr der Führer fort und rückte seine Seil- und Axtrolle zurecht, als wüsste er, dass es genau diese Dinge waren, die uns in Versuchung führten und uns in den Bankrott trieben. Nie zuvor oder danach hatten Seile und Äxte so faszinierende Eigenschaften wie an diesem Tag. Der Führer sagte uns, dass das Breithorn für dreißig Francs uns gehörte - " *Sehr billig, sehr billig* ", fügte er hinzu. Der Historiker und ich machten eine Bestandsaufnahme unserer Mittel. Wir kamen schließlich zu dem Schluss, dass wir, wenn die Hotelrechnung in Zermatt unsere Mittel nicht erschöpfte, gerade so den Führer anheuern, den Berg besteigen, die Bahnfahrt zurück nach Brieg bezahlen und ein paar Francs für Nebenkosten übrig haben würden, bis frisches Geld eintraf. Wir kannten einen Hotelier in Brieg, der uns vertrauen würde - zumindest dachten wir das - und die Hauptsache war im Moment, auf das Breithorn zu steigen. Zur Not wussten wir, dass wir "auf Wanderschaft" gehen könnten, oder besser gesagt, ich tat es. Der Historiker vermutete nur, dass er es konnte.

Wir blieben am Wegesrand stehen, um uns auszuruhen und nachzudenken. Dummerweise zog ich das Buch „Tramp Abroad" aus der Tasche, um darin nachzuschlagen. Ich wollte sichergehen, dass unser Führer echt war, *wie in* „A Tramp Abroad". Dann warf ich einen Blick auf sein Seil und seine Axt. Damit war die Sache für mich entschieden.

„Auf zum Breithorn!", rief ich, und der Guide war förmlich verlobt.

Ich glaube, der durchschnittliche Reisende, der diesen Berg von Zermatt aus besteigt, macht am Theodulpass Halt und setzt die Reise am frühen Morgen fort. Unser Führer entschied aus irgendeinem dummen Grund, dass wir keine durchschnittlichen Reisenden seien und dass es für uns eine Bagatelle wäre, bis zum frühen Morgen in Zermatt zu schlafen und dann die ganze Reise in einem Atemzug zu machen. Meine Kleidung – ein leichtes Sommeroutfit von Kopf bis Fuß – war für ein solches Abenteuer ungefähr so geeignet wie für den Nordpol. Der Historiker war etwas wärmer gekleidet, aber nicht viel. Vielleicht sollten wir diesen Weg jedoch nie wieder gehen, wie Heine in seiner „Harzreise" seufzt, und dann – was für ein Bedauern würden wir erleiden! Es kam die Zeit, in der wir für einen Moment bedauerten, dass wir diesen Weg überhaupt jemals gegangen waren – aber ich komme schon darauf zurück.

Um drei Uhr morgens machten wir uns auf den Weg, der Führer trug Seile, Axt und Mittagessen. Gegen fünf Uhr erreichten wir den Pass. Bis jetzt war alles herrlich – Landschaft, Atmosphäre, Temperament und Absichten. Die Aussicht an diesem Morgen vom Theodulpass über den Gletscher unter uns war die wundervollste, die ich je genossen habe. Die Wolken wirbelten über dem Gletscher wie stürmische Wellen auf dem Meer, und die Morgensonne warf ein wunderschönes Farbenspiel über die Szenerie. Zu unserer Rechten war das Matterhorn, aber das kostete dreihundert Franc und weckte Begehrlichkeiten. Ziemlich bald machten wir uns wieder auf den Weg, und als wir auf den Schnee trafen, erreichte meine Freude den Höhepunkt. Wir waren aneinander gefesselt! Nie zuvor oder danach in meinem Leben habe ich das Gefühl persönlicher Verantwortung in einem so erhabenen Ausmaß empfunden. Ich dachte an den Historiker und daran, was ich tun sollte, wenn er in eine Felsspalte fiel. Ich stellte mir sogar vor, wie ich den tapferen Führer aus einem Loch zog. Diese aufregenden Vorstellungen möglicher Tapferkeit hielten jedoch nicht lange an. Nach einer Stunde waren meine leichten Sommerschuhe durchnässt, mein Gesicht begann zu brennen, meine Hände waren kalt geworden und die Spitze der Welt sah ganz schief aus. „Holen Sie sich das, was Sie für Ihr Geld bezahlt haben", ermutigte mich der Historiker, und ich stapfte auf den Gipfel. Dort standen wir und sollten das Leben genießen. Meine Füße schmerzten, und ich sagte „verdammt". Ein Engländer, der Bruder eines bekannten Romanautors, den ich für einen Geistlichen hielt , sagte: „Tut, tut!" Ich wiederholte meinen Ausdruck, und er und seine Gruppe gingen hinüber zum Kleinen Breithorn, um allein zu sein. Ich sagte noch eine Reihe anderer Dinge, bevor der Tag vorüber war, aber wir schafften es, ohne Störungen nach Zermatt zurückzukehren. Als wir den Führer bezahlten, bevor wir ins Dorf gingen, fragte ich ihn, ob er nicht möchte, dass wir eine Empfehlung für ihn in sein Buch schreiben. Er lächelte. „Oh, ich kann den Hügel auch rückwärts hinaufgehen", sagte er, „aber ich wäre sehr dankbar." So hat er uns zurückgelassen: praktisch bankrott, nass, müde und mit der demütigenden Schlussfolgerung, dass wir, wenn wir echte Sportler gewesen wären, als Erste die Fersen des „Breithorns" hätten erklimmen können. Seit dieser Erfahrung habe ich „A Tramp Abroad" nie mehr gelesen.

Über unsere verarmte Lage bei unserer Ankunft in Breig kann man nicht viel sagen, außer dass sie von ganzem Herzen und aufrichtig war. Zusammen dürften wir kaum mehr als zwei Francs gehabt haben. Der Hotelangestellte bestand jedoch darauf, dass wir ehrlich waren und ihn bezahlen würden, wenn wir könnten. Also ließen wir uns zehn Tage lang bei ihm nieder und fragten uns, warum wir überhaupt versucht hatten, das „Breithorn" zu besteigen. In der Nähe der Stadt gab es eine Steinmauer oder ein Widerlager, etwa sechzig Fuß hoch. Sie zu erklimmen war, als würde man eine Steinmauer in Neuengland bis zur gleichen Höhe erklimmen – es gab nicht den geringsten Unterschied. Wenn man den Halt verlor, konnte man nichts anderes tun, als nach unten zu fallen und über die Sache nachzudenken. Ein Sturz von fast ganz oben, was mir beinahe passiert wäre, hätte alles nur zum Stillstand gebracht, denn es gab nichts als Felsbrocken, auf denen man hätte landen können.

Jeden Tag unseres Aufenthalts in Brieg riskierten wir Narren zwei Stunden lang unsere Glieder und Hälse, um neue Wege zum Erklimmen der Wand zu finden. Vielleicht ist das Matterhorn schwieriger zu besteigen als unsere Wand, aber das bezweifle ich. Jedenfalls würde ich mir lieber dreihundert Francs *bezahlen lassen* , als heute eine der beiden Wände oder den Berg zu erklimmen .

Die Reise nach Italien unternahm ich allein. An einem sonnigen Nachmittag im Oktober verließ ich Poschiavo im italienischen Engadin, wo ich mehrere Wochen in ruhiger Abgeschiedenheit verbracht, geschrieben, Italienisch gelernt und nach Augenmaß Berge bestiegen hatte, und machte mich auf den Weg nach Venedig. Ich hatte vielleicht sechzig Dollar in der Tasche, eine Summe, die damals völlig ausgereicht hätte, um mich zu ermutigen, Afrika in Angriff zu nehmen, wenn es mir als nächstes vorgekommen wäre. Italien war gerade am nächsten, und ich wollte mein Italienisch an den Venezianern ausprobieren. Das Erlernen der deutschen Sprache hatte mir einen gesunden Appetit auf andere Sprachen gegeben, und ich träumte davon, im Laufe der Zeit ein Polyglott zu werden. Ich hatte auch die Vorstellung, dass ich in einem warmen Klima besser schreiben lernen könnte. Berlin schien meinen Wortschatz zu verzerren, wenn ich mich zum Schreiben veranlasst fühlte, und ich redete mir ein, dass mir in einem sonnigen Klima die Worte leichter fallen würden.

Ein echter Anfall von *Wanderlust* war wahrscheinlich das vorherrschende Motiv für das Abenteuer im Süden, aber ich war entschlossen, es mit guten Vorsätzen zu begleiten. Tatsächlich war ich zu dieser Zeit so weit Herr der *Ferne* , dass ich, obwohl die Versuchungen zum Wandern zahlreich genug waren, ihnen widerstehen konnte, sofern das Wandern nicht etwas Nützliches im Gegenzug versprach, sei es in Bezug auf das Studium oder das Geldverdienen.

Außer der Absicht, zu kritzeln und die Sprache zu lernen, dachte ich darüber hinaus darüber nach, bei Lombroso in Turin zu studieren. Meine Nebenlektüre an der Universität Berlin hatte mein Interesse an der Kriminologie geweckt, und natürlich waren auch Lombrosos Schriften darin enthalten. Von Anfang an war ich mit seiner Hauptthese nicht einverstanden, und das tue ich noch immer, soweit es um Berufskriminalität geht. Ich dachte jedoch, es wäre wertvoll, mit einem solchen Mann in Kontakt zu kommen, und ich erwartete, viel von seinem Versuchsapparat zu lernen. Dieser Plan scheiterte schließlich. Ich fand, dass die Beobachtung des italienischen Volkes in freier Wildbahn für meine Zwecke völlig ausreichte, und ich erfand einen eigenen Versuchsapparat, der mir unter den gegebenen Umständen wahrscheinlich ebenso viel offenbarte wie der von Lombroso. Trotzdem bedauere ich jetzt, dass ich den Professor nicht kennengelernt habe, denn, man kann sagen, was man will, von den Männern, die ich kenne, hat er in jüngster Zeit am meisten dazu beigetragen, zumindest wissenschaftliches Interesse an Kriminalität als sozialer Störung zu wecken.

Meine erste Fahrt auf dem Canale Grande in Venedig, vom Bahnhof zur Riva, war meine erste Einführung in das venezianische Wunderland. Als Junge hatte ich „Tausendundeine Nacht" gelesen und hatte, so nehme ich an, Träume von orientalischen Dingen, aber ich kann mich nicht erinnern, dass mich jemals irgendetwas aus dem Osten so sehr gepackt hätte, dass es mich zu einer Reise außerhalb meines eigenen Landes verleitet hätte. Das war damals schon wunderbar genug für mich, und es wird für mich mit jedem Tag, den ich älter werde, noch wunderbarer.

Aber diese erste Fahrt in Venedig! Als mich die Gondel den Kanal hinunter zur Riva trug, wo ich im Voraus meine Unterkunft reserviert hatte, kam es mir vor, als ob ich in eine neue Welt hineinschwebte, eine Welt, die tatsächlich kaum zu unserer Welt gehörte. Die bloße Fremdartigkeit der Dinge beeindruckte mich nicht so sehr wie ihre weichen und sanften Umrisse. Ich dachte damals, und das tue ich noch immer, an die Stadt eher als an ein liebliches, atmendes Geschöpf, wahrhaftig als Braut der Adria, denn als Wohnort des Menschen. Ich ging von meiner Unterkunft zur Piazza. Als ich in die Piazzetta einbog und die Pracht dieses wundervollen Platzes im Schein der hellen Nachmittagssonne auf mich einstrahlte, blieb ich plötzlich stehen. Solche Momente bedeuten für verschiedene Menschen verschiedene Dinge. Ich erinnere mich jetzt daran, was mir durch den Kopf ging, als wäre es gestern gewesen:

„Wenn das Kommen an diesen bezaubernden Ort, junger Mann, Ihre Bezahlung dafür ist, dass Sie sich aus dem Sumpf befreit haben, in den Sie sich einst begeben haben, dann ist Ihre Belohnung wahrlich süß."

Vier sehr angenehme Monate lang hielt ich mich in der Nähe dieser faszinierenden Piazza auf und wollte sie nur ungern verlassen. Lord Curzon ist der Meinung, dass der Rhigistan in Samarkand, alles in allem, der schönste Platz der Welt ist. Hätte ich den Rhigistan zuerst gesehen und damals auch die Piazza, wäre ich vielleicht ähnlich beeindruckt gewesen. Als ich 1897 zum ersten Mal den Rhigistan erblickte, musste ich unweigerlich an die Piazza denken und erneuerte auf der Stelle meine Treue zu ihrem überragenden Charme.

Es gibt viel über mein Leben auf diesem Platz und in seiner Umgebung, was ich gern erzählen würde, wenn es zu meiner Zufriedenheit wäre, denn ich glaube, dass Venedig eine Geliebte ist, der alle Bewunderer, ohne Unterschied der Hautfarbe, Rasse oder früheren Inkarnation, in Prosa oder Versen eine künstlerische Hommage erweisen sollten.

Mein engster Freund in Venedig war Horatio Brown, ein Gentleman, der die Stadt wahrscheinlich besser kennt als jeder andere Ausländer und viel besser als viele Venezianer selbst. Sein Buch „Life on the Lagoons" ist das beste Buch über die Stadt, das ich kenne, und ich habe einige davon durchgelesen. Mr. Howells „Venetian Life" ist wie alles, was er schreibt, sehr künstlerisch und lehrreich, aber ich konnte nie das Venedig finden, das er kennt.

Ich muss Arthur Symons dafür danken, dass er Brown überredete, nett zu mir zu sein, und ich glaube, er hat ihm die Wahrheit gesagt – dass ich ein junges Opfer *der Wanderlust war*. Das Ergebnis war, dass Browns Haus auf der Zattere, obwohl ich ziemlich dürftig leben musste, zu einem großartigen Rückzugsort wurde, wo ich zumindest einmal pro Woche meine Manieren ein wenig auffrischen und eine angelsächsische Atmosphäre und unverhohlenen Komfort genießen konnte.

Ich glaube, es war Montagabend, an dem Brown seine Freunde im Allgemeinen empfing. Bei diesen Gelegenheiten lernte man viele interessante Personen kennen, literarische und andere, aber ein gutes Beispiel für die Launen der Phantasie und des Gedächtnisses ist die Tatsache, dass ein österreichischer Admiral in meinen Erinnerungen an die Montagabende, an die ich mich erinnere, am stärksten hervorsticht. Ich nehme an, es lag daran, dass er viele Abenteuer außerhalb meiner Linie erlebt hatte und nicht ganz so groß war wie ich. Jeder, der kleiner ist als ich und seine Persönlichkeit in verlockendere Streifzüge projiziert hat als ich, wird für mich sofort zu einer Person, zu der ich aufblicken kann. Große Männer und ihre Leistungen, ob teuflisch oder engelsgleich, liegen so außerhalb meines Blickfelds, dass ich nie versucht habe, mich groß über sie zu wundern. Napoleon hätte ich mir monatelang ohne Murren anhören können; Bismarck hätte mich manchmal verträumt an die Decke blicken lassen.

Der Admiral erzählte mir, wie Garibaldi ihm einmal einen Schrecken eingejagt hatte, als die Italiener sich von der österreichischen Herrschaft befreiten. Es scheint, dass Garibaldi den Feind auf See ebenso sehr im Unklaren ließ wie an Land, und der Admiral erhielt eines Tages die Nachricht, dass Garibaldi mit einer gewaltigen Streitmacht die Küste hinauf nach Venedig kam. Tatsächlich tat er nichts dergleichen, da er in ganz anderen Bereichen beschäftigt war. „Aber woher sollte ich das wissen?", sagte der Admiral zu mir. „Er sprang wie ein Frosch von Ort zu Ort, und ich hatte keinen Grund zu glauben, dass das Gerücht nicht wahr sein könnte. Ich beschloss, kein Risiko einzugehen, requirierte zwei Dampfer des österreichischen Lloyd und versenkte sie in der Malamocco-Straße. Ich fühlte mich in der Lage, das andere Ende des Lido zu bewachen. Aber

Garibaldi täuschte mich, wie er es mit vielen anderen tat, und die beiden Dampfer wurden umsonst versenkt."

Während eines Teils meines Aufenthalts in und um Venedig lebte ich allein in einem leeren Haus in San Nicoletto am Lido. Nur einen Steinwurf entfernt befand sich das Militärgefängnis, und wenn man nach einem luxuriösen, kostenlosen Abendessen davon träumte, wurde das Nachtleben manchmal ziemlich düster. Meine kostenpflichtigen Mahlzeiten nahm ich in einer *Osteria* in der Nähe ein. Ich frage mich, ob der asthmatische kleine Dampfer, der früher von der Riva nach San Nicoletto fuhr, noch fährt ? Er gehörte einem *Conte*, der ihn auch befehligte und auch die Fahrpreise eintrieb. Ich war eine Zeit lang Stammgast seines Bootes und investierte dann zusammen mit einem *Corporale*, der an der Marinesignalstation San Nicoletto stationiert war, in ein Kanu.

Die Abenteuer, die wir mit diesem Kanu erlebten, waren zahlreich und vielfältig. Einmal zum Beispiel wurden das Kanu und ich verdächtigt, Spione zu sein, und wurden beinahe bombardiert. Ich hatte den Nachmittag in Venedig verbracht und das Kanu in der Nähe des Giardino Pubblico zurückgelassen. Als ich bereit war, zum Lido zurückzukehren, war es dunkler als gewöhnlich, und ich hatte kein Licht dabei; aber ich machte mich unerschrocken auf den Heimweg. Ich war ungefähr fünfzehn Minuten lang ziemlich ruhig dahingepaddelt, als ich, als ich mich der Pulverlagerinsel näherte, oder was auch immer das zwischen Venedig und San Nicoletto ist, das von einem Wachposten bewacht wird, durch ein angestrengtes „ *Chi va la?* " von links aus meinen Träumen geweckt wurde. Ich sage absichtlich „teilweise geweckt", denn ich schenkte der Herausforderung keine Beachtung und paddelte weiter. Es schien unmöglich, dass irgendjemand dort draußen auf dem Wasser wissen wollte, wer ich war. Wieder erklangen die Worte klar und scharf, und wieder schenkte ich ihnen keine Beachtung. Beim dritten Mal wurde die Herausforderung von einem bedrohlichen Klicken einer Waffe begleitet. Ich schreckte blitzschnell aus meinem Traum hoch. Warum ich herausgefordert werden sollte, war mir absolut unverständlich, aber dieses suggestive Klicken weckte meine Alltagssinne wieder auf.

„ *Amico! Amico!* ", schrie ich.

„Gut, kommen Sie hier zum Treppenabsatz und lassen Sie mich Sie ansehen."

Ich drehte um und paddelte zur Insel hinüber, wo mich der Wachposten fast eine halbe Stunde festhielt und mich erklären ließ, wie harmlos und unschuldig ich sei. Ich musste ihm sagen, wer mein Vermieter am Lido war, welches Zimmer ich in dem leeren Haus bewohnte, warum in Marias Namen ich überhaupt am Lido lebte und mit welchem *Maladetto-* Recht ich es wagte, ohne Licht in diesen Gewässern zu kreuzen. Schließlich ließ er mich weiterfahren, mit der Warnung, dass mein Boot wahrscheinlich auf den Grund gehen würde, wenn es nachts ohne die richtige Beleuchtung noch einmal hier vorbeikäme.

Eines Tages sank dieses Kanu in der Nähe des Giardino Pubblico, und der Unfall brachte einen typisch italienischen Charakterzug des *Corporale ans Licht* . Damals dachte ich, es handele sich um eine Zurschaustellung schlichter Sturheit, aber Brown versicherte mir später, dass ich mich geirrt hatte. Ich versuchte gerade, die Dinge in den Griff zu bekommen, als das Kanu mit der Nase in die Schlammbank bohrte, und der *Corporale* war, glaube ich, im Garten und sah zu. Er war in seiner besten Uniform herausgeputzt und sah sehr gut aus, aber als Matrose und Teilhaber des Kanus dachte ich, er sollte ihr in einem solchen Fall von Signalnot zu Hilfe kommen. Zuerst dachte auch er, er müsse sich selbst in die Sache einmischen, und sah sich vorsichtig um, ob jemand zusah. Dann bahnte er sich seinen Weg eher wie eine Frau mit feinen Spitzenröcken als wie ein Mann, geschweige denn wie ein Matrose, zu einem trockenen Fleck, vielleicht zehn Meter vom Kanu entfernt. Dort gab er sich alle Mühe, mir zu erklären, wie ich das machen sollte, was er vom Ufer aus hundertmal besser machen konnte. Das Kanu brauchte nur einen kräftigen Stoß, und den hätte er ihm ohne große Unannehmlichkeiten geben können. Ich drängte ihn in tadellosem Italienisch, sich richtig ins Zeug zu legen und mich seewärts zu schicken.

„ *Ma non – ma non* ", jammerte er unentwegt und deutete auf seine auf Hochglanz polierten Schuhe und den Schlamm – mit dem er nicht in Berührung kommen durfte. In diesem Moment kamen Brown und sein Gondoliere in Sicht und ich gab ihnen das Schiffbruchsignal. Während sie mir zu Hilfe kamen, ging der *Corporale* wieder wie eine affektierte Frau in den Garten zurück. Der Gondoliere warf mir ein Seil zu und zog mich aus meiner misslichen Lage, während der *Corporale* die Manöver wie eine Katze von seinem Aussichtspunkt oben beobachtete. Ich winkte ihm zum Abschied und sprach den ganzen nächsten Tag nicht mit ihm. Brown erklärte sein Verhalten mit einem einzigen Wort – *critica* . Wenn es etwas gebe, was die Italiener nicht mögen, sagte er mir, dann sei es, von ihren Nachbarn in misslichen Lagen überrascht zu werden, die sie lächerlich erscheinen lassen. Er sagte, der *Corporale* hätte das Kanu lieber in seinem Schlammloch verrotten lassen, als sich bei einem Rettungsversuch den Blicken der Zuschauer auszusetzen. Der Grund, warum er sich so schnell in den Garten zurückzog, als Brown auftauchte, war, dass er *Critica* auf sich zukommen sah.

Ich fürchte, dass ihn mehrere Wochen später ein ähnlicher Schreck überkam, als das Kanu durch die Nicoletto-Straße in die wogende Adria getrieben wurde und nie wieder zurückkehrte. Ich war bei dem Unfall nicht dabei, aber „man" sagt, der *Corporale* sei dabei gewesen und alles, was nötig war, um das

Kanu zu retten, war, ein kurzes Stück vom Ufer wegzuschwimmen und es zurückzuschleppen. Aber die „Öffentlichkeit" sah zweifellos zu, und der *Corporale* hatte Angst vor den kritischen Kommentaren und Vorschlägen.

Den meisten Spaß hatte ich mit dem Kanu, solange es noch da war, in den kleinen, engen Kanälen in Venedig selbst. Tag für Tag kreuzte ich mit ihm in verschiedenen Teilen der Stadt, erkundete neue Routen und Abschnitte, aß zu Mittag, wenn die Stunde zu spät war, und paddelte abends zurück zum Hafen am Lido, wobei ich mich sehr nautisch und malerisch fühlte. Den größten Spaß hatte ich, wenn ich in den kleinen Kanälen um die Ecke musste. Die Gondolieri rufen regelmäßig „Nach rechts" und „Nach links", und eigentlich hätte ich sie auch benutzen sollen. Aber irgendwie konnte ich, wenn ich bei einer Kurve von einem entgegenkommenden Boot überrascht wurde, nur daran denken, laut „Wa-hoo!" zu rufen und mich dann dicht an die Seite einiger Gebäude zu halten, bis die Gefahr vorüber war. Die Art, wie die Gondolieri mich schimpften, hätte einen Preisboxer erschreckt, aber ich lernte, mit Schimpfwörtern zu rechnen und sie nicht zu beachten. Auf der Riva, wo ich mich mit vielen von ihnen traf, fingen sie schließlich an, mich „Wa-hoo" zu nennen.

Mit einem der Riva-Gondolieri schloss ich eine ziemliche Freundschaft, und als ich vom Lido nach Venedig zurückkehrte, waren wir fast täglich zusammen, entweder auf dem Wasser oder in seinem *Sandalen* , oder wir tauschten bei einem Glas Wein und *Polenta* in einer *Osteria Geschichten aus* .

Einmal kam er zu mir und sagte: „ *Signor* , möchten Sie mich nicht auf eine Reise zu den feinen Spitzen und Glasbläsern in Venedig begleiten?"

Ich sagte: „Gerne."

Er fuhr fort: „Sie werden in unseren Spitzenhäusern und unseren Glashäusern viele schöne Dinge sehen."

Ich sagte: „Lass uns diese wunderbaren Dinge sehen."

So fuhren wir den Canale Grande hinauf und danach den Canale Grande hinunter. Seit Lord Byrons Zeiten gibt es, glaube ich, eine leichte Meinungsverschiedenheit darüber, was in diesem Kanal oben oder unten ist. Wir stiegen in Sambos Sandalo , und Sambo brachte mich zu einem der großen Spitzenhäuser, wo ich meine ganze Unkenntnis über Spitze offenlegen und dennoch versuchen musste, als Spezialist für dieses Produkt zu erscheinen; dann zu einem Ort, wo, wie ich weiß, sogenanntes venezianisches Glas verkauft wurde; dann zu anderen Orten. Bei keinem unserer Besuche tätigte ich einen Kauf, sehr zum Missfallen der anwesenden Angestellten, aber ganz im Einklang mit der Vereinbarung mit Sambo, dass ich nichts kaufen sollte, was ich nicht wollte oder für das ich nicht genug Geld hatte. Ich bemerkte, dass Sambo bei jedem Besuch entweder einen

Messingscheck oder einen kleinen Betrag in italienischer Währung erhielt. Schließlich war diese Pilgerfahrt zu Orten des venezianischen Handels zu Ende. Ich sagte zu Sambo: „Was in aller Welt soll das alles?"

Er sagte: „Warum, *Signor*, haben Sie das nicht bemerkt? Wir waren doch befreundet, oder nicht?"

Ich sagte: „Sicher, Sambo, aber ich finde es komisch, dass du mich an Orte bringst, von denen du weißt, dass ich nicht die Absicht habe, etwas zu kaufen."

„Ah, *Signor*, Sie verstehen die Situation hier in Venedig nicht. Sehen Sie, diese Glasleute, diese Spitzenleute – und andere Leute – geben uns Gondoliere eine Provision. Wenn wir eine bestimmte Anzahl von Messingschecks bekommen, gehen wir hinüber und lösen sie ein und erhalten einen bestimmten Prozentsatz für die Geschäfte, die wir den Geschäftshäusern gebracht haben. Wenn wir Geld bekommen, kommt das natürlich in Form von Trinkgeldern, wie Sie gesehen haben, und wir stecken das direkt in unsere Taschen.

„Ich möchte Ihnen sagen, *Signor*, dass ich es geschafft habe, neun Lire anzuhäufen, obwohl meine Geschichte Sie vielleicht beleidigt und Sie vielleicht denken, ich hätte kein Recht, Sie auf die Fahrt mitzunehmen, die, wie Sie sich erinnern werden, auf meine Kosten gehen sollte. Signor, bitte nehmen Sie es mir nicht übel. Ich kannte das Spiel. Wollen Sie nicht heute Abend als mein Gast in eines der Restaurants unseres Gondoliere kommen, wo ich jede dieser neun Lire für ein gutes Abendessen ausgeben *werde ?*"

Ich nehme an, dass Sambo immer noch andere unschuldige Menschen wie mich zu Pilgerfahrten zu den Spitzen- und Glashäusern von Venedig einlädt.

Auch über Rom, das ich nach meinen Erlebnissen in Venedig besuchte, möchte ich viel literarisches Material schreiben, wenn ich das Gefühl hätte, dass ich dazu in der Lage wäre. Die meisten Schriftsteller beschäftigen sich eingehend mit der alten Traurigkeit Roms. Die alte Traurigkeit Roms während des Monats, den ich im Frühjahr 1895 in dieser Stadt verbrachte, war nicht vergleichbar mit der Traurigkeit, die mich überkam, als ich auf den englischen Friedhof ging und die Namen einiger großer, in aller Welt bekannter Männer und einiger mir persönlich bekannter junger Männer las, Engländer und Amerikaner, die an diesem malerischen, aber unerschütterlich traurigen Ort begraben sind.

Einer meiner Freunde, der sich inzwischen niedergelassen hat und sich mit allen Feinheiten dessen auskennt, was Sesshaftwerden bedeutet, war an einem bestimmten Abend im Jahr 1895 mit mir in Rom, als eine Diskussion darüber geführt wurde, was für zwei Studenten einer deutschen Universität das Beste sei. Man kam zu dem Schluss, dass das Gambrinus im Corso der beste Ort sei, um die Dinge zu besprechen. Ich erinnere mich, dass mein Freund seinen Regenschirm verlor. Als es Zeit wurde, das Gambrinus zu verlassen, war er sehr empört über das Verschwinden dieses Regenschirms, von dem er dachte, er könne ihn jederzeit in seinen Händen halten, wenn er ihn brauche. Der Regenschirm war nicht zu finden. Man vermutete, dass ihn einer der Kellner mitgenommen hatte. Wie konnte das bewiesen werden? Wir riefen unseren Kellner und fragten ihn: „Wo ist dieser Regenschirm?"

Er antwortete: „ *Signor*, ich habe keine Ahnung."

Mein Freund sagte: „Nun, nehmen wir an, Sie kommen ungefähr so schnell auf eine Idee, wie Sie es schaffen."

Der Kellner sagte, er würde tun, was vorgeschlagen wurde. Er ging zur Frau des Besitzers, kam bald darauf zurück und sagte, es gebe keine Aufzeichnungen über den Verlust eines Regenschirms.

Mein Freund, der ganz und gar damit beschäftigt war, den Regenschirm zu holen, stand auf und sagte in seiner sehr abrupten Art: „Bring mir meinen ‚Bamberillo'. Wenn du das nicht tust, gibt es Ärger."

Aus Angst, dass nach dieser Äußerung meines Freundes andere Mittel als die üblichen zum Einsatz kommen könnten, schlug ich vor, eine bestimmte Treppe hinaufzugehen und die Frau des Besitzers zu fragen, ob sie nicht der Meinung sei, dass mein Freund seinen „Bamberillo" zurückbekommen sollte. Sie antwortete mit dem Pathos, zu dem eine deutsche Frau fähig ist: „Ich fürchte, Sie verstehen die italienische Denkweise nicht. Diese italienische Denkweise ist seltsam und eigenartig."

„Ja", sagte mein Freund auf Deutsch, „es ist so seltsam, dass ich meinen ‚Bamberillo' nicht finden kann."

Die gute *Hausfrau* sagte: „Nun, Sie müssen uns in diesem Land der – entschuldigen. *Ja, Sie kennen das Vieh, nicht wahr?*"

Von Rom ging ich nach Neapel. In dieser Stadt ging mein Geld mit ausgesprochener Beharrlichkeit aus. Ich erhielt dort fünfzig Dollar im Monat, um alle Rechnungen zu bezahlen – Schuldscheine und andere finanzielle Verpflichtungen. Während meines Aufenthalts in der Stadt war mein Zuhause ein Zimmer, das ich widerwillig mit zwei der wunderbarsten Katzen teilte, die ich je gekannt habe. Manche Männer sagen, sie mögen Katzen. Es würde mir gefallen, wenn einer dieser Männer zu zehn Tagen Gefängnis in meinem Zimmer in Santa Lucia in Neapel verurteilt würde. Das Lied „Santa Lucia" ist oft in unseren Straßen zu hören. Es ist ein angenehmes Lied für diejenigen, die nie wie ich in Santa Lucia mit Katzen leben mussten. Ich habe während meines Aufenthalts in Neapel ehrlich versucht, meinen italienischen Wortschatz mit den neapolitanischen Variationen zu erweitern. Aber ich konnte nie ein Wort finden, weder beleidigend noch sonst wie, das erklären würde, was diese Katzen, die in diesem seltsamen Zimmer in Santa Lucia herumschlichen, für mich bedeuteten. Ich lege so viel Wert auf sie, weil sie während meines Fünfzig-Dollar-im-Monat-Lebens in Italien so viel Wert auf mich gelegt haben. Es fiel mir schwer, innerhalb meiner Grenzen zu leben. Meine fünfzig Dollar im Monat waren normalerweise am zwanzigsten des Monats alle weg, und das nicht immer wegen Unsinn. Zu dieser Zeit war ich viel damit beschäftigt, Bücher zu kaufen, die mich interessierten, und ich denke, man kann mit Fug und Recht behaupten, dass ein gutes Viertel meines monatlichen Gehalts für den Kauf solcher Bücher draufging.

Am 20. war ich besonders in Neapel mit meinen 50 Dollar ziemlich abgezockt. Ich hatte dort in diesem verlotterten Santa Lucia einen Besitzer, der ein Norditaliener war. Meine 50 Dollar kamen nicht so schnell an, wie ich es wollte, und ich machte mir Sorgen. Meine Miete war fällig. Es war ein Problem, wie ich das dem Vermieter klarmachen sollte. Am Ende ging ich zu ihm und sagte ihm ganz offen: „Ich möchte Ihnen sagen, Signor, dass ich sehr enttäuscht bin, dass mein Geld nicht angekommen ist. Es wird kommen. Es muss kommen. Es scheint eine gewisse Verzögerung zu geben."

Auch hier war wieder dieser feine italienische Touch zu spüren. Er sagte: „Mein Sohn, mach dir keine Sorgen. Ich verstehe deine Schwierigkeiten. *Mio figlio* ", und er klopfte mir auf die Schulter, „wir werden uns um dich kümmern." Gibt es irgendetwas in der englischen Sprache, das das übertreffen kann?

Während ich in Santa Lucia übernachtete, nahm ich meine Mahlzeiten, soweit ich sie bekommen konnte, in einem Restaurant ein oder zwei Türen weiter ein. In diesem Restaurant waren alle möglichen Lastwagenfahrer, Taxifahrer und Männer im Allgemeinen, die viel Zeit im Freien verbringen müssen. Ich hatte in Venedig erfahren, dass es unter italienischen Kriminellen ein starkes Band der Sympathie gab.

Mir kam der Gedanke, dass es sich lohnen würde, etwas über die Mafiagesellschaft und die Camorra zu erfahren, wenn ich schon einmal mit diesen Leuten zusammen war. Ich hatte indirekt gehört, dass diese Gesellschaften im Inland ziemlich erfolgreich ihre eigenen Interessen verfolgten.

Wie viele Italiener es in den Vereinigten Staaten gibt, weiß ich nicht . Es ist fraglich, ob es sonst jemand genau weiß. Wir wissen mit Sicherheit, dass es mehrere Millionen sind. Mein Interesse daran, in Neapel, soweit mir möglich war, die Machenschaften der Mafia und der Camorra zu untersuchen, bestand darin, herauszufinden, welche Macht sie angeblich über ihre eigenen Landsleute hatten.

Bei der Verfolgung dieser Tatsachen stieß ich auf einen *Facchino* . Ein *Facchino* ist ein gewöhnlicher Lastenträger in Italien.

Ich sagte zu einem meiner *Facchino-* Freunde: „Können Sie mich nicht mit einem Freund aus der Maffia-Gesellschaft bekannt machen?"

Er war ein echter Faulenzer, ein Hafenarbeiter, ein Hafenarbeiter – und ein großer Mann.

Er sagte im Wesentlichen zu mir: „Sind Sie nicht klug genug, in diesen Park zu gehen, wo Sie jeden treffen und alles erfahren können, was Sie über die Mafia oder die Camorra wissen möchten?"

Ich sagte: „Ja, das bin ich wohl. Aber was wird es kosten?"

„Gehen Sie doch einfach dort hin. Vielleicht finden Sie dort jemanden, der zu Ihnen passt, vielleicht aber auch nicht."

Ich habe keine Entdeckungen gemacht, die irgendeinen Wert hatten . Aber was ist über meinen Freund, den *Facchino* , und die Maffia und die Camorra zu sagen? Ich sehe das so: Wenn diese Leute Streitigkeiten haben, die sie so sehr betreffen, dann sollen sie ihren eigenen Weg gehen. Wenn sie Streitigkeiten in meinem Land haben und glauben, dass ihre Geheimgesellschaften mein Land irgendwie beherrschen könnten, dann haben sie ihre Berufung schrecklich verfehlt. Sie sind nicht so gefährlich, wie die Zeitungen sie darstellen. Sie glauben, das stimmt, an ihr Ende des Spiels, an ein Ende, das manchmal beunruhigend sein kann.

Ich fragte meinen Freund *aus Facchino* , was er im Allgemeinen von den Leuten hielt, die man in dem von ihm vorgeschlagenen Park als Maffia oder Camorra bezeichnen könnte.

„Nun", sagte er, „ich weiß genauso wenig, was die Maffia oder die Camorra tun werden, wie was mir in den nächsten fünf Minuten passieren wird."

„Dann muss ich meine eigenen Schlüsse ziehen", war meine Antwort

KAPITEL XVII

EIN BESUCH BEI TOLSTOI

Im Hochsommer 1896 lernte ich Tolstoi kennen. Es war zur Zeit der Nationalausstellung in Nischni Nowgorod. Den ganzen Sommer über gab es billige Ausflugskarten für Eisenbahnen und Flussschiffe, und Korrespondenten ausländischer Zeitungen erhielten für drei Monate Erstklasskarten für alle Eisenbahnstrecken des Landes. Es war eine Gelegenheit, meine *Wanderlust* auf eine Art auszuleben, wie ich sie noch nie zuvor erlebt hatte. Ich kaufte Baedekers kleines Buch über die russische Sprache, vermittelte Freunde in St. Petersburg und machte mich auf den Weg, um vorläufig etwa eine Woche als Feldarbeiter oder in einer anderen mir würdigen Funktion auf Tolstois Farm in Jasnaja Poljana zu verbringen, einem Landgut etwa 200 Kilometer südlich von Moskau. Zu diesem Zeitpunkt war ich mir noch nicht sicher, ob ich die Eisenbahnkarte bekommen würde. In St. Petersburg halfen mir Freunde freundlicherweise, es zu bekommen, und so reiste ich weiter nach Moskau und, noch bevor der Sommer vorüber war, in Hunderte anderer Städte und Dörfer in verschiedenen Teilen des Reiches. Mit ungefähr zweihundertfünfzig russischen Wörtern, meinem Reisepass, kostenlosem Bahntransport und vielleicht 75 Dollar reiste ich ungefähr 25.000 Meilen, bevor ich nach Berlin zurückkehrte. Ich hielt meine Hotelkosten niedrig, indem ich in Zügen wohnte. In der Ersten Klasse der Eisenbahner ist ein Bett inbegriffen. Als es also Nacht wurde, nahm ich in aller Ruhe mein Bett in einem Zug, der in jede Richtung fuhr, und konnte lange genug ausruhen. Am Morgen stieg ich aus und sah mich um oder fuhr weiter, wie es mir gefiel. Dieses Vorgehen ersparte mir auch die Passgebühren in Hotels, ein beträchtlicher Kostenfaktor in Russland, wenn man viel reist. Meine Mahlzeiten fand ich in den Bahnhöfen, die den besten Eisenbahnrestaurantservice bieten, den man finden kann. Nach all dem Sparen, den Besichtigungen und dem Fahren war mein Urlaub jedoch vorbei und ich war von Herzen froh, nach Deutschland zurückzukehren, und für die Monate danach hatte ich mein *Fernweh* wunderbar unter Kontrolle.

Die interessanteste nationale Besonderheit, die ich in Russland zu sehen bekam, war zweifellos Graf Tolstoi. Der Zar, die Museen, die Paläste, die großen Ländereien, der große, unbearbeitete *Ninghik* – diese Männer und Dinge waren unterhaltsam, aber sie haben mich nicht so fasziniert wie der Romanautor und Möchtegern-Philanthrop. Und doch hatte ich vor meiner Begegnung mit Tolstoi noch nie einen Roman von ihm gelesen, und meine Vorstellungen von seinem Altruismus waren in der Tat vage – davon, was die Vorstellungen von Menschen sind, die nie in Russland waren oder Tolstoi gesehen haben, und die, wenn sie erfahren, dass man dort war und ihn getroffen hat, sofort fragen: „Sagen Sie mal *ehrlich* , ist er ein Fakir oder nicht?“

Ein für alle Mal, soweit es meinen einfachen Umgang mit ihm betrifft, kann man kühn erklären, dass er nie ein Fakir war – weder als er alle Laster probierte, von denen er hören konnte, noch als er es jetzt ist, wenn er andere drängt, seinem Beispiel als Erforscher des Lasterreichs nicht zu folgen. Es ist seltsam, aber wenn ein Mann, der in Sachen Teufelei alles probiert hat, was er konnte, und dann damit aufhört , sagt, er habe genug, und versucht, andere auf einen besseren Weg zu bringen, als er ihn eingeschlagen hat, dann gibt es in Tausenden von Köpfen ungeheure Zweifel darüber, ob der Mann genug Fluchen probiert hat, um zu wissen, was das eigentliche Ding ist, oder ob andere vor dem, was er gesehen hat, zurückschrecken sollten oder nicht.

Der Mann in Jasnaja Poljana im Jahr 1896 war ein ziemlich gut erhaltener alter Herr mit weißem Bart, tiefliegenden grauen Augen, überhängenden buschigen Augenbrauen und leicht gebeugten Schultern, die, wie ich glaube, auf ein Alter von fast siebzig Jahren hindeuteten. Er trug die einfache Bauernkleidung, über die so viel Unsinn geredet wurde. Jeder Mann, der in Russland auf dem Land lebt, zieht im Sommer Kleidung an, die in Schnitt und Form denen des Ninghik sehr ähnlich ist. Der Hauptunterschied zwischen der Kleidung des Ninghik und der seines Arbeitgebers während der warmen Monate besteht darin, dass letzterer sauber ist und der Ninghik nicht.

Ich fürchte, mein Ziel bei der Reise nach Jasnaja Poljana war hauptsächlich journalistischer Natur. Die gesamte Reise in Russland diente tatsächlich dazu, „verfügbare“ Exemplare für die erwähnte New Yorker Zeitung zu finden. Der kostenlose Bahntransport ermöglichte es mir, sehr kurzfristig über „Nachrichten“ zu berichten, und erleichterte es mir auch, Material für „Weltraum“-Artikel zu bekommen. Oder besser gesagt, als ich ihn zum ersten Mal bekam, dachte ich, der Pass würde in dieser Hinsicht Wunder bewirken. In anderen Händen hätte er das sehr wahrscheinlich getan, aber das „verfügbare“ Material, das ich schließlich lieferte, erwies sich als nur mäßig erfolgreich. Wenn man alle Fragen von Fähigkeiten, Ruf und Beziehungen beiseite lässt, ist meiner Erfahrung nach europäisches „Material“ in den Vereinigten Staaten nicht so gefragt, dass der durchschnittliche Autor damit leben könnte, selbst wenn er sich vegetarisch ernährt. Unsere Redakteure wollen in der Regel amerikanisches „Material“. Erst in den letzten Jahren haben sie sogar dem Auslandsnachrichtendienst viel Aufmerksamkeit gewidmet und das Sammeln, Sichten und Verteilen der aktuellen Fakten den Nachrichtenhändlern überlassen, die oft ebenso skrupellos wie unfähig waren.

Tausende Amerikaner strömen nach Europa und ziehen fieberhaft von Ort zu Ort, als hinge ihr Leben davon ab, solche Nebensächlichkeiten wie die alten Schnupftabakdosen von Berühmtheiten aus der Vergangenheit zu sehen. Nichts darf ihnen entgehen. Sie wollen auf Schritt und Tritt etwas für ihr Geld bekommen. Einige verweilen länger als die anderen und versuchen, sich etwas über den gegenwärtigen Zustand der Länder und Menschen, die sie sehen, anzueignen. Die große Mehrheit jedoch drängt hastig weiter und bahnt sich ihren Weg in Winkel und Ecken von angeblichem historischem Interesse, bis Europa für viele von ihnen, wahrscheinlich für die meisten, zu einem bloßen Museum von Dingen wird, die „mit Sternen versehen" sind oder nicht, je nachdem, was der Reiseführer-Mann für richtig hielt. Das Leben der Menschen, ihrer Zeitgenossen, wird nur beiläufig betrachtet; „Anteeks" sind das, wonach der Pöbel sucht und was er sucht. Diese Gleichgültigkeit gegenüber dem heutigen Europa, seiner Politik, seinen sozialen Bräuchen und Institutionen war in der Vergangenheit größtenteils für die Ineffizienz unseres Auslandsnachrichtendienstes verantwortlich. Was nützte es, sich große Kosten zu machen, um Amerikaner über Dinge im Ausland zu informieren, denen sie im Ausland selbst keine Beachtung schenkten? Die Verleger und Redakteure schlussfolgerten, dass es keinen Sinn habe, und selbst heute noch ziehen viele von ihnen eine Meldung aus Yankton, Dakota, einer aus London vor. Ihre Leser wissen vielleicht kaum mehr über Yankton als über London, aber das spielt keine Rolle. Vielleicht haben sie Verwandte in Dakota oder haben früher Geld für drei Prozent im Monat an Bauern dort geliehen. Damit ist die Sache für die Nachrichtenhändler erledigt. Die Meldung aus Yankton wird hervorgehoben, obwohl sie von nichts Wichtigerem als einer Scheidung handelt. Ihre Provinzialität ist für die Zeitung von größerem Geldwert als die kosmopolitische Bedeutung der Meldung aus London. Dies und mehr, was man sagen könnte, hat das Leben eines Auslandskorrespondenten in Europa, gelinde gesagt, unattraktiv gemacht. Eine Zeitlang jedoch dachte ich ernsthaft darüber nach, mich auf eine solche Karriere vorzubereiten. Die Reise nach Russland sollte dazu dienen, meine Qualifikationen zu testen. Es schien mir damals, und wenn unsere Zeitungen oder vielmehr die Zeitungsleser sich mehr für andere Dinge als Massaker, bemerkenswerte Selbstmorde und modische Skandale interessieren würden, so würde ich es mir auch heute noch so vorstellen, dass ein solcher Beruf ebenso nützlich wie profitabel sein sollte. Solange unsere Leute sich jedoch nicht mehr für einen wohlüberlegten Artikel aus London oder Berlin interessieren als für ein hastiges „Telegramm" aus Wilkesbarre über die Mobbing-Attacke eines Italieners, scheinen der Nutzen und der kommerzielle Wert der Bemühungen eines Auslandskorrespondenten nicht sehr offensichtlich. Jedenfalls kam die Zeit, als ich entschied, dass mein Auslands-„Zeug" nicht von der Art war, wie man sein Geld verdient, und ich den Traum, ein Autor in dieser Richtung zu werden, über Bord warf. Bis heute bedauere ich jedoch, dass sich zu der Zeit, als der Traum so präsent war, keine gute Stelle im Auswärtigen Dienst ergab.

Doch zurück zu Tolstoi und Jasnaja Poljana. Insgesamt war ich zehn Tage lang hier und habe Tolstoi und seine Familie praktisch jeden Tag gesehen. Selbst wenn ich nicht über Nacht im Haus blieb, verbrachte ich meine Zeit abwechselnd in Jasnaja Poljana und im Haus eines Nachbarn der Tolstoi. Wenn ich in Jasnaja Poljana war, schlief ich in der sogenannten Bibliothek des Grafen, die aber offensichtlich auch ein Schlafzimmer war. Im Haus des Nachbarn hatte ich ein Feldbett in der Scheune, in der auch zwei junge Russen, Freunde des Grafen, schliefen. Sie halfen Tolstoi bei der „Neubearbeitung" der Vier Evangelien und ließen in ihrer Ausgabe solche Verse weg, die Tolstoi verwirrend oder unwesentlich fand. Das Leben auf dem alten Anwesen in Jasnaja Poljana wurde von englischen und amerikanischen Besuchern so oft beschrieben, dass ich der bekannten Beschreibung des Anwesens und des Tagesablaufs nur sehr wenig hinzufügen kann. Das Haus sieht in vielerlei Hinsicht vernachlässigt und ungepflegt aus, aber die beiden verbliebenen Flügel des alten Herrenhauses sind geräumig und komfortabel. Zum Zeitpunkt meines Besuchs lebten acht der ursprünglich sechzehn Kinder im Alter von vierzehn bis dreißig und älter dort. Die Gräfin war die „Chefin" des Hauses, sowohl innerhalb als auch außerhalb. Was die Arbeit betraf, galt für den Tag , was sie am Morgen sagte. Sie hatte Assistenten und, glaube ich, einen Aufseher, die ihr halfen, aber sie war die letzte Autorität in Verwaltungsangelegenheiten. Der Graf schien keine aktive Rolle bei der Leitung der Angelegenheiten zu spielen. Er verbrachte seine Zeit mit Schreiben, Reiten, Spazierengehen und Besuchen der Gäste, von denen es eine beträchtliche Anzahl gab. Früher hat er vielleicht mit den Bauern auf den Feldern gearbeitet, aber im Juli 1896 beteiligte er sich nicht an ihrer Arbeit – zumindest habe ich ihn persönlich nicht bei der Arbeit unter ihnen gesehen. Seine zweite Tochter, Maria Lwowna, das einzige Kind, das damals versuchte, die Theorien ihres Vaters in die Praxis umzusetzen, war eine Feldarbeiterin von nicht geringer Bedeutung, zumindest für die Bauern, wenn nicht für ihre Mutter. Sie war ausgebildete Krankenschwester und zugleich die Ärztin des Viertels und hatte eine kleine Apotheke in dem verstreuten, schmutzigen Dorf vor den Toren des Pförtnerhauses. Ihrer Freundlichkeit war es zu verdanken, dass ich mich den Bauern auf dem Heufeld anschließen und sie in ihren schäbigen Hütten kennenlernen durfte. Obwohl es angenehmer war, sich mit den anderen Kindern auf dem Tennisplatz zu treffen, war die Erfahrung des Heuerntens auf jeden Fall gesund und in gewissem Maße lehrreich. Ich bemerkte jedoch, dass meine Anwesenheit bei den Bauern für beträchtliche Heiterkeit sorgte. Sie hatten sich an Maria Lwowna gewöhnt, ja, sie war unter ihnen aufgewachsen, während ich ein Fremder war, von dem sie nichts wussten außer dem Wenigen, das Maria ihnen erzählt hatte. Einige von ihnen hielten es zweifellos für sehr töricht von mir, das Heuernten dem Tennis und Erfrischungen vorzuziehen, während andere wahrscheinlich an der Ernsthaftigkeit meiner Absicht zweifelten – nämlich: mich mit ihren Verhältnissen vertraut zu machen und zu sehen, welche Wirkung Maria Lvovnas angeblicher Altruismus auf sie hatte. Ich kann auch gleich sagen, dass es mir zu keinem Zeitpunkt gelang, zufriedenstellend herauszufinden, was diese Wirkung war, falls sie überhaupt existierte. Dass sie auf den Feldern und in den Hütten eine sehr willkommene Gefährtin war, konnte kein Zweifel bestehen, aber lag das daran, dass die Bauern ihre Absichten richtig interpretierten oder an ihrem kommerziellen Wert für sie als freiwillige, unbezahlte Helferin? Maria selbst dachte, dass einige der Bauern ihre Position ebenso gut verstanden wie die Lehren ihres Vaters. Da ich nicht in der Lage war, mich privat mit den Bauern zu unterhalten, kann ich nicht sagen, ob sie getäuscht wurde oder nicht.

Einige Jahre zuvor hatte sie auch versucht, eine Dorfschule unabhängig vom Priester zu leiten, aber sie war schließlich gezwungen, dies aufgrund des Widerstands der Geistlichen aufzugeben. Als Ärztin und Krankenschwester des Ortes hatte sie jedoch reichlich Gelegenheit, den Bauern ihre Ansichten zu vermitteln und sie davon zu überzeugen, dass sie eher ihrem eigenen Gewissen folgen sollten als den Geboten des Klerus und den Befehlen des Militärs. Zum Zeitpunkt meines Besuchs hatte sie, glaube ich, die meisten Fortschritte bei den Männern gemacht, die in Russland zu allen Zeiten unfreiwillige Steuerzahler waren. Zu hören, dass die Priester und das Militär sich selbst versorgen sollten, ohne Hilfe der Bauern, war in der Tat ein schöner Klang. „Überlegen Sie, wie viel mehr Geld wir für Wodka haben können!", muss mancher Ivan geflüstert haben, als Maria sie ermahnte, keine Soldaten zu sein und ihre finanzielle Unterstützung der Kirche abzulehnen.

In einer Kabine, die wir gemeinsam besuchten, fielen Maria mehrere farbige Porträts der kaiserlichen Familie auf, die an der Wand hingen. Sie waren in Metallrahmen eingefasst.

„Wie kommt es", rief Maria aus, „dass ich heute Morgen so viele Kaiser sehe?"

Der große, stämmige Bauer sah sie verlegen an, murmelte dann, dass seine Frau schuld sei, nahm die Bilder in die Hand und warf sie in einen Schrank.

„Die Frau mag solche Sachen", erklärte der Mann. „Ich räume sie weg, aber sie holt sie wieder raus."

Maria glaubte, der Bauer meinte es ernst mit seinem Verzicht auf den Zarenkult , und vielleicht war das auch so. Ich glaube jedoch, dass er es wie viele andere Bauern auf dem Gut eher finanziell lukrativ als spirituell tröstlich fand, dass Maria ihn für einen ihrer Konvertiten hielt.

Nur zwei Tage vor unserem Besuch in dieser Hütte hatte er beispielsweise der Gräfin Holz gestohlen. Ich glaube, es war ein Baumstamm, „von dem er meinte, die Gräfin würde ihn nicht brauchen." Der Aufseher hatte den Diebstahl entdeckt, und der Bauer war oder sollte angezeigt werden.

„Aber Maria", sagte er, als er Maria bat, bei ihrer Mutter für ihn einzutreten, „sag der Gräfin, wie viel mehr ich hätte ertragen können. Nur so ein Baumstamm – das ist doch kein Verbrechen, oder?" Maria sagte ihm, sie würde tun, was sie könne, und wir ließen den Mann glücklich zurück, denn Marias Versprechen der Fürsprache schien ihm ebenso viel zu bedeuten wie die Vergebung der Gräfin. Von der Rückgabe des Baumstamms wurde nichts gesagt.

In diesem wie in vielen anderen Fällen wurde Maria zweifellos von den schlauen Bauern ausgenutzt – die Ninghik können in kleinen Dingen ungewöhnlich schlau sein –, aber auf meinen diesbezüglichen Verdacht antwortete sie: „Trotzdem. Wer könnte von solchen Leuten erwarten, dass sie in allem aufrichtig sind? Außerdem hat der Mann sein Vergehen eingestanden. Auf seine Art ist er ein guter Kerl. Er schlägt seine Frau selten und trinkt nicht zu viel. Ich glaube, dass man alles, was man kann, auf solchen guten Eigenschaften aufbauen sollte, wie er sie zeigt, und wenn ich für ihn eintritt, kann das meinen Einfluss zum Guten in seiner Familie vergrößern."

„Es könnte ihn auch in seinen Diebstählen bestärken", warf ich ein. „Er wird lernen, bei solchen Gelegenheiten mit freundlicher Einmischung Ihrerseits zu rechnen."

„Das kann sein, aber ich denke lieber, es ist nicht so", und damit war Marias Argumentation in dieser Angelegenheit beendet, wie dies auch bei vielen anderen Gesprächen der Fall war, die ich mit ihr, dem Grafen und den Nachbarn führte, die man seine „Schüler" nennen könnte.

Ihre Prinzipien und religiösen Überzeugungen wurden in allgemeinen Gesprächen nie erwähnt, es sei denn, sie wurden direkt danach gefragt. Sie zogen es vor, sie so gut wie möglich zu leben, anstatt darüber zu polemisieren. Nur bei zwei oder drei Gelegenheiten brachte Maria zum Beispiel Ideen vor, wie die Welt verbessert werden könnte, und dann auch nur, weil ich sie direkt danach gefragt hatte. Tag für Tag ging sie ihren ruhigen Weg, erntete Heu, pflegte, behandelte die Kinder und vergnügte sich, wenn sie Zeit hatte, auf dem Tennisplatz.

Ihre ältere Schwester Totjana war keineswegs so aktiv in ihrer Annahme der Lehren ihres Vaters. Tatsächlich war sie 1896 noch sehr unentschlossen. Eines Tages erzählte sie mir lachend, dass sie im Moment nur halb überzeugt sei; „vielleicht bin ich ganz überzeugt, wenn ich so alt bin wie mein Vater." Auf ihre Art schien sie genauso glücklich wie Maria; tatsächlich sahen alle Kinder das Leben von seiner helleren Seite, sogar einer der älteren Jungen, der Soldat war und viel Wert auf bunte Uniformen und verzierte Zigarettenetuis legte. Was die Gräfin wirklich über die ganze Sache dachte, habe ich nie herausgefunden. Wir hatten ein kurzes Gespräch über den Grafen und seine Arbeit, während dessen sie folgende Bemerkungen machte: „Sie werden hier viele Dinge hören, mit denen ich nicht einverstanden bin – ich glaube, es ist besser zu sein und zu tun, als zu predigen." Aus diesen Gefühlen schloss ich, dass der Tolstoiismus als Kult sie nicht gefangen genommen hatte. Dass sie viel von dem Grafen als Mann und Ehemann hielt, zeigte sich an ihrer fürsorglichen Betreuung ihm gegenüber.

Der Graf selbst war zwar sehr zugänglich, aber während meines Aufenthalts so mit den verschiedensten Dingen beschäftigt, dass wir nur zweimal ein einigermaßen befriedigendes Gespräch führen konnten. Und diese beiden Gelegenheiten konnte ich nur teilweise nutzen, weil ich ehrlich gesagt nicht wusste, worüber ich mit dem alten Herrn sprechen sollte – oder vielmehr, ich wollte ihn so viel fragen, wusste aber nicht, wie ich es so formulieren sollte, wie ich mir vorstellte, dass ein so großer Mann Fragen erwarten würde, dass die Zeit verging und ich kaum mehr getan hatte, als die Manieren des Mannes zu beobachten und zuzuhören, was er zu sagen hatte, ohne befragt zu werden. Wir sprachen Englisch und Deutsch, je nachdem, was gerade passte.

Wenn ich jetzt auf das Erlebnis zurückblicke und mich an die Bereitschaft des alten Herrn erinnere, über jedes Thema zu sprechen, bedauere ich außerordentlich, dass ich ihn nicht über literarische Zeitgenossen und Angelegenheiten ausgefragt habe. Die wichtigste Aussage, die mir jetzt in den Sinn kommt, betraf die Poesie und den Eindruck, den sie auf ihn machte. Wir saßen im Musikzimmer, und jemand hatte etwas über den relativen Wert von Prosa und Poesie als Ausdrucksmittel gesagt. Tolstoi bevorzugte Prosa.

„Die Poesie", sagte er und deutete auf den Parkettboden, „erinnert mich an einen Mann, der versucht, auf diesen Quadraten im Zickzack durch den Raum zu gehen. Sie windet und wendet sich in alle Richtungen, bevor sie irgendwo ankommt. Prosa hingegen ist direkt; sie geht direkt auf das Ziel zu."

Als er eines Nachmittags über Amerika und Amerikaner sprach, interessierte er sich sehr für William Dean Howells, Henry George und den verstorbenen Henry Demarest Lloyd. Er erzählte mir, dass es auf der Welt vier Männer gäbe, die er unbedingt zusammenbringen wolle; er glaubte, dass eine Konferenz zwischen ihnen viel Licht auf die Bedürfnisse der Welt werfen würde. Zwei dieser Männer waren, wenn ich mich recht erinnere, Mr. Howells und Mr. Lloyd.

Mir fällt nur ein streng theologischer oder vielmehr religiöser Gesprächsabschnitt ein. Wir gingen auf den Feldern spazieren, nachdem der Graf den Tag im Haus seines Freundes verbracht hatte, wo die Vier Evangelien überarbeitet wurden. Das Gespräch trieb ziemlich locker dahin, bis wir auf das Thema Wunder kamen – wir sprachen auch über Parabeln, bevor wir fertig waren.

Ich war etwas verwirrt, was mein Verständnis des Grafen anging, und sagte etwa Folgendes: „Und die Wunder, die Sie für so aufschlussreich halten?"

„Nein, nein, nein", erwiderte er, „alles andere als erhellend; sie sind verwirrend. Es sind die Parabeln, die ich so klar und lehrreich finde. Die Wunder müssen verschwinden, aber die Parabeln können wir unmöglich entbehren."

Der Graf fragte mich nie, was ich glaubte. Die Sache schien ihm ziemlich egal zu sein, und wenn ich an irgendetwas glaubte und mich dadurch glücklich fühlte, sah er jedenfalls keinen Sinn darin, im Gespräch darauf einzugehen.

Eines Mittags sagte er im Speisezimmer zu mir: „Ich sehe, Sie mögen Tabak." In seiner Bemerkung lag kein kritischer oder vorwurfsvoller Ton, er stellte lediglich eine Tatsache fest .

"Früher mochte ich es gern", fuhr er fort und sah auf den Boden, "und ich habe viel *davon verwendet* . Schließlich dachte ich, dass es mir schadet, und ließ davon ab." Andere Dinge, die er "abgegeben" hatte, Alkohol und Fleisch zum Beispiel, hatte er offenbar aus demselben einfachen Grund aufgegeben - sie waren schädlich für seine Gesundheit. Religion, Selbstverleugnung um der Selbstverleugnung willen, "ein gutes Beispiel geben" usw., diese Dinge schienen ihn nicht beeinflusst zu haben. Jedenfalls sprach er nicht davon, als er über seine Entsagungen sprach, und im Fall des Tabaks sagte er offen, dass es, wenn er wieder jung wäre, "zweifellos angenehm wäre, ihn wieder zu verwenden". Kurz gesagt, sein Vegetarismus und seine Selbstbedienung waren , soweit es alles betrifft, was er mir sagte, ebenso sehr auf hygienische Vorstellungen wie auf religiöse Skrupel zurückzuführen. Und doch erzählte mir eine sehr vertrauenswürdige Person, dass der alte Herr es sehr bedauert, dass das einfache Leben, wie er es sieht, nicht überall in seinem Haus vorherrschen kann. Bei Tisch beispielsweise hätte er es vorgezogen, wenn sich alle gegenseitig geholfen hätten und auf die weiß behandschuhten Diener der Gräfin verzichtet worden wäre. In seinem Privatleben schien er zu versuchen, so weit wie möglich sein eigener Diener zu sein.

KAPITEL XVIII

EINIGE ANEKDOTEN VON TOLSTOI

Ein gutes Beispiel für Tolstois Verantwortungslosigkeit auf dem Anwesen, oder was er darunter verstehen wollte, ist die Art und Weise, wie er mich einlud, eines Nachts bei ihm zu bleiben. Ich war mit den Jungen in einem etwa eine Viertelmeile vom Haus entfernten Schwimmbad schwimmen gegangen, und es wurde Zeit für mich zu entscheiden, ob ich bei Tolstois oder in der Scheune des Nachbarn schlafen sollte. Während wir uns abtrockneten und ankleideten, hörte ich eine Stimme im nahen Unterholz sagen: „Meester Fleent, meine Frau lädt Sie ein, die Nacht bei uns zu verbringen." Es war der Graf selbst, der den ganzen Weg zurückgelegt hatte, um mir zu sagen, dass seine *Frau ihm gesagt* hatte , *er* solle *mich* aufsuchen und *ihre* Einladung überbringen, nicht *seine* . Ich werde mich immer an sein Gesicht erinnern, wie es durch die Zweige erschien, und an den Laufburschenakzent in seiner Stimme und seinem Benehmen. Ich habe noch nie zuvor Größe in einer so bescheidenen Haltung gesehen. Einer der Freunde des Grafen sagte mir offen, dass diese Demut dem alten Herrn erhebliche Schwierigkeiten bereitet habe, sowohl beim Erwerb als auch bei der Ausübung. Wahrscheinlich werden wir viel mehr darüber erfahren, wenn das Tagebuch des Grafen veröffentlicht wird. So viel habe ich an Ort und Stelle erfahren: Tolstoi spürt die scheinbare Inkonsistenz seines Lebens sehr deutlich, die Tatsache, dass er seine altruistischen Vorstellungen nicht mit seinem täglichen Leben in Einklang bringen kann. Sein Kummer hat ihn ein- oder zweimal fast zum Feigling gemacht. Nachts, wenn niemand zusah, schlich er sich wie ein Landstreicher nach Moskau, um irgendwo er selbst zu sein. Aber jedes Mal, bevor er weit gekommen war, sagte eine Stimme zu ihm: „Ljow Nikolajewitsch, Sie haben Angst. Sie fürchten die Bemerkungen der Menge. Sie schrecken zurück, wenn Sie hören, dass Sie predigen, was Sie nicht praktizieren. Sie versuchen, vor all dem davonzulaufen, um sich wohl zu fühlen, ob es andere sind oder nicht."

„Denken Sie an Ihre Frau und Ihre Kinder, an das Heim, das Sie sich geschaffen haben. Ist es Ihr Recht, sich von all dem davonzuschleichen, nur um beständig zu wirken und zu klingen? Haben Sie gegenüber Ihrer Frau und Ihren Kindern keine Pflichten zu beachten? Glauben Sie, Sie könnten alles, was Sie für sie waren und was sie für Sie waren, aufgeben, nur um Ihre Eitelkeit zu befriedigen – Eitelkeit, Lyoff, und nichts weiter. Sie sind eitel, wenn Sie sich davonschleichen. Sie bestehen darauf, so zu erscheinen, wie Sie denken, dass Sie sind.

„Zurück, zurück, zurück! Denk an deine Frau und deine Kinder. Denk daran, dass du kein Recht hast, sie so denken und leben zu lassen, wie du es tun würdest. Denk daran, dass es feige ist, sich davonzuschleichen. Zurück, Ljow Nikolajewitsch!" Und zurück ist der alte Mann getrottet, um seine Bürde als Bürger auf sich zu nehmen.

Eines Nachts sprach er mit mir über meine Landstreicher. Er fragte mich, warum ich sie gemacht hatte, wie die Vagabunden lebten und warum ich nicht weiter unter ihnen lebte. Ich sagte ihm die Wahrheit. Er strich sich über den weißen Bart und sah verträumt auf das Schachbrett.

„Wenn ich jünger wäre", sagte er schließlich, „würde ich gern mit Ihnen hier in Russland eine Wandertour machen. Vor Jahren bin ich viel bei ihnen umhergewandert. Jetzt bin ich zu alt – zu alt", und er fuhr sich mit den Händen rheumatisch an seinen Beinen auf und ab.

Als ich Jasnaja Poljana verließ, fragte ich den Nachbarn des Grafen, in dessen Haus ich geschlafen hatte, ob ich während meiner Reise etwas für ihn oder den Grafen tun könne. Meine Eisenbahnkarte war noch für einige Wochen gültig, und mir kam der Gedanke, dass ich während meiner Wanderungen vielleicht etwas für Tolstoi erledigen könnte. Damals dachte ich nicht, dass mein Vorschlag ihn, mich oder sonst jemanden in Schwierigkeiten bringen könnte. Natürlich hatte mir Mr. Breckenridge, der amerikanische Gesandte in St. Petersburg, zusätzlich zu meinem Pass einen allgemeinen Brief „An alle Interessierten" gegeben, in dem er mich allen als echten amerikanischen Bürger und Gentleman empfahl und mir im Voraus die freundliche Unterstützung aller anbot, mit denen ich zusammenkommen könnte. Aber ich konnte überhaupt nicht erkennen, wie ich auf diesen Brief verzichten sollte, indem ich anbot, einen Dienst zu leisten, den der Graf oder vielmehr sein Nachbar von mir verlangte.

Als es Zeit zum Aufbruch war, überreichte mir der Nachbar einen großen versiegelten Umschlag mit Briefen, die ich, wenn möglich, einem gewissen Prinzen Chilkoff übergeben sollte, dem Neffen des damaligen Eisenbahnministers, der vorübergehend in eine ländliche Gemeinde in den baltischen Provinzen verbannt worden war, etwa 300 Kilometer von St. Petersburg entfernt. Ich wusste nichts über den Prinzen oder darüber, was er getan hatte, um die Machthaber zu beleidigen. Was die Briefe enthielten, war natürlich eine Privatangelegenheit, über die ich genug wusste, um nicht nachzufragen. Das Unterfangen hatte ein Versprechen, das mich anzog, und ich nahm den Auftrag bereitwillig an. Als ich in St. Petersburg ankam, besuchte ich Mr. Breckenridge und erwähnte beiläufig den Auftrag, den ich zu erledigen hatte. Ich sagte ihm, dass Chilkoff in dem Sinne verbannt worden sei, dass er innerhalb bestimmter Grenzen leben müsse, dass ich aber kaum glaube, dass er etwas sehr Ernstes getan habe, und fügte hinzu, dass sein Onkel einer der Staatsminister sei. Alles, was ich heute über die Straftat des jungen Chilkoff weiß, ist, dass ihm vorgeworfen wird, für sein eigenes Wohl zu eng mit den Donkhobors und anderen mehr oder weniger tabuisierten religiösen Sekten im Kaukasus verbunden gewesen zu sein.

Zunächst sah Mr. Breckenridge in meinem Auftrag nichts Ungewöhnliches und bot mir sehr freundlich an, mir offiziell dabei zu helfen, den Prinzen zu treffen, *d. h*. er schlug vor, wir sollten offen die Regierung um Erlaubnis bitten, zum Haus des Prinzen zu reisen. Dann erwähnte ich das geheime Briefpaket. Die Haltung des Ministers änderte sich. „Nehmen wir an, Sie essen heute Abend mit mir zu Abend", sagte er, „und wir werden diese Briefe besprechen." Ich tat dies, und das Ergebnis des Treffens war, dass das Briefpaket nach Jasnaja Poljana zurückbeordert wurde. Damals schien es eine ziemlich demütigende Reise zu sein, aber jetzt bin ich froh, dass ich mich nicht davor gedrückt habe. „Ich habe Sie der russischen Regierung und dem russischen Volk als Gentleman empfohlen", sagte der Minister, „sowohl in dem Brief, den ich Ihnen an den Finanzminister gab, als Sie den Korrespondentenpass erhielten, als auch in dem späteren Brief allgemeiner Natur . Wenn Sie geheime Missionen dieser Art übernehmen, kann die Regierung sich sehr leicht fragen, ob ich wusste, was einen Gentleman ausmacht, als ich Ihnen diese Briefe gab."

Ich musste in meinem Leben schon viele verschiedene Arten von Demütigungen durchmachen, und das Leben als Landstreicher hat mich in die innersten Winkel der Demütigung geführt, die niemand außer einem Landstreicher kennt; aber auf keiner Reise habe ich mich je so wertlos und klein gefühlt wie auf der Rückfahrt von St. Petersburg nach Tula, dem Bahnhof, an dem die Besucher von Jasnaja Poljana aussteigen. Ich hatte dem Nachbarn des Grafen per Telegramm meine Ankunft angekündigt und erwartete, dass er mich am Bahnhof abholen würde. Zu meiner Überraschung traf ich bei meiner Ankunft in Tula den alten Grafen persönlich an, der auf mich wartete.

„Ah! Meester Fleent", rief er aus, als ich aus dem Zug stieg und ihn begrüßte, „haben Sie mir Neuigkeiten von Prinz Chilkoff mitgebracht?"

Ich wünschte, ich könnte in diesem Moment unter der Plattform verschwinden, so erbärmlich gespannt war die Erwartung des Grafen. Es blieben nur wenige Augenblicke, und ich platzte unbeholfen mit der Wahrheit heraus und versuchte gleichzeitig zu erklären, wie leid es mir tat. Der Graf öffnete ruhig den Umschlag und warf einen Blick auf die Briefe.

„Ach, das wäre egal gewesen", sagte er, schüttelte ihm die Hand und ging nach Hause. Er schien weder verärgert noch verlegen zu sein. Ein Anflug von Müdigkeit trat in sein Gesicht – er war siebzehn Werst geritten – das war alles.

Einer seiner „Schüler" wagte einige Wochen später, als er sich auf diese Affäre und meine Verbindung damit bezog, die Behauptung, ich hätte in der Sache „gefrustet". Ich glaube kaum, dass der Graf so darüber dachte, was auch immer er sonst gedacht haben mag. Damals jedoch, als er auf seinem Pferd davonritt, die Briefe achtlos unter seiner Bluse verstaut, hätte ich viel darum gegeben, genau zu wissen, was in seinem Kopf vorging. Ich erinnere mich sehr genau an meine Gedanken – einen Entschluss, dass ich, was auch immer ich sonst in meinem Leben tat oder nicht tat, niemals einen offiziellen Brief annehmen würde, in dem steht, dass ich ein Gentleman sei, und dann etwas tun würde, was den Briefschreiber wahrscheinlich in Schwierigkeiten bringen würde. „Entweder lass die Finger von solchen Briefen", riet ich mir, „und lege selbst den Wert von Gentleman-Verhalten fest, oder du solltest wissen, was von dir erwartet wird, bevor du sie annimmst."

Tolstoi hat diese Episode zweifellos längst vergessen, ich aber werde sie nie vergessen. In gewisser Weise hinterließ sie einen üblen Nachgeschmack in meinem Mund und ich hatte das Gefühl, meine Erfahrung in Jasnaja Poljana verdorben zu haben. Ich bin jedoch über dieses Gefühl hinausgewachsen und denke heute oft an meinen Besuch beim Grafen und seiner Familie, wie damals, als ich mit dem zweirädrigen Karren nach Tula fuhr. Ich verglich mich damals mit einem Hund, der sozusagen „mit der Ware erwischt" wurde und mit eingezogenem Schwanz davonschlich, aber die „Ware" fest im Maul hielt. So schien mir etwas, ich weiß nicht was, es sei denn der süße Frieden und die Freundlichkeit des Grafen und seiner Umgebung, eine so verbotene Frucht meiner stürmischen Karriere, dass ich mich sehr ähnlich fühlte wie als Junge, als ich dabei erwischt wurde, wie ich in die Obstgärten anderer Leute eindrang. Es schien nicht richtig, dass jemand, der das durchgemacht hatte, was ich durchgemacht hatte, in eine solche Atmosphäre der Fröhlichkeit eintreten durfte. Trotzdem war ich froh, dass mir der Zutritt nicht verwehrt worden war, und fasste viele feierliche Vorsätze, um aus dieser Erfahrung Nutzen zu ziehen. Ob ich diese Vorsätze mit der gleichen Leidenschaft und Entschlossenheit eingehalten habe, die mich 1896 beseelte, möchte ich lieber nicht sagen. Aber eine Erinnerung ist mir heute noch so lebendig und lieb wie damals, als ich im Karren davonfuhr: der Graf und sein Wunsch, das Richtige zu tun. „Wenn es einen zum Fakir macht, so zu sein wie er", habe ich mich oft dabei ertappt, zu sagen, „dann lasst uns alle so schnell wie möglich Fakire sein." Unpraktisch, ja, in manchen Dingen; ein Visionär vielleicht; ein „literarischer" Reformer vielleicht auch. Aber mein einfaches Zeugnis über ihn und ihn ist, dass ich noch nie zehn Tage in einer sanfteren und angenehmeren Gegend verbracht habe als in denen, die ich in und um Jasnaja Poljana genossen habe.

KAPITEL XIX

ICH TREFFE GENERAL KUROPATKIN

Von Graf Tolstoi und Jasnaja Poljana bis General Kuropatkin und Zentralasien ist es ein weiter Weg, aber da es um Menschen und Dinge in Russland geht, kann ich hier genauso gut von meinem Besuch in Zentralasien im Herbst 1897 berichten wie anderswo. Wieder war das Motiv journalistischer Natur, und wieder war ich stolzer Besitzer eines Passes für alle russischen Staatsbahnen, allerdings nicht für die privaten Strecken wie im Jahr zuvor. Für diesen zweiten Pass habe ich Fürst Chilkoff, dem Eisenbahnminister, zu danken. Er hatte großes Interesse an meinen Reisen entwickelt, und als er erfuhr, dass ich Ausflüge in entlegene Teile Russlands plante, bot er mir freundlicherweise an, den Zaren zu bitten, mir drei Monate lang kostenlose Beförderung zu gewähren, „damit meine Untersuchungen erleichtert werden könnten". Als der Pass schließlich bei mir eintraf, stand darauf: „Mit kaiserlicher Erlaubnis". Ich war immer der Meinung, dass die Beschaffung des Passes mit übermäßig viel Bürokratie verbunden war, aber Fürst Chilkoff versicherte mir persönlich, dass er den Zaren offiziell darum bitten müsse, bevor er ihn ausstellen könne. Das stimmt, der arme Zar hat mehr zu tun, als einem Mann zufallen sollte, besonders in letzter Zeit. Er ist wirklich ein überarbeiteter Mann, wenn er sich um so unwichtige Dinge kümmern muss. Kein Wunder, wenn ihn irgendein Anarchist umbringt. Es gibt keinen Eisenbahnmanager in den Vereinigten Staaten, der all das tun könnte, woran der Zar angeblich seine Finger im Spiel hat, und gleichzeitig eine große Nation, eine Nationalkirche und die größte Armee der Welt leiten könnte. Folglich machte die kaiserliche Erlaubnis auf mich nicht den Eindruck, den sie gemacht hätte, wenn ich geglaubt hätte, der Zar hätte mehr getan, als mit dem Kopf zu nicken oder einen Strich mit der Feder zu machen, als Prinz Chilkoff um den Pass bat.

Ich hatte den Zaren im Jahr zuvor kurz nach seiner Krönung in Moskau gesehen. Anlass war die Rückkehr des Zaren nach St. Petersburg nach dem schrecklichen Unfall auf dem Tschodjuka-Feld in Moskau, wo Tausende von Männern, Frauen und Kindern im wilden Gerangel um die Krönungskrüge zu Tode gequetscht wurden. Damals deuteten düstere Gerüchte darauf hin, dass das Gerangel eine erzwungene Angelegenheit gewesen sei, dass bestimmte Beamte, die mit der Versorgung der Menge mit Krügen und Erfrischungen beauftragt waren, mit den Lieferanten dieser Dinge einen Deal abgeschlossen hätten, wonach eine viel geringere Menge als nötig bereitgestellt werden sollte, während das überschüssige Geld, das für eine ausreichende Versorgung ausgezahlt wurde, an die korrupten Beamten und Händler ging – dass das Gerangel, mit einem Wort, ein vorab vereinbarter Plan war, um ihre teuflischen Machenschaften zu vertuschen. In Russland gibt es so viele und willkürliche Anklagen wegen Bestechung und Korruption, dass man selten die Wahrheit herausfinden kann. Ob dieser besondere Deal nun echt war oder nicht, der Gesichtsausdruck des Zaren, als er nach seiner Rückkehr aus Moskau den Neffsky-Prospekt entlangritt, war düster genug, um fast jedes Gerücht glaubwürdig erscheinen zu lassen. Ich hatte ein Fenster zum Prospekt direkt gegenüber der Duma (Rathaus), wo der Zar und die Zarin bei solchen Gelegenheiten Brot und Salz von den Stadtvätern entgegennehmen. Ein guter Schuss hätte den Zaren in diesem Moment mit Leichtigkeit treffen können.

Einen müder, angewiderter und galliger wirkenden Monarchen als Nikolaus während des Newski-Ausritts habe ich nie gesehen. Nach der Zeremonie in der Duma wurden er und seine Frau in Richtung Winterpalast geführt, wobei sie sich träge nach rechts und links verbeugten. „Unbedeutend" war das Wort, das ich von den Leuten um mich herum an meinem Fenster hörte, und es beschreibt das Aussehen des Mannes und, fürchte ich, auch seine Bedeutung.

Im Jahr 1897 war General Kuropatkin der örtliche Zar von Russland-Zentralasien, der Soldat, der zum Zeitpunkt des Schreibens dieses Artikels seinen Ruf als Oberbefehlshaber in der Mandschurei begraben zu haben scheint. Zu der fraglichen Zeit galt er als einer der fähigsten und beliebtesten Generäle der russischen Armee. Er war auch oberster „Chef" in dem Bezirk, der unter seinem Kommando stand. Als der Besuch der Gruppe, der ich angehörte, fast zu Ende war und wir Zentralasien verlassen wollten, dachten zwei oder drei begeisterte Briten, es wäre lohnenswert, dem Zaren unseren Dank telegraphisch mitzuteilen. Kuropatkin wurde gefragt, ob ein solches Vorgehen ratsam sei. Ich war nicht anwesend, als ihm die Frage gestellt wurde, aber einer der Anwesenden erzählte mir, dass Kuropatkin geantwortet habe: „Was soll das ? Ich vertrete hier den Zaren und werde ihm Ihre Botschaft übermitteln." Das Telegramm wurde dennoch über die britische Botschaft abgeschickt und wie in solchen Fällen üblich, erfuhren wir schließlich, dass der Zar, bildlich gesprochen, die ganze Zeit damit verbracht hatte, darüber nachzudenken, wie er unseren Besuch in seinem Herrschaftsgebiet noch aufregender gestalten könnte.

Frances E. Willard. Tante mütterlicherseits von Josiah Flynt

Die Exkursion war die erste dieser Art, die jemals in Russlands zentralasiatische Besitzungen erlaubt wurde. Eigentlich war es ein kommerzielles Unterfangen eines Londoner Reisebüros, aber weil es in der zentralasiatischen Geschichte einzigartig war und auch wegen Kuropatkins Gastfreundschaft, erhielt es eine soziale wie politische Bedeutung, die solche Unternehmungen normalerweise nicht begleiten. Das Reisebüro hatte im letzten Moment etwa dreißig Briten zusammengebracht, zwei einsame Amerikaner, eine Südstaatlerin aus South Carolina, die, als sie Samarkand erreichte und erfuhr, dass sie fast direkt gegenüber von Charleston, South Carolina (auf der anderen Seite der Welt) lag, fröhlich sagte: „Wie lieb!" – und mich. Das britische Außenministerium wurde gebeten, sich an das russische Außenministerium zu wenden, um uns in das verbotene Land zu lassen – verboten in dem Sinne, dass man einen Sonderpass des russischen Kriegsministeriums benötigte, bevor man das Kaspische Meer überqueren durfte. Zumindest war das die Geschichte, die man sich damals erzählte, und die Engländer glaubten sie gern, weil die Russen ihre südliche Grenze so liebevoll in Richtung Afghanistan und Indien verschoben hatten. Sie schienen zu glauben, dass die Russen Angst hatten, sie sehen zu lassen, was sie (die Russen) auf ihrer Seite des afghanischen Zauns taten. Das russische Kriegsministerium kontaktierte Kuropatkin in Askabad und fragte ihn, ob er Angst habe, die Briten sehen zu lassen, wie es auf der russischen Seite vorangehe. Kuropatkin antwortete: „Lasst sie hereinkommen."

Ich schloss mich der Gruppe in Tiflis an, die das Schwarze Meer von Sewastopol nach Batum überquerte . Auf dem Dampfer befanden sich zwei der Briten. Eines Abends saßen wir alle im Raucherzimmer. Die Briten sprachen ihr Englisch mit all seinen Akzenten, und ich konnte nicht anders, als einigen davon zuzuhören, versuchte jedoch, nichts dagegen zu haben, dass sie es nach dem Motto „Uns gehört die Welt" sprachen. Einer der Briten war überzeugt, ich sei ein russischer Spion. Mehrmals sah er mich an, als hätte ich kein Recht auf ein Schiff, das ihn beförderte. Er machte auch gegenüber seinem Freund blasphemische Bemerkungen über mich. Später erfuhr ich, dass er *den Londoner Standard vertrat* . Er schrieb mehrere Briefe über die Reise an seine Zeitung und versuchte einmal sogar, eine Meldung über ein Interview zu schicken, das die Zeitungskorrespondenten mit Kuropatkin in Askabad geführt hatten. Später wurde mir gesagt, dass nur wenige seiner Artikel jemals ihr Ziel erreichten. Ich habe selten einen Menschen getroffen, der so in die Welt des Misstrauens versunken war.

Kuropatkin empfing uns in Askabad, der russischen Verwaltungsstadt. Wie er während des Russisch-Japanischen Krieges aussah und sich benahm, weiß ich nicht, aber in Askabad sah er in jeder Hinsicht wie ein *gerissener Soldat aus*. *Ich sage mit Bedacht gerissen* . Er hatte die Augen eines Detektivs, die Zurückhaltung eines Detektivchefs und den Körperbau eines Mannes, der viel mehr Bestrafung ertragen konnte, als seine Uniform ihm erlaubte. Seit dem Japanischen Krieg wird er als Dieb bezeichnet – oder als Betrüger, wenn das euphemistischer wäre. Bestimmte Personen behaupten, er habe durch den Krieg fünf Millionen Rubel gewonnen. Was bestimmte Personen in Russland und, leider, auch außerhalb Russlands sagen, was viele der Depeschen an amerikanische Zeitungen betrifft, ist in Wirklichkeit nichts als Klatsch. Glücklicherweise wissen die Russen, was Klatsch ist, und lassen ihn einfach rübersickern. Unglücklicherweise für die Leser amerikanischer Zeitungen bemühen sich bestimmte Korrespondenten nicht im Geringsten, zwischen Klatsch und Tatsachen zu unterscheiden.

Unsere Gruppe verbrachte insgesamt siebzehn Tage in Kuropatkins Zuständigkeitsbereich, der offiziell Transkaspischen Region genannt wird. Wir wohnten in einem Sonderzug und machten an den verschiedenen interessanten Orten je nach Bedarf ein paar Stunden oder über Nacht Halt. Der Zug stand unter dem „Kommando" eines Obersts. Die diplomatische Seite der Reise wurde von einem Vertreter des Außenministeriums übernommen, der Kuropatkins Stab unterstellt war.

Transkaspisches Meer ist dank zahlreicher Reisender und Schriftsteller, unter ihnen unser Landsmann und Kriegsberichterstatter MacGahan, nicht mehr das *Terra incognito* , das es vor vierzig bis fünfzig Jahren war. Daher ist es mir, einem bloßen Überflieger, nicht vergönnt, hier mehr zu versuchen als die Feststellung, dass unsere Gruppe von Krasnovodsk nach Samarkand und zurück reiste und Orte wie Geok-tepe, Merv, Buchara und den Fluss Oxus sah. Geok-tepe bestand 1897 hauptsächlich aus den Überresten, die Skobeleff und Kuropatkin zurückließen, nachdem ihre Truppen etwa zwanzigtausend Turkmenen – Männer, Frauen und Kinder – abgeschlachtet hatten. Die Belagerung der Festung dauerte einen ganzen Monat, obwohl die Turkmenen mit Verteidigungsmaßnahmen gerechnet hatten. Bevor der russische Feldzug gegen sie zu Ende war, musste Skobeleff die heutige Transkaspische Eisenbahn bauen, um mit seiner Versorgungsbasis in Verbindung zu bleiben. Kuropatkin war sein Stabschef. Sie zogen in den Krieg gegen die Eingeborenen mit der Vorstellung, dass eine endlose Tracht Prügel unerlässlich sei, um den Turkmenen beizubringen, sich zu unterwerfen. Das Gemetzel bei Geok-tepe erwies sich als sehr lehrreich, denn die heutigen Turkmenen sind ein dummes Volk – zumindest gefügig, solange die Russen sie weiterhin beeindrucken können. Skobeleff ist seit langem tot, und Kuropatkin, der andere „Schlächter“, wie er genannt wurde, steht unter einem dunklen Schatten.

Ich hatte mehrere flüchtige Begegnungen mit diesem Soldaten und unterhielt mich mit ihm. Die vielleicht interessanteste Begegnung fand in Askabad während eines Gottesdienstes im Freien am Georgstag statt. Die Männer unserer Gruppe mussten frühmorgens im Galaanzug zu diesem Gottesdienst erscheinen. Der Gottesdienst wurde von den üblichen griechisch-orthodoxen Utensilien begleitet und war für diejenigen interessant, die noch nie zuvor bei einer solchen Gelegenheit dabei gewesen waren. Was mich interessierte, war der kleine, stämmige General, der barhäuptig auf einem Teppich neben den amtierenden Priestern stand. Eine volle Stunde lang stand er in „Achtung“, ohne dass sich ein Muskel seines Körpers bewegte, soweit ich sehen konnte. Ich war damals überzeugt (und habe diese Überzeugung nie geändert), dass er über ein bemerkenswertes Maß an Beharrlichkeit verfügte – eine Tatsache, die durch seine Beharrlichkeit bei den mandschurischen Exerzitien noch verstärkt wurde.

Das interessanteste Interview, das ich mit Kuropatkin hatte, fand eines Morgens statt, als die drei Korrespondenten, mich eingeschlossen, ins Regierungsgebäude in Askabad gerufen und offiziell empfangen wurden. Kuropatkin saß hinter einem großen Schreibtisch, der mit Broschüren und offiziellen Papieren bedeckt war. Wir Korrespondenten bekamen drei Stühle vor dem Schreibtisch. Der Dolmetscher (Kuropatkin sprach weder Englisch noch Deutsch) stand zu unserer Linken.

"Und ich möchte, dass Sie wissen", fuhr Kuropatkin fort, nachdem er uns etwas über die russische Besetzung Transkaspiens informiert hatte, "dass unsere Absichten hier ausgesprochen friedlich sind. Wir haben genug Land.

Unser Wunsch ist es, die Besitztümer, die wir jetzt besitzen, zu verbessern. Sie können unbewaffnet durch ganz Russisch-Zentralasien ziehen." Ich dachte an Geok-tepe. Zweifellos glaubte Kuropatkin, dass dieses Gemetzel die Eingeborenen für alle Zeiten eingeschüchtert hatte.

„Unser Wunsch ist wirtschaftlicher Frieden und Wohlstand."

Dies war das Fazit seiner Worte, die uns der Dolmetscher übersetzte. Sagte er die Wahrheit oder nicht? Es war kein Korrespondent anwesend, der diese Frage hätte beantworten können.

Ich hatte den Eindruck, dass der Mann versuchte, uns eine offizielle Version der angeblichen Wahrheit zu geben, und dass er stolz darauf war, was er als Verwaltungsbeamter erreicht hatte, nachdem er seine Fähigkeiten als Menschenschlächter unter Beweis gestellt hatte . Ich habe seitdem oft gedacht, dass Kuropatkin die Aufgabe sehr gut erledigen könnte, wenn die Philippinen schnell *à la Russe* behandelt werden müssten .

Als einfacher Mensch ohne seine großen Titel mochte ich ihn und mochte ihn zugleich.

Ich fragte ihn, ob er sich an MacGahan, den amerikanischen Korrespondenten, erinnere. Er sah mich scharf an, immer mehr oder weniger so, als würde er noch immer dieser Predigt zum Georgstag lauschen, und sagte: „Es freut mich, diesen Namen erwähnt zu hören. Ich kannte ihn gut."

Ich bat den Dolmetscher, ihn zu fragen, ob ihm nicht eine oder zwei Anekdoten über MacGahan einfallen würden, die ich meiner Zeitung schicken könnte. Mir wurde klar, dass ich eine traurige Aufgabe vor mir hatte, wenn ich über das weit entfernte Transkaspische Meer schreiben würde – für die meisten Amerikaner wirklich *Terra incognito* –, es sei denn, Amerika könnte irgendwie in die Geschichte hineingezogen werden. Aber Kuropatkin war nicht in der Stimmung für Anekdoten. „Als MacGahan und ich zusammen waren", sagte er, „gab es zu viele andere Dinge, an die ich denken und die ich in Erinnerung behalten musste."

Dies ist das Ergebnis meiner Unterhaltung mit Kuropatkin. Hätte nicht etwas an dem Mann und seiner Umgebung meine Vorstellungskraft beflügelt, wäre dieser kurze Bericht hier nicht erschienen. Während meiner Reise durch Transkaspien musste ich an Dschingis Khan und Tamerlan denken. In Merv wurde uns erzählt, dass Dschingis dort einst eine Million Menschen abgeschlachtet hatte. In Samarkand zeigte man uns Tamerlans Grab. Als moderner Vertreter von Macht und Gewalt schien Kuropatkin eine verbesserte Ausgabe von Dschingis und Tamerlan zu sein. Was auch immer er sonst tat oder nicht tat, er versuchte eindeutig, mit der Zivilisation zu experimentieren, bevor er zum Schwert griff. Seine Schulen, Eisenbahnen und landwirtschaftlichen Experimente waren allesamt ein Hinweis auf seine konstruktiven Fähigkeiten. Wegen dieser Seite seines Charakters mochte ich ihn.

Seine Karriere als Metzger gefiel mir nicht, und sein hartes Gesicht gefiel mir nicht. Trotzdem hatte sein Abschiedsgruß „Bonne Chance" etwas so Kameradschaftliches und Soldatenhaftes an sich, dass ich mehr an ihm mochte als ihn beschimpfte. Was die angeblichen fünf Millionen Rubel angeht, die er in der Mandschurei „gepfropft" haben soll, kann ich nur sagen, dass er mir nicht wie ein Dieb vorkam.

KAPITEL XX

IN SANKT PETERSBURG

Eine Razzia der Polizei, an der ich in St. Petersburg teilnahm, ist mir in Erinnerung geblieben, auch wenn sie nicht direkt mit einem Tramp-Erlebnis dort zusammenhing und schließlich meinem Interesse an Tramp-Unterkünften geschuldet war. Während meiner Ermittlungen erkundete ich die Unterkünfte der örtlichen Vagabunden ziemlich genau und besuchte unter anderem das berüchtigte Dom Viazewsky, das schlimmste Elendsviertel dieser Art, das ich jemals gesehen habe. In einer Winternacht im Jahr 1896 (die Bedingungen haben sich nicht geändert, wie man mir erzählte) schliefen 10.400 Männer, Frauen und Kinder in fünf zweistöckigen Gebäuden auf einem Platz von der Größe eines Baseballfeldes. Nur hundert Schritte entfernt liegt der Anitchkoff-Palast. Die Insassen des Dom Viazewsky sind der Abschaum der Stadtbevölkerung, krank, kriminell und aufsässig.

Einmal wurde eine Frau, die der Heilsarmee angehörte, mitten in der Nacht von einem Polizeisergeant und einigen Streifenpolizisten empfangen, als sie gerade das verfallenste Gebäude verließ. Sie war dort als Missionarin tätig.

„Mein Gott!", rief der Sergeant, als er sie unbeaufsichtigt sah. „Sind Sie hier allein?"

„Oh nein, nicht allein, Herr Wachtmeister", antwortete die unerschrockene kleine Frau. „Gott ist mit mir."

„Hm", grunzte der Beamte. „Für eine große Summe würde ich hier nicht allein mit Gott herkommen."

Die Razzia, der ich beiwohnte, fand in einem kleineren Logierhaus unweit des Alexander-Newski-Klosters statt. Ich fürchte, sie wurde in gewisser Weise zu meinem Vorteil inszeniert, und später bedauerte ich das alles sehr. Der damalige Chef der Kriminalpolizei war ein netter alter Herr namens Scheremaityfbsky. Ich sagte ihm, dass es mich interessieren würde, zu sehen, wie seine Männer „arbeiteten", und er stellte mich einem kräftigen Kerl vor – ich habe seinen Namen vergessen –, der mir freundlicherweise anbot, mir zu zeigen, wie ein verdächtiger Ort überfallen wurde.

Wir versammelten uns alle zuerst gegen neun Uhr abends im Revier, das dem Ort der Razzia am nächsten lag. Ein schottischer Freund begleitete mich. Hier waren die sogenannten Detektive oder Polizisten in Zivilkleidung. Eine Gruppe uniformierter Streifenpolizisten war bereits vorausgeschickt worden, um das Logierhaus zu umzingeln und jegliches Aufbrechen zu verhindern.

Schon bald folgten wir ihnen in einer Reihe, und ich konnte Passanten auf dem Bürgersteig flüstern hören: „Polizei! Polizei!" Die Art, wie sie das Wort verwendeten und stehen blieben, um uns anzustarren, hätte einem Fremden den Eindruck vermittelt, wir seien auf einer bedeutsamen Mission, die die Verhaftung der gesamten Stadt beinhalten könnte. Als wir das Logierhaus erreichten, schlossen wir die Tore hinter uns und versammelten uns in einem unteren Korridor, wo alle Leute Kerzen erhielten. Die Streifenpolizisten draußen verboten sowohl das Betreten als auch das Entkommen.

Unbeholfen, das Talg der Kerzen tropfte auf unsere Hände, stiegen wir die schmuddelige Treppe zum Männerquartier hinauf. In der Mitte des Raumes brannte eine düstere Lampe, die ein unheimliches Licht auf die aufgewachten Untermieter warf. Welch ein Sammelsurium an Menschen war dieser übelriechende Raum! Alte Männer, die kaum in der Lage waren, aus ihren Betten zu klettern; grobe Raufbolde mittleren Alters, die im Moment eingeschüchtert waren, aber offensichtlich voller Rachsucht und Verbrechen steckten; junge Leute, die gerade das Stadtleben begannen und vor Angst vor dem unangekündigten Besuch zitterten – noch nie zuvor hatte ich so elend verheddert menschliche Körper und Lumpen gesehen.

Die Vorgehensweise bei der Razzia war recht einfach. Jeder Insasse musste seinen Pass vorzeigen. Wenn dieser in Ordnung war, war alles in Ordnung; er konnte wieder schlafen gehen. Aber wenn seine Papiere nicht in Ordnung waren oder, noch schlimmer, wenn er überhaupt keine hatte, ging er nach unten zu den anderen, die von den Polizisten bewacht wurden. Das Schlimmste, was in dieser Nacht gefunden wurde, waren wohl einige versteckte Bauern, die aus ihren Dörfern geflohen waren und in der Stadt herumlungerten und bettelten. Ein armer alter Mann hielt mich für einen Offizier. Ich ging zwischen den Betten umher und hielt meine Kerze hoch, damit ich die Gesichter der Untermieter sehen konnte. Der alte Mann – er musste achtzig sein – hielt mir einen fettigen Fetzen Papier hin, zweifellos seinen Pass, und versuchte mir zu erzählen, wie wenig Unrecht er in der Welt getan hatte. In seinen verblassten, alten Augen lag ein flehender Blick, wie in denen eines Bastards, der gern um Gnade betteln würde. Ich war froh zu erfahren, dass seine Papiere in Ordnung waren.

Später wurde auch die Frauenstation inspiziert. Hier befanden sich praktisch dieselben Bündel aus Menschenfleisch und Lumpen. Wie die Männer mussten sich auch die Frauen ausweisen oder zum Polizeirevier gehen. Ein junges Bauernmädchen verlor den Kopf, oder vielleicht konnte sie nicht lesen. Sie überreichte dem Detektiv ziemlich selbstbewusst ihren Pass, aber als er sie nach ihrem Namen fragte, gab sie einen anderen an als den auf dem Pass.

„Gehen Sie unter Deck, Sie kleine Ignorantin", befahl der Offizier, und sie ging unter Deck, wobei sie sich offensichtlich wunderte, warum nicht alle Namen gleich waren – zumindest, wenn es um die Identifizierung ging.

Nach der Inspektion kehrten wir in den Raum unten zurück, um den „Fang" zu zählen. Über zwanzig waren ins Netz gezogen worden. Sie wurden draußen zwischen zwei Reihen Polizisten aufgestellt, die Kerzen wurden ausgelöscht und der Inspektor gab den Befehl zum Marsch. Das unheimliche, düstere Bild, das sie im Dunkeln abgaben, als sie in ihren Lumpen vorwärts stapften, möchte ich nicht noch einmal sehen. Es schien mir damals und es scheint mir auch heute, dass diese Szene die traurige, traurige Wahrheit über Russland widerspiegelte.

„Eine Nation auf Wanderschaft", murmelte ich, als mein Freund und ich allein den Newski entlanggingen.

Eine tatsächliche Verhaftung ist vielleicht das aufregendste Abenteuer, das ich über meine Zeit als Landstreicher in Russland zu erzählen habe. Eigentlich hätte es nie zu einer Verhaftung kommen dürfen, aber was zählen Rechte in Russland? So kam es dazu.

General Kleigels, damals (1897) Präfekt von St. Petersburg, hatte mir einen allgemeinen Brief an die Polizei dieser Stadt gegeben, der ungefähr so lautete: „Der Überbringer ist Josiah Flynt, ein amerikanischer Staatsbürger. Er ist hier in St. Petersburg, um die örtlichen Verhältnisse zu studieren. Unter keinen Umständen darf er wegen vagabundierenden Verhaltens verhaftet werden." Das Wort „vagabundisch" war das nächstliegende englische Äquivalent, das meine Freunde für das verwendete russische Wort finden konnten; es wurde vom General selbst unterstrichen. Ein in Russland lebender Amerikaner sagte mir, dass ich mit einem solchen Brief in meinem Besitz beinahe ungestraft einen Mord begehen könnte, aber es gelang mir, wegen eines viel weniger schwerwiegenden Vergehens verhaftet zu werden.

Das eigentliche Herumwandern in der Stadt war vorbei, und ich war wieder in meinem eigenen Quartier, sauber und anständig. Eines Nachts machten wir drei, ein Engländer, ich und ein anderer Amerikaner, uns auf, um die Stadt auf herkömmliche Weise zu erkunden. Meine Erfahrungen als Herumwanderer hatten mir nicht viel über das örtliche Nachtleben verraten, und ich nutzte mutig die Gelegenheit, die mir die Einladung des Amerikaners bot, um die Stadt so zu sehen, wie er sie kannte. Am Ende gab es nicht viel zu sehen, was ich mir nicht schon oft in anderen Städten angesehen hatte, aber bevor das Ende kam, gab es noch ein kleines Abenteuer, das sich als sehr amüsant erwies. Während unseres gemeinsamen Spaziergangs wurde der Engländer, ein kleiner kleiner Kerl, der sich gerade einen neuen Topfhut gekauft hatte und das jeder wissen lassen wollte, von uns getrennt. Wir suchten die Straße hoch und runter, wo wir ihn übersehen hatten, aber er war nicht zu finden. Wir wollten gerade zur Polizeistation gehen und Alarm schlagen, als wir an einer ziemlich dunklen Treppe vorbeikamen und niemand anders als der Brite mit eingeschlagenem Hut und blutendem Gesicht heruntergeschossen kam.

„Sehen Sie sich mal meinen neuen Lincoln und Bennett an, ja?", knurrte er, als er die Straße erreichte. „Sechzehn Schilling sind zum Teufel gegangen!"

Wir fragten ihn, worum es bei dem Streit ging. Er wusste es nicht. Er erinnerte sich nur daran, dass er die Treppe hinaufgegangen war und an der Tür höflich empfangen worden war. „Ich ging ins Wohnzimmer", sagte er, „rief nach Getränken und setzte mich. Nach einer Weile dachte ich, es wäre lustig, meinen Regenschirm aufzuspannen und ihn über meinen Kopf zu halten. Ich schätze, das Licht muss mich geblendet haben. Im nächsten Moment schoss ich die Treppe hinunter. Die sind hier verdammt schnell mit ihrem Rausschmeißer, nicht wahr ? "

Der Amerikaner sprach gut Russisch und stand auch bei der Polizei seines Bezirks gut da. Er war entschlossen, dass der Besitzer des Hauses Rechenschaft ablegen sollte. Während er und der Engländer die Treppe hinaufgingen, blieb ich gemäß der Vereinbarung unten auf der Straße und rief laut nach einem *Gvardowoi* (Polizisten). Zwei *Dvorniks* (Torwächter, aber auch Polizisten) kamen angerannt und baten den *Gospoden unterwürfig* , ihnen zu sagen, was los sei. Ich vergaß ihre Polizeigewalt und stieß einen von ihnen beiseite, wobei ich erklärte, dass ich einen Streifenpolizisten und keinen Hausportier wollte. General Kleigels selbst hätte sich über meine Indiskretion nicht hitzköpfiger ärgern können. Die *Dvorniks* griffen sofort nach mir, aber ich rannte die Stufen hinauf, um unter den schützenden Flügel des Amerikaners zu gelangen. Die *Dvorniks* folgten mir, und es kam zu einer langen, hitzigen Diskussion, aber am Ende musste ich zur Polizeiwache, wo ich mich absolut weigerte, ein einziges Wort zu sagen. Der Beamte durchsuchte mich und fand in einer meiner Manteltaschen die Karte des kleinen Engländers. Er rieb sie an meiner Nase und sagte: „ *Vasch? Vasch?* " (Ihre? Ihre?), aber ich hielt meine Zunge und mein Temperament im Zaum. Der Mann schaute nie in meine Gesäßtaschen. In einer davon hatte ich ein gut gefülltes Kartenetui, und in der anderen trug ich vielleicht einen Revolver.

Er schien nicht zu wissen, dass es Gesäßtaschen gab. Ziemlich bald gesellten sich meine Gefährten zu mir, und es kam zu einer langen Unterredung zwischen meinem Landsmann und dem Offizier. Schließlich wurden mir meine Wertsachen zurückgegeben, und ich wurde in die Obhut meines Freundes entlassen, bis ich General Kleigels' Brief vorlegen konnte. Dies tat ich noch am selben Tag gegen drei Uhr. Es war deutlich auf dem Gesicht des Offiziers zu lesen, dass das Dokument ihm zu denken gab. Es war wahrscheinlich das erste dieser Art, das er je in der Hand hatte oder das

General Kleigels je herausgegeben hatte. Aber er hatte mich beleidigt und wusste es, und er schlussfolgerte offenbar, dass es nichts nützen würde, wenn ich ihm Ärger machen wollte, wenn ich viel Aufhebens um mich oder meinen Brief machte. Nachdem er also Datum und Nummer des Briefes notiert hatte, gab er ihn mir zurück und erklärte mich für frei, wohin ich gehen wollte. Aus irgendeinem seltsamen Grund schüttelte ich ihm die Hand, und ich werde nie vergessen, wie merkwürdig er mich ansah und wie er zwei Finger in seiner Handfläche verschränkte, als er meine nahm. Falls dies als geheimes Zeichen oder Signal gedacht war, habe ich es nicht verstanden.

Der Ausgang dieser kleinen Affäre mit der Polizei war amüsanter als die Verhaftung. Nicht lange danach unternahm ich in Begleitung des amerikanischen Ministers und eines schottischen Freundes einen Angel- und Campingausflug nach Nordfinnland. Während wir im Lager waren, erhielt ich die Nachricht, dass ich in St. Petersburg wegen einer Straftat gesucht werde, dass es aber „keinen Grund zur Sorge" gebe. Ich reiste gemächlich mit unserer Gruppe bis zum Polarkreis und dann zurück nach St. Petersburg, wo ich mich sofort bei meinem Hausportier nach der Vorladung oder Anklage erkundigte. Der Portier lachte. „Es war nichts, Sir, nichts", versicherte er mir. „Eine Woche später kam die Anklage und in der nächsten Woche die Bekanntgabe Ihres Freispruchs. Es war eine sehr einfache Angelegenheit."

Ich war mir sicher, dass es sich bei beiden Verfahren um nichts Ernsteres handeln konnte als um die Schlägerei mit den *Dvorniks* in der Nacht meiner Verhaftung, und ich beschloss, herauszufinden, was mit meinen beiden Freunden passiert war, wenn überhaupt etwas. Den Amerikaner fand ich in seiner *Datscha* auf einer der Inseln.

„Haben Sie eine Mitteilung über Ihre Anklageerhebung wegen einer Straftat erhalten?", fragte ich ihn.

„Ja", sagte er, „mein Verbrechen war das Pfeifen auf einer Polizeiwache."

Es scheint, dass der verantwortliche Offizier, der sich an einem von uns rächen wollte, den einheimischen Amerikaner auswählte, weil er es für das Beste hielt, keine Anklage gegen mich zu erheben, und er den kleinen Engländer nicht finden konnte. Der Amerikaner hatte unabsichtlich und nur als Ausruf gepfiffen. Ich erinnerte mich an den Vorfall. In der schicksalsträchtigen Nacht, als er den Offizier um meine Freilassung bat, machte dieser mehrere erstaunliche Aussagen, und bei einer davon konnte mein Freund einen leisen Pfiff des Erstaunens nicht unterdrücken. Ich fragte ihn, wie er mit dem Fall davongekommen sei.

„Verlierer", sagte er. „Ich habe die Sache einem Anwalt übergeben, und er hat alles so vermasselt, dass ich eine Geldstrafe von 25 Rubeln zahlen musste. Wie sind Sie dabei zurechtgekommen?"

Ich erzählte ihm von meinem Freispruch. „Da ist Russland für Sie", erklärte er. „Sie sind im Grunde ein technischer Schurke und kommen frei. Ich, der arme Samariter, werde bestraft. Das ist ungefähr so viel Sinn und Verstand, wie sie in diesem Land bei allem an den Tag legen, was sie tun."

„Und der kleine Engländer", fragte ich, „der eigentlich den ganzen Ärger verursacht hat – wo ist er?"

„Das letzte, was ich von ihm gehört habe, war, dass er auf einer der Pazifikinseln war und sich dort sehr amüsierte."

Auf diese Weise verbrachte ich einige meiner Studientage in Europa. Dass ich während dieser unkonventionellen Erfahrungen etwas über Europa und seine Menschen lernte, was ich nie hätte lernen können, wenn ich meine ganze Zeit in Bibliotheken und Hörsälen verbracht hätte, scheint mir unbestreitbar wahr. Einige meiner Wanderungen waren in aller Wahrheit eine Unterwerfung meinerseits unter die alles fordernde Leidenschaft des Wanderns. Da sie jedoch im Zusammenhang mit meinem Universitätsstudium standen, das meinen Geist ernsthafter machte, glaube ich, dass sie mir mehr nützten als schadeten. Ich lernte während dieser Reisen England, Deutschland und Russland kennen. Es war auch gut für mich, ab und zu in den Dschungel der Vagabundenviertel Europas losgelassen zu werden und dann *der Wanderlust* , die mein Temperament noch übrig ließ, freien Lauf zu lassen.

Die politische Ökonomie als unmittelbareres Forschungsgebiet wurde zeitweise vernachlässigt. Den Professoren Schmoller und Wagner wurde nicht so aufmerksam zugehört, wie sie es verdient hätten. Die deutsche Universitätsidee von ernsthafter Arbeit wurde häufig missachtet. Vielleicht ist es außerdem fair zu sagen, dass ich, indem ich meine vagabundierenden Erkundungen in Europa fortsetzte, wie ich es zeitweise tat, dazu beitrug, Wandergewohnheiten aufrechtzuerhalten. Ich kann hier nun feierlich erklären, dass die echten Wandergewohnheiten früherer Tage – Wandergewohnheiten in dem Sinne, dass ich jederzeit bereit war, wenn *die Ferne* rief, meinen Hut aufzusetzen und ihr nachzujagen – während des europäischen Vagabundenlebens völlig abgestorben sind. Ich bin fest davon überzeugt, dass es sich für jemanden auszahlt, der Europa auf unterirdische Weise kennenlernen möchte, Wanderreisen wie ich zu unternehmen und vor seiner Abreise die Millionen von Auswanderern kennenzulernen, die aus Europa zu uns kommen. Obwohl meine Volkswirtschaftslehre auf vielen Reisen vernachlässigt wurde und viele Bücher in Vergessenheit gerieten, bin ich mir nicht sicher, ob ich mein Europa-Studium, wenn nicht meine

Volkswirtschaftslehre und andere Bücher, nicht besser gelesen habe, als ich es in schriftlicher Form hätte tun können.

Natürlich habe ich meine Wanderreisen und -erlebnisse in Europa für Zeitungskorrespondenz, Zeitschriftenartikel und nebenbei für die Vorbereitung eines so umfassenden Buches genutzt, wie ich es mir über das Leben als Wanderer im Allgemeinen vorstellte. In dieser Hinsicht können diese Wanderungen wiederum als nützlich bezeichnet werden, da sie dazu beigetragen haben, meine Beobachtungsgabe aus der Sicht eines Schriftstellers zu verbessern und meinen Untersuchungen einen ernsthaften Zweck zu geben. Ich habe keinen Grund, eine meiner Wanderreisen in Europa zu bereuen, aber ich bin froh, dass sie nun vorbei und erledigt sind.

Eine solche Schreibausbildung, wie sie der Reporter seiner Zeitung erhält, bekam ich, als ich nach Berlin zurückkehrte und mein „Exemplar" von meiner Mutter aufs strengste in Stücke gerissen wurde.

Natürlich war das keine Zeitungsausbildung in dem Sinne, dass ich für einen Lokalredakteur berichten musste. Aber es war die einzige Ausbildung, die ich je im Schreiben hatte, die mir etwas brachte, bis ich in späteren Jahren genug Interesse an dem Beruf entwickelte, um selbst anhand der Beispiele guter Schreibkunst, die mir in die Hände fielen, zu beobachten, wie, wie Robert Louis Stevenson in einem seiner Bücher erklärt, die Sprache so gestaltet werden kann, dass sie sich am besten an das jeweilige Thema anpasst.

KAPITEL XXI

Ich kehre nach Amerika zurück

Im Frühjahr 1898 war für mich endgültig klar, dass es für mich höchste Zeit war, Europa zu verlassen und in mein Heimatland zurückzukehren, wenn ich jemals mit jungen Männern in meinem Beruf oder in einer anderen Tätigkeit zusammenarbeiten wollte, in der ich mich behaupten konnte.

Europa war mir nicht zu langweilig – im Gegenteil! Ein Aufenthalt in Berlin, in Rom oder in Venedig hätte mir damals Freude gemacht, wenn ich die nötigen Mittel zum Verweilen, Wandern und Beobachten gehabt hätte. Wäre ich finanziell unabhängig und ohne Verantwortungsgefühl, könnte ich heute als Einwohner in Europa leben.

1898 begann unser Land Krieg mit Spanien. Ich weiß nicht, wie sich die Kriegsgerüchte auf andere junge Amerikaner auswirkten, die zu dieser Zeit in Europa studierten, reisten oder geschäftlich unterwegs waren. In mir lösten die Kriegsgerüchte einen unkontrollierbaren Wunsch aus, in mein Heimatland zurückzukehren. Vielleicht dachte ich, ich könnte zu seiner Verteidigung in den Krieg ziehen. Es ist mir heute unmöglich, meinen Entschluss von 1898, Europa, mein Universitätsstudium und alles, was das Leben im Ausland für mich bedeutet hatte, so schnell wie möglich zu verlassen, so zu analysieren, wie ich es gerne tun würde. Meine Mutter war entsetzt über diesen Entschluss meinerseits. Sie sagte zu mir: „Wenn du nach China, Kamtschatka, Tibet oder an fast jeden anderen Ort außer Amerika gehen würdest, könnte ich es leicht für eine ganz natürliche Sache halten. Aber Amerika! Ich habe das Gefühl, ich würde den Kontakt zu dir verlieren."

Ich nehme an, meine Mutter hatte Angst, dass ich bei meiner Rückkehr nach Amerika auch in all die Unannehmlichkeiten, Teufeleien und Gesetzlosigkeiten zurückkehren würde, denen ich ziemlich erfolgreich entkommen war, als ich 1889 in Hoboken als Kohlenpassant auf dem armen alten Dampfschiff *Elbe anheuerte* . Außerdem halte ich es für nicht unwahrscheinlich, dass meine Mutter selbst so lange in Europa gelebt hatte und mich dort so genau im Auge behalten konnte, dass sie glaubte, wir würden immer in Europa leben und ich müsste dort irgendwie gewinnen oder verlieren. Andererseits war meine Mutter zweifellos sehr enttäuscht, dass ich nicht an der Universität weiterstudierte und meinen Abschluss machte.

Doch irgendetwas trieb mich dazu, meinen Weg fortzusetzen, und im Frühjahr 1898 verabschiedete ich mich von der Universität, von Berlin, von Deutschland und von ganz Europa als den Orten, an denen ich mein Schicksal bestimmen wollte.

Seit 1898 bin ich mehrmals als bloßer Besucher nach Europa zurückgekehrt, habe aber meine sture Entscheidung in diesem Jahr, in mein Land zurückzukehren und es zu meinem Wohnsitz zu machen, nie bereut.

Rückblickend fällt mir vor allem auf, dass ich durch die allgemeine Erfahrung in Europa aufgrund der langen Zeit den persönlichen Kontakt zu jungen Männern meines Alters verloren habe , die in Amerika ihren Weg bahnten und der so viel dazu beiträgt, ins Geschehen einzusteigen, jene Freundschaften zu schließen, die einem im Geschäftsleben oder in den Berufen so viel nützen – kurz gesagt, um in der eigenen Gemeinschaft mit den eigenen Leuten aufzuwachsen. Ich bin für mein eigenes Wohl zu lange in Europa geblieben.

Trotz des mysteriösen und unkontrollierbaren Wunsches, nach Amerika zurückzukehren, war ich 1898 nach meiner Ankunft in New York noch Monate lang der europasehnsüchtigste Mensch, den man sich vorstellen kann. Wer kannte mich? Nur ein paar Freunde, die sich dort niedergelassen hatten und im Haus meiner Mutter in Berlin gewesen waren oder die ich auf meinen Reisen kennengelernt hatte. Ich kannte keinen von ihnen hier aus geschäftlichen Gründen, und keiner von ihnen kannte mich in einem meiner amerikanischen Zuhause. Ich hatte sie sozusagen in Europa kennengelernt, „auf dem Marsch".

Ich halte es für bedauerlich, dass ein Junge oder junger Mann so lange in Ländern verweilen muss, die weit entfernt sind von seiner eigenen, wenn er doch letztlich versuchen muss, etwas zu erreichen.

Es ist wieder diese Frage des Campens, die ich in einem früheren Teil meiner Geschichte angesprochen habe und die, soweit ich beobachtet habe, in allen amerikanischen Kolonien im Ausland besonders auffällig ist. Die Kolonien sind zum größten Teil nichts als Lager, und die Kolonisten sind nur allzu offensichtlich bloße Durchgangsvögel.

Ich glaube nicht, dass es gut ist, wenn ein junger Mann, der sein Leben später wieder in seinem Heimatland fortsetzen wird, so viel Zeit außerhalb seines Heimatlandes verbringt wie ich. Ich verlor den Kontakt zu meiner Heimatgeneration; ich verbrachte die prägendsten Jahre meines Lebens in Ländern, in denen ich, wie sich herausstellte, nicht leben und meinen Weg gehen sollte; ich entwickelte eine laxe Sichtweise auf die Dinge und kam zu dem Schluss, dass es eine beneidenswerte Leistung wäre, mit 500 Dollar im Jahr in einer Junggesellenwohnung zu leben.

Doch Europa und insbesondere Deutschland haben mir auch Gutes getan, wofür ich immer dankbar sein muss. Ich habe bereits einige der Wohltaten angedeutet, die ich damals, als sie mir zuteil wurden, zu schätzen wusste und die ich nie vergessen habe. Ich muss Europa sicherlich dafür danken, dass es meine brennende Abneigung, unerbittliche Wahrheiten zu erkennen, die früher oder später erkannt werden müssen, beruhigt hat. Ich muss Europa auch für einige der wunderbarsten Freunde und Bekannten danken. Aber wo sind sie jetzt? Die große Mehrheit ist zweifellos über die ganze Welt verstreut, und nur wenige sind in meinem eigenen Land geblieben, damit ich mich an ihnen erfreuen kann. Das ist das Pathos der ganzen Sache, wie ich sie erlebt habe.

KAPITEL XXII

WIEDER NEW YORK

Nach vielen Jahren im Ausland ein neues Leben in New York City zu beginnen, ist kein leichtes Unterfangen. In meinem Fall war es besonders unangenehm, weil ich eine Zeit lang Heimweh nach Europa und vermutlich auch nach meinem Haus in Berlin hatte. Ich werde nie das unbehagliche Gefühl vergessen, das ich hatte, als mein Schiff anlegte, und das mich fragte, was mit mir und meinen Angelegenheiten in diesem neuen Land passieren würde – meinem Land, das stimmt, aber für mich ein Land, über das ich aus der Sicht eines Anfängers sehr wenig wusste. Dass ich psychologisch und finanziell ein Anfänger war, geht aus dem, was ich zuvor gesagt habe, ziemlich klar hervor.

Ich hatte einen Trost. Es war ein Brief von L. F. Loree, dem damaligen Generaldirektor der Pennsylvania-Linien westlich von Pittsburg, in dem er mich bat, nach Pittsburg zu kommen und ihn wegen einer geschäftlichen Angelegenheit zu treffen, deren Natur sein Brief nicht verriet. Ich hatte bereits einen Brief von diesem Herrn in Stettin, Deutschland, erhalten, als ich gerade nach St. Petersburg segelte, und in dem er ein Treffen in Pittsburg vorschlug. Das war einige Wochen vor meiner endgültigen Abreise von Deutschland in die Vereinigten Staaten. Zu diesem Zeitpunkt schenkte ich dem Brief nicht die gebührende Aufmerksamkeit. Russland schien mir immer noch Versprechungen zu machen, die ich für attraktiver hielt als die in anderen Teilen der Welt.

Als ich 1898 mit fünfzig Dollar in der Tasche und nichts mehr in Sicht in New York City ankam, dachte ich natürlich an den Brief, den ich von Mr. Loree erhalten hatte. Ich teilte ihm meine bescheidene Heimkehr mit und sagte, dass ich mich freuen würde, mehr über das Geschäft zu erfahren, das er für mich im Sinn hatte. Seine Antwort war, dass ich ihn in Pittsburgh treffen und dort mehr über die Angelegenheit erfahren sollte, die er mit mir besprechen wollte. Ich verbrachte drei Tage in New York City im Haus eines Freundes. Während dieser Zeit wurde ich von einem Freund, den ich durch das Schriftstellergeschäft kennengelernt hatte, in einem bestimmten Club „untergebracht". In diesem Club traf ich verschiedene Redakteure, Schriftsteller und, wie ich vermute, Verleger. Ich war so begeistert über meinen plötzlichen Aufstieg in den Clubstatus im Schriftstellergeschäft in New York City, dass ich sofort vom Club zum Haus meines Gastgebers zurückkehrte und ihm freudig erzählte, was für einen großartigen Anfang ich gemacht hatte. Weder er noch seine Frau schienen sich sehr über meinen plötzlichen Aufstieg in der literarischen Welt in New York *über* den Club zu freuen. Ich weiß noch, dass sie einander sehr bedeutungsvoll ansahen, als ich ihnen voller Freude erzählte, wie gut mir die Schriftstellerei gefallen hatte.

Dieser Anblick machte es mir sehr angenehm, andere Weiden in Betracht zu ziehen, und die Einladung, nach Pittsburgh weiterzureisen, wurde mit Freude angenommen. Als ich dort ankam, hatte ich noch ein paar meiner fünfzig Dollar übrig. Aber es bestand keine Aussicht, dass sie in nächster Zeit in meiner Tasche blieben.

Es ist nicht immer leicht, den Generaldirektor einer Eisenbahngesellschaft zu finden, selbst wenn man zu einem Treffen eingeladen ist und erwartet, ihn zu treffen. Was geschah in meinem Fall? Ich fand meinen Mann auf der Straße, wo er sich darum kümmerte, dass bestimmte Reparaturen durchgeführt wurden, und dass er persönlich wissen sollte, dass sie schnell durchgeführt wurden, und dass ich eine Weile warten musste, vielleicht zwei oder drei Stunden, vielleicht länger. Pittsburgh und seine Düsternis machten mir während dieser Wartezeit nicht klarer, warum ich in Pittsburgh war. Ich erinnere mich, dass ich in ein Hotel ging und versuchte, einen Artikel über dieses arme, elende Geschöpf, den russischen Arbeiter, zu schreiben. Im Laufe einiger Stunden wurde mir per Telegramm mitgeteilt, dass ich dorthin gehen sollte, wo die Reparaturen durchgeführt wurden, und dort die Bekanntschaft des Generaldirektors machen sollte. Ich befolgte diese Anweisungen und lernte einen Mann kennen, dem ich meinen Start ins Leben zu Hause nach diesen Wunderlandjahren in Europa und Asien zu verdanken habe. Ich erinnere mich, dass ich meinen Wohltäter in einem Signalturm traf, wo er geduldig auf die Bestätigung wartete, dass seine Anweisungen ausgeführt worden waren. Ich erinnere mich, wie er mich ansah. Kein Polizeichef hat mich jemals so „eingeschätzt", wie dieser Generaldirektor es tat. Er untersuchte meine Persönlichkeit, da es nicht angenehm ist, wenn jemandes Persönlichkeit untersucht wird, es sei denn, er glaubt, das Richtige zu tun. Dies ist nur ein kleiner Vorfall in unserer Bekanntschaft, aber ich habe ihn nie vergessen.

Es dauerte nicht lange, bis die Reparaturen abgeschlossen waren, die erforderliche Bestätigung der gelieferten Anweisungen eintraf und Mr. Loree und ich in seinem Auto nach Pittsburg zurückkehrten. Im Auto wurde kein Wort über das Geschäft verloren, das er im Sinn hatte, und ich war vorsichtig genug, einen Mann nicht zu stören, der an diesem Tag wahrscheinlich zehn Dinge erledigt hatte, anstatt nur eines.

In Pittsburgh gingen wir nach dem Abendessen im Club ins Theater und sahen uns dort ein kleines Stück an. Natürlich konnte ich nicht umhin, zu erraten, was der Generaldirektor für mich im Sinn hatte. Als das Stück vorbei war, kehrten wir in den Club zurück und dort erfuhr ich zum ersten Mal, was der Herr wollte.

So wie ich mich jetzt an seine Worte erinnere, sagte er zu mir: „Die Probleme der Landstreicher in den Vereinigten Staaten haben mich als Eisenbahner interessiert. Ich nehme an, dass sie auch Sie aufgrund Ihres Charakters und vielleicht als Student der Volkswirtschaftslehre interessiert haben."

„Als ich dieses Eisenbahneigentum als Generaldirektor übernahm, kam mir der Gedanke, dass ich sehen wollte, ob ich nicht dazu beitragen könnte, das Problem mit den Landstreichern sowohl für die Eisenbahn als auch für die Öffentlichkeit zu beseitigen. Es war mir egal, ob der Landstreicher ein so schlechter Mensch sein könnte, wie manche ihn dargestellt haben, und es war mir auch nicht egal, ob ich dem ehrlichen, aber unglücklichen und mittellosen Eisenbahnfahrer Schaden zufügen könnte. Was ich vorhatte und zu tun versuchte, war, das mir anvertraute Eigentum von dem Gesindel zu befreien, das seit so vielen Jahren die amerikanischen Eisenbahnen heimsucht.

"Ich denke so. Wie man es auch nimmt, eine Eisenbahngesellschaft ist einer ihrer größten Bürger. Meine Position als Generaldirektor verlangte von mir nicht, dass ich mich theoretisch mit der Stellung einer Eisenbahngesellschaft als Bürger eines Staates auseinandersetze . Trotzdem sagte ich mir: 'Wenn ich meinen Besitz von diesem Pöbel in Ordnung bringe, trage ich möglicherweise dazu bei, meine Bürgerpflicht zu erfüllen.'"

Bei diesen Worten sah ich mir meinen möglichen Arbeitgeber ziemlich genau an. Ich hatte nie einen Grund zu der Annahme, dass er als Bürger nicht darum gekämpft hätte, das zu tun, was ihm als richtig erschien. Er machte damals und dort einen Eindruck auf mich, den ich nie vergessen werde. Wohlgemerkt, ich war gerade erst in dieses Land gekommen. Es war meine Aufgabe, so schnell wie möglich etwas zu finden, was mir Geld einbringen würde. Wohlgemerkt, ich war zu einem Mann gegangen, der dreißigtausend Männer kannte und leitete.

Er sagte zu mir: „Ich möchte, dass Sie sich das von mir verwaltete Anwesen ansehen und einen Bericht über die Bedingungen der Landstreicher verfassen, wie Sie es für angebracht halten."

Ich sagte zu ihm: „Was glauben Sie, was das wert sein wird?"

Er sagte: „Nun, was glauben Sie, wird es wert sein?"

Ich brauchte das Geld, viel mehr war damals sowieso nicht in Sicht, egal ob ich als Wanderer aufbrach oder nicht, und ich antwortete: „Nun, ich schätze, zehn Dollar pro Tag wären ein fairer Preis."

Der Geschäftsführer antwortete: „Ich denke, das ist fair. Ich nehme an, Sie wissen, wie Sie vorgehen müssen?"

„Ich denke, dass ich ohne große Schwierigkeiten wieder in die alte Spur zurückkehren kann", erwiderte ich.

Der Generaldirektor sagte: „Machen Sie weiter und finden Sie heraus, was Sie können. Ob die von mir eingesetzte Polizei erfolgreich war oder nicht, um das Übel der Landstreicher zu stoppen, weiß ich nicht. Ich sage, ich weiß es nicht, weil ich unmöglich persönlich an jedem Ort in fünf Staaten sein kann und 30.000 Mann beschäftigen kann. Es ist ziemlich schwierig, den Überblick über alles zu behalten, was Sie anordnen. Ich spreche zu Ihnen ausschließlich aus der Sicht eines Eisenbahnmanagers. Es ist ziemlich schwierig, eine Eisenbahn so zu betreiben, wie Sie es gerne hätten. Dieses Landstreichergeschäft, dieser Pöbel, diese Slumbevölkerung, die ich auf meinen Strecken antreffe, ist natürlich ein Detail der Arbeit, die mir aufgetragen wurde.

„In meinem Bestreben, meine Strecken so sauber wie möglich zu halten, nicht nur als Bürger, sondern auch als Eisenbahner, habe ich versucht, eine Eisenbahnpolizei aufzubauen. Die Staaten, durch die meine Strecken verlaufen, schützen mich nur nebenbei. Ich habe festgestellt, dass Ihre Freunde, die Landstreicher, leicht wieder freigelassen werden, wenn sie von Stadt- oder Dorfbeamten verhaftet werden. Ich wollte wissen, wie sich die Situation ändern ließe, und ging der Sache nach. Das Ergebnis war, dass ich zu dem Schluss kam, dass die Eisenbahngesellschaft *sich selbst schützen muss* . Ich stellte fest, dass bestimmte Männer, sogenannte Detektive, zeitweise versuchten, Landstreicher von den Zügen auf unseren Strecken fernzuhalten. Darüber hinaus stellte ich fest, dass diese Männer oder Detektive ihrer Pflicht nicht so nachkamen, wie ich glaube, dass sie erfüllt werden sollte.

„Folglich begann ich mich zu fragen, wie man diese Angelegenheit besser behandeln könnte. Ich sah mir die Spesenabrechnungen für polizeiliche Zwecke an und stellte fest, dass unsere Leute eine, wie mir schien, exorbitante Summe für einen sehr schlechten Service zahlten. Es schien mir, dass die polizeilichen Angelegenheiten bei einer Eisenbahn aufgrund der Nachlässigkeit von Dörfern und Städten organisiert und mit einem Stellenwert versehen werden sollten, der angesichts unseres laxen Vorgehens gegen die Kriminalität in diesem Land gerechtfertigt war.

„Auf unserem Grundstück finden Sie eine bestimmte Anzahl qualifizierter Polizisten. Vielleicht sollte ich ‚Streifenpolizisten' sagen. Wir verwenden auf diesem Grundstück nicht das Wort Detektiv. Sie sind nach Abteilungen und dem moralischen Verhalten der verschiedenen Gemeinden, in denen sie eingesetzt sind, aufgeteilt. Meine Idee war, zu versuchen, unser Grundstück so zu überwachen, wie eine Stadt überwacht wird.

„Ich möchte, dass Sie unser Grundstück durchgehen und prüfen, ob es unserer Polizei gelungen ist, unsere Grenzlinien und in gewissem Maße auch die Gemeinden, die sie berühren, von der Einwanderung der Landstreicher zu befreien. Wie stehen Sie zu dieser Angelegenheit?"

Hier war ein Problem, das mich direkt zurück in das Land der *Wanderlust führte* , das ich, soweit es das Leben eines Tramps betraf, eigentlich aufgegeben hatte. Wie so viele bekannte Leute jedoch sagen: „In der Not kann man nicht wählen", übernahm ich die Aufgabe, für den Generaldirektor herauszufinden, was die Tramps genau über seine von der Polizei bewachten Linien zu sagen hatten. Achtzehn Jahre vor diesem Interview waren die Linien des Generaldirektors meines Wissens nach so voll mit Tramps und Tramplagern, dass insbesondere die Fort Wayne Road damals als „leicht zu befahrende" Straße zwischen Chicago und Pittsburg galt. Sie war so schlimm wie die Baltimore and Ohio Railroad, die damals „The Dope" genannt wurde.

Auf diesen Straßen verkehrten wahllos alle möglichen Männer, Frauen und Kinder, die kein Fahrgeld zahlten. Wenn sie in einen Güterwagen stiegen, dachten sie sich viel Unsinn aus. Die Dinge, die damals unter all diesen Leuten getan und gesagt wurden, wären heute zu skandalös. Wenn es in unseren Städten Slums gibt, gibt es nirgendwo auf der Welt größere Slums, abgesehen von Verbrechen, Leidenschaft oder Eigenart, als die, die man in meiner Zeit als Landstreicher auf den Straßen von „Dope" und Fort Wayne fand.

Ich sah mir das Anwesen des Generaldirektors an. Als Landstreicher verkleidet, als Landstreicher agierend, als Landstreicher lebend und schlafend, umringte ich seine Linien, bis ich wusste, was die Landstreicherwelt zu seiner Idee der Bahnpolizei zu sagen hatte. Wo immer ich auch hinkam, in Cleveland, Chicago, Cincinnati, Wheeling oder Pittsburg, stellte ich fest, dass Landstreicher sagten: „Es gibt leichtere Straßen als Fort Wayne."

Es war harte Arbeit, wieder ins Leben als Landstreicher zurückzukehren. Ich musste einige harte Schläge einstecken, was Stürme und andere Missgeschicke an verschiedenen Orten betraf. Doch trotz alledem kamen bei mir viele Erinnerungen an frühere Tage als Landstreicher zurück.

Nach einem Monat auf der „Straße" ging ich zum Generaldirektor und sagte ihm, dass ich keine Lust hätte, mit seinen Zügen zu fahren — es gäbe so viele andere Züge und Straßen, die einfacher seien. Ich war der Meinung, dass ich, wenn er mich weiterfahren lassen wollte, um meine Untersuchungen abschließen zu können, einen Passierschein für alle beweglichen Sachen bekommen sollte, die sich auf seinem Grundstück befanden. Wir besprachen diese Angelegenheit ausführlich. Schließlich stimmte der Generaldirektor meinem Vorschlag zu, und ich erhielt einen Passierschein für alle seine

Linien, und ich konnte auf die moralische Unterstützung seiner Position zählen.

Ich betrachtete das Landstreicherproblem aus einer neuen Perspektive. Es war mein Privileg, praktisch in jedem Personenzug, jedem Güterzug und in jeder Lokomotive mitfahren zu dürfen, die ich zu treffen hatte. Der Generaldirektor gab mir außerdem einen Brief, in dem er seine Angestellten anwies, mich passieren zu lassen. Ich weiß jetzt, dass die Polizei des Generaldirektors meine kompromittierende Lage auf der Straße nicht nachvollziehen konnte. Die Polizei sagte: „Wer ist dieser junge Kerl, der uns hier draußen aufspürt?“

Ich wurde eines Nachts in Ohio von einem Captain der neu eingerichteten Polizei zur Ordnung gerufen, weil ich auf dem Dienstwagen eines Güterzuges mitgefahren war. Ich stieg gerade aus dem Dienstwagen, um etwas zu erfahren, was zu diesem Zeitpunkt eine Frage der Einzelheiten war, und war gerade wieder auf die Stufen des Dienstwagens zurückgekehrt, als der Captain auf mich zukam und sagte: „Was machen Sie in diesem Zug?“ Ich sah ihn an. Er sah mich an. Wir entschieden auf der Stelle, dass es keine besonderen Meinungsverschiedenheiten zwischen uns gab. Aber ich muss sagen, dass seine Polizei im zweiten Monat meiner Ermittlungen für den Generaldirektor nicht herausfinden konnte, warum ich mit all meinen Ausweisen und meiner verwirrenden kleinen Gestalt und meinem Gesicht auf dem Gelände war. Einer meiner besten Freunde heute, der damals Polizeichef war, interessierte sich für mein Vorgehen.

Als Beispiel dafür, wie Männer einander im Auge behalten, ließ er seine Männer mich im Auge behalten. Gleichzeitig muss er wohl gemerkt haben, dass unser Vorgesetzter hinter einem Auftrag wie meinem steckte. Er hatte den gesunden Menschenverstand, sich zu sagen: „Nun, wenn das die Arbeit des Chefs ist, lasse ich es besser bleiben.“ Aber er ließ seine Männer nach mir Ausschau halten, was nur der menschlichen Natur entspricht.

Eines der Erlebnisse, die ich in diesem zweiten Monat im Interesse der Eisenbahn hatte, soweit der Verkehr mit Tramps betroffen ist, ereignete sich in Ohio. Während meiner außerordentlichen Privilegien als Eisenbahntramp und mit allen Bescheinigungen des Büros des Generaldirektors nahm ich einen Güterzug mit, der westlich von Mansfield, Ohio, fuhr, auf dem ich jedoch in Schwierigkeiten geriet. Ich sah drei trampende Neger in diesem Zug. Ich sah sie in den Zug einsteigen – hauptsächlich einen Kohlezug, so dass man aus dem Fenster des Dienstwagens genau sehen konnte, was vor sich ging – und fuhr ihnen hinterher, Waggon um Waggon voller Kohle, bis ich den größten der drei erreichte. Der Zug fuhr mit einer Geschwindigkeit von etwa zwanzig Meilen pro Stunde. Ich schnappte dem größten, den ich sehen konnte, den Hut und sagte, mit einigen Erinnerungen im Kopf, muss ich gestehen: „Sie haben Nerven, auf dieser Straße zu fahren. Fahren Sie auf den Kies.“

Der Neger sah zu mir auf, als ob die ganze Majestät des Gesetzes plötzlich in meine bescheidene Person gelegt worden wäre, und sagte mit wahrhaft pathetischer Landstreicher-Stimmung: „Cap, der Zug fährt ein bisschen zu schnell.“ Er bekam seinen Hut zurück, und ich forderte ihn und seine beiden Begleiter in aller Deutlichkeit auf, den Zug an einem bestimmten Abstellgleis zu verlassen.

Ich beschloss, dass diese drei Neger keinen Zug von dem Abstellgleis abfahren lassen sollten – einem Rastplatz für Landstreicher und für Züge, die Kohle und Dampf brauchten, um weiterzukommen. Ich ging zum Signalturm und telegrafierte nach Osten und Westen, dass ein Beamter zum betreffenden Signalturm kommen und die Eindringlinge so schnell wie möglich festnehmen sollte. Das mag für einen Mann, der durchgemacht hatte, was ich durchgemacht hatte, schwierig erscheinen. Aber ich war dem Generalverwalter dieses Grundstücks gegenüber verantwortlich. Ich war auch meinem eigenen Verständnis von Integrität gegenüber verantwortlich und glaubte aus tiefster Seele, dass dies das Richtige war.

Die Neger wollten mit mir kämpfen. Ich hatte zu der Zeit eine Zahnbürste dabei. Während wir an der Kohlenstation waren, blieben die Neger herum und bemühten sich nach Kräften, jeden Güterzug zu erwischen, der in ihre Richtung fuhr. Ich fuhr mit jedem dieser Züge, die in ihre Richtung fuhren, bis auf etwa hundert Meter an ihren Warteplatz heran. Schließlich war der letzte „Lauf“, wie sie wohl wussten, vorbei. Als ich den letzten Güterzug absetzte, den sie nicht schnell genug erwischen konnten, ging ich auf sie zu und wurde mit diesen Worten begrüßt: „Denken Sie, dass Sie diese Straße erwischen? Wenn Sie das tun, werden Sie so schnell ein Kugelloch bekommen, dass Sie nicht wissen werden, was Sie getroffen hat.“

Ich dachte, meine Zahnbürste sei meine einzige Waffe. Ich dachte auch an die Rachebereitschaft dieser Neger und noch genauer an die Entfernung zwischen meinem Standort und der Kohlenstation. Und so kam es, dass mein Bluff aufging. Ich sagte zu den Negern : „Wenn hier geschossen werden muss, dann fange ich damit an.“ Die Neger ließen mich in Ruhe und ich ließ sie in Ruhe. Ich konnte mich jedoch nicht von dem Gedanken lösen, dass sie in mein Territorium als Ermittler, Polizist oder wie auch immer Sie es nennen wollen eingedrungen waren. Das Ergebnis dieser Erfahrung war, dass der Polizist, den ich aus dem Osten telegraphiert hatte, so schnell wie möglich an der Kohlenstation erschien und dass wir zusammen ins nächste Dorf weiterritten. Dort sagte ich zu ihm: „Ich glaube, wir werden diese Neger nicht weit von hier fangen.“ Er nahm den Stadtmarschall mit und wir machten uns auf den Weg, um diese Neger zu finden . Wir fanden sie.

Es dämmerte gerade, und sie saßen neben dem Gleis. Der Polizist aus dem Osten zog seinen Revolver, ging auf sie zu und sagte zu ihrer großen Überraschung: „Ich stelle Sie fest." Die Neger verzagten, und wir gingen alle zum Bahnhof des nächsten Dorfes. Sie wurden sofort verhört. Sie sagten, sie seien in all den Jahren ihres Bestehens in keinem anderen Zug gesehen worden als in einem Personenzug, für den sie Fahrkarten bezahlt hatten. Der Richter sagte: „Glauben Sie, dass dieser Mann hierherkommen und mir erzählen wird, er habe Sie in einem bestimmten Güterzug gesehen, obwohl er Sie in diesem Güterzug nicht gesehen hat?"

Einer der Neger antwortete: „Ich habe diesen Mann noch nie in meinem Leben gesehen." Das war der Mann, dessen Hut ich genommen hatte, als ich ihm sagte, er solle aus dem Zug aussteigen. Der Richter verurteilte alle drei zu 30 Tagen Haft im Arbeitshaus von Canton. Am nächsten Morgen waren die Neger Gefangene der örtlichen Behörden. Diese legten ihnen Handschellen an, setzten sie in einen Zug und machten sich auf den Weg zu ihrem Ziel. Dummerweise folgte ich ihnen nicht nur in Canton, sondern fuhr mit ihnen in der Straßenbahn zum Arbeitshaus. Während dieser Fahrt hörte ich alle harten Dinge, die man über jemanden sagen kann.

Diese Erfahrung und meine Teilnahme daran erscheinen jemandem, der selbst einmal Landstreicher war, vielleicht nicht so ehrenhaft. Aber was erfuhr ich über diese Neger ? Sie waren Angestellte eines Zirkus gewesen, hatten sich betrunken und in Raufereien verwickelt und ihre Stellungen als Zirkusleute aufgegeben. Soweit ich es erkennen konnte, hatten sie kein Recht, sich irgendwo frei bewegen zu lassen.

Dies ist nur einer der Vorfälle, die mir im zweiten Monat widerfuhren. Natürlich gab es noch viele andere, die mich damals interessierten und über die ich nachdenken konnte, die den Leser jedoch nicht interessieren würden.

Das Wichtigste, was ich von meinem Generaldirektor zu glauben und zu erwarten lernte, war seine große Effizienz. Während meiner ganzen Erfahrungen als Tramp auf seine Bitte hin habe ich festgestellt, dass es auch im *Trampleben* darauf ankommt, dorthin zu gehen und etwas zu tun. Mein Bericht an ihn über die allgemeine Leistungsfähigkeit der Polizei, die er und seine Untergebenen zusammengestellt hatten, um das Grundstück vollständig von der Belästigung durch Tramps zu befreien, war, dass ich dachte, er hätte die Fort Wayne Road zumindest in dieser Hinsicht so sauber gemacht, dass kein „anständiger" Tramp mehr darauf fahren würde. Bei diesem Bericht sagte ich dem Generaldirektor: „Sie stehlen Kohle auf der Lake Shore Railroad. Es gibt einen Mann, der mir erzählt hat, dass auf der Lake Shore Railroad jeder zwanzigste Zug, bevor er vierzig Meilen von Buffalo entfernt ist, überfahren wird." Auf derselben Expedition für den Generaldirektor stieß ich am Ende einer der „Short Lines" in Ashtabula auf zwei Tramplager. Mein Interesse bestand damals darin, keines der Lager überhaupt zu stören. Ich ging zur Lake Shore Railroad hinunter, in Richtung ihrer Kohlenrutschen, und dort fand ich zwei Lager. Die Feuer in diesen Lagern wurden reichlich mit Kohle versorgt, die von der benachbarten Eisenbahngesellschaft bezogen wurde. Meine Lage war eigenartig. Landstreicher und im Übrigen auch Kriminelle mögen es nicht, wenn sich jemand ihrem Eigentum nähert, das sie für ihr Eigentum halten. Ich ging zu einem der Lager und setzte mich auf eine Eisenbahnschwelle. Bald darauf sagte eine Person von unbestreitbarer Bedeutung in ihrer eigenen Landstreicherlinie zu mir: „Haben Sie ein Streichholz?"

„Ich glaube schon. Ich werde sehen."

„Wenn Sie eines finden, gehen Sie hin und machen Sie Ihr eigenes Feuer."

Ich tat dies und blieb mehr oder weniger in Ruhe

KAPITEL XXIII

Bahnerlebnisse

Damals gab es eine Gruppe von Männern, die sich „Lake Shore Push" nannten. Diese Männer glaubten, sie hätten die Lake Shore Railroad in der Hand, und zwar von der kriminellen Seite her, oder vielleicht sollte ich sagen, von der Seite der Räuber. Ihre Geschichte ist schwer zu erklären. Meines Wissens waren sie seit gut zwanzig Jahren bei oder im Zusammenhang mit der Lake Shore Railroad bekannt.

Es lohnt sich, in ein oder zwei Absätzen auf sie einzugehen, da sie zeigen, wie sich kriminelle Banden zusammensetzen.

Die Lake Shore Railroad ist aus irgendeinem Grund seit ungefähr der angegebenen Anzahl von Jahren von Güterwagenräubern und Banditen heimgesucht worden. Aus irgendeinem Grund fand es die Lake Shore-Bande praktisch, sich zu organisieren, soweit dies im kriminellen Leben möglich ist. Kriminelle verschiedener Art schlossen sich zusammen und sagten: „Wir werden diese Strecke so betreiben, wie wir es für richtig halten, und zwar nach unserer Auffassung." Die Verwaltung der Strecke hatte nichts Nützliches zu sagen.

Und so ging die Lake Shore-Bande vor: Sie raubte Autos aus, warf sogar einen Ochsen von einem Auto, als dieses ein Barbecue veranstalten wollte, überfiel den höflichen Politiker aus Ohio, der sich 40 Cent erschlichen hatte, ließ all diese Fabriken zwischen Buffalo und Chicago stehen und machte sich ganz allgemein zu einem kriminellen Ärgernis.

Die Lake Shore-Bande bestand aus den folgenden Typen: dem verzweifelten Arbeiter (?), der bereit ist, einem für ein oder zwei Dollar an die Gurgel zu gehen – ich meine den Räuber, von dem man im Mittleren Westen so viel hört; dem entmutigten Kriminellen, der wusste, dass er entmutigt war, aber dachte, er könnte unter einem falschen Deckmantel möglicherweise einen „Einsatz" in beruflich kriminellen Kreisen ergattern; dem mittellosen Mann, der von den anderen Verschwörern im Spiel mitgerissen wurde; dem 18-jährigen Jungen, der zu Hause einen schlimmen Fehler gemacht hatte, von zu Hause weg musste und in die Hände von intriganten Männern gefallen war; und der Frau von der Straße, die ihre Gründe hatte, etwas über die Lake Shore-Bande zu wissen. Man kann sagen, dass die Lake Shore-Bande aus der Idee heraus entstand, dass man es hinnimmt, wenn man getäuscht werden kann. Was sie jetzt tun, weiß ich nicht. Vielleicht amüsieren sie sich wie in alten Zeiten. Ich möchte hier nur sagen, dass dies die Gesellschaft war, mit der ich wahrscheinlich zusammentraf, als ich die Terminals des Generaldirektors auf den Seen traf. Die Lake Shore Railroad und die Nickel

Plate, wie sie genannt wurde, übernahmen die volle Verantwortung für alle Tramp-Unsinnigkeiten, nachdem bestimmte Abteilungsleiter ihr Bestes getan hatten, um beide dieser Straßen von ausgeprägten Mängeln und Verbrechen zu befreien.

Wie ich bereits sagte, stellte ich fest, dass die Landstreicher in Ashtabula die Kohle der Lake Shore Company und der Nickel Plate Company verbrannten – wenn Sie beides zusammenfassen, nennen Sie sie die Vanderbilt-Linien, wenn Sie möchten – und dass die Lake Shore-Bande in jedem Güterzug, der über die Vanderbilt-Linien fuhr, reihenweise Leute ausraubte. Ich stellte auch fest, dass die Vanderbilt-Linien in ihren Personenzügen nicht im Geringsten auf den Schutz ihrer Kunden achteten, was Taschendiebe und andere Leute dieser Art betraf, außer indem sie einen Mann anstellten, der fieberhaft ihr Territorium auf und ab lief – sagen wir zwischen Toledo und Cleveland –, sein Mittagessen dort einnahm, wo er es für zehn bis fünfundzwanzig Cent kaufen konnte, und versuchte, das ganze Spiel im Interesse der Vanderbilt-Interessen zwischen den genannten Punkten durchzuziehen. Dieser Mann sollte die Polizei dieses Bezirks sein. Der Grund, warum er so viele schnelle Mittagessen einnahm, war, dass er zu viel zu tun hatte. In gewisser Weise glaube ich, dass er versuchte, den Interessen der Vanderbilt-Interessen zu dienen. Doch kein Mann kann einen solchen Bezirk abdecken, wenn er ganz allein ist – und das wird behauptet – und sich um alle Einzelheiten kümmern, die im Polizeialltag auf den Vanderbilt-Linien oder auf irgendeiner anderen Linie anfallen.

Diesen Mann habe ich nicht getroffen. Ich habe von ihm gehört, dass er von Zeit zu Zeit hungrige Mittagessen in den Zügen am Lake Shore einnahm, egal ob Personen- oder Güterzug.

Dieser Mann hat, soweit es die Öffentlichkeit betrifft, egal ob Passagier oder Fracht, nicht mehr zum Schutz der Öffentlichkeit beigetragen als eine Mücke in New Jersey, die einen unschuldigen Vorstädter ausnutzt. Meiner Meinung nach hat die Lake Shore Railroad, indem sie diesen einen Mann angestellt hat, um ein so großes Gebiet abzudecken, nicht ehrlich als Bürger unserer Vereinigten Staaten gehandelt.

Mein Arbeitgeber, der Geschäftsführer, hatte jedoch etwas anderes im Sinn.

Er ist der Mann, der nach der Überschwemmung in Johnstown innerhalb von 24 Stunden die Eisenbahnbrücke über den reißenden Fluss baute. Wenn ich sage, dass er sie gebaut hat, meine ich damit, dass er wusste, wie er Männer dazu brachte, ihm beim Bau zu helfen.

Dieselbe Entschlossenheit, die er beim Bau der Brücke an den Tag legte, dieselbe Persönlichkeit zeigte sich auch in seiner Entschlossenheit, seine Eisenbahnlinie, soweit es ging, von dem Gesindel freizuhalten, das sie störte.

Also organisierte er eine Polizeitruppe und kümmerte sich damit um das Gesindel. Und das tat er mit größter Sorgfalt. Er setzte einen Mann an die Spitze dieser Truppe, dessen Namen ich später nennen werde. Diesen Mann konnte er über die Pinkerton National Detective Agency erreichen.

Der große Kerl ging in das Spiel mit der Vorbereitung, sein spezielles Spiel bis zum Ende durchzukämpfen. Der General Manager saß daneben und wunderte sich.

Die ganze Welt kennt mehr oder weniger die Geschichte des Pullman-Streiks. Es war ein Streik, der vielleicht mit Blick auf gewisse berechtigte Arbeitnehmerinteressen geführt wurde. Es war jedoch ein Streik, der so grausam war wie kein anderer, den dieses Land je erlebt hat. Er war eine Gemeinheit seitens der Arbeitgeber und seitens der Arbeitnehmer. Das Wunder ist, dass es nicht mehr Blutvergießen gab. Männer, die das tun, was die Streikenden der Pullman Company getan haben, sehen Ärger ganz sicher in seiner schlimmsten Form. Wie auch immer sie vorgingen, als letzte Vergebung baten sie um das Mitgefühl der Öffentlichkeit und wurden durch die Gnade der damals rücksichtsvollen, allwissenden und allwissenden Pullman Company der Gnade der US-Regierungstruppen ausgeliefert.

General Miles erschien mit seinen Truppen in Chicago.

Der Generaldirektor kam auf ihn zu und stellte ihm die Frage: „Wozu sind Ihre Truppen hier, wenn sie die Zerstörung unseres Eigentums nicht verhindern können?"

„Das ist meine Sache", sagte General Miles.

„Das stimmt, aber sie brennen meine Autos an, und soweit ich das sehe, unternehmen Ihre Truppen nicht das Geringste, um das Eigentum der Vereinigten Staaten zu verteidigen."

Wieder antwortete General Miles, dass seine Tätigkeit ganz in seinen Zuständigkeitsbereich falle. Der Generaldirektor versuchte nicht, General Miles darauf hinzuweisen, dass sein Geschäftszweig mit dem des Generals kollidierte.

Hier waren zwei Männer, beide Herren in ihren eigenen Bereichen. Mr. Cleveland hatte die US-Truppen nach Chicago beordert. General Miles hatte nichts anderes zu tun, als zu gehorchen. Er ging mit seinen Truppen nach Chicago. Es wurde nicht geschossen. Die Frage ist, ob nicht doch hätte geschossen werden sollen. Die Arbeiterschaft in diesem Land ist an einem Punkt angelangt, an dem sie so arrogant ist, dass man auf sie schießen muss. Wenn sie glaubt, dass die Gewerkschaften sie schützen werden, dann täuscht sie sich gewaltig.

Ich muss eine Geschichte über etwas erzählen, das während des Pullman-Streiks in Chicago passiert ist.

Ein großer Mann dachte, er könne gegen einen der Stammgäste vorgehen. Er begann dies zu tun. Der Stammgast sagte zu ihm: „Sie müssen sich von diesem Grundstück fernhalten."

Der große Mann sagte: „Hm! Du regierst nicht die ganze Welt."

Der Stammgast sagte: „Verlassen Sie dieses Grundstück, oder ich mache Ihnen Ärger."

Der große Mann sagte: „Hm! Da haben Sie noch eine Vermutung."

Der Stammgast sagte: „Verlassen Sie dieses Grundstück schnell."

Der große Mann schien verweilen zu wollen, und der Soldat ging mit seinem Bajonett auf ihn los und traf ihn dort, wo er begriff, dass er die ihm gebührende Aufmerksamkeit erhalten hatte.

Der Streik war beendet. Millionen von Dollar waren verloren gegangen. Der Generaldirektor kehrte zu seinem normalen Geschäft zurück und widmete sich wieder seiner normalen Arbeit.

General Miles zog sich zweifellos in sein Refugium zurück.

Hier muss ein Punkt zur Effizienz der Miliz und der regulären Truppen gemacht werden. Was tat die Miliz während dieser ganzen unglücklichen Erfahrung? Nicht genug, um einen gewöhnlichen Vorortzug ruhig weiterfahren zu lassen. Mr. Grover Cleveland sah die Notwendigkeit eines sofortigen Schutzes der US-Post und beorderte die regulären Truppen nach Chicago. Die regulären Truppen taten allein durch ihre Anwesenheit mehr, als die gesamte Miliz des Staates Illinois hätte tun können oder tun würde. Die Miliz hat zu viel Angst davor, Brüder und Schwestern zu erschießen. Die regulären Truppen sind Soldaten und gehorchen den Befehlen. Mein Freund, der Generaldirektor, musste sich später um den Leichnam von Präsident McKinley kümmern. Was tat er? Der Sonderzug war da, die Sonderpolizisten waren da und die Sonderbefehle waren da. Präsident McKinleys Leichnam wurde mit einem so geschickt zusammengestellten Leibwächter nach Washington gebracht, wie man ihn normalerweise finden kann. Der arme Mann lag in seinem Sarg und kümmerte sich nicht darum, ob er beschützt wurde oder nicht. Ein Mann stand vorne im Zug, ein Mann auf einem Mittelbahnsteig, ein Mann am hinteren Ende und ein oder zwei Männer im Zug. Dieser Mann wurde also nach Hause gebracht, bewacht von Demokraten und, wie ich glaube, theoretisch auch von Sozialisten.

Dies ist, was der Generalmanager einer Straße tat, um einen ermordeten Präsidenten in die Hauptstadt zu bringen. Es war nur eine kleine Gefälligkeit, denn der Mann war tot. Aber es war eine jener Gefälligkeiten, die die Freunde eines Mannes und alle, die uns wichtig waren, nie vergessen können. Diese Sache effizient erledigt zu haben, war eine lohnende Arbeit. Es gibt Leute, die heute glauben, sie könnten Lincolns Grab ausrauben. Sie haben es vor nicht allzu langer Zeit versucht. Ihre Absichten wurden völlig vereitelt.

Menschen die Stirn zu bieten, die versuchen könnten, einem Präsidenten der Vereinigten Staaten auf seiner Fahrt über seine Straße Schaden zuzufügen, halte ich für ein höchst ehrenhaftes Vorgehen eines jeden Generaldirektors.

Während meiner Bekanntschaft mit dem Generaldirektor lernte ich auch seinen damaligen Polizeichef, Herrn C. E. Burr, kennen. Herr Burr hatte mich während meiner Ermittlungen für den Generaldirektor verfolgt, aber keine besonderen Anstrengungen unternommen, mich ausfindig zu machen. Er kannte seine Leute ziemlich gut, er kannte seine Vorstellungen von der Organisation der Bahnpolizei ziemlich genau, und da er glaubte, dass er seinem Arbeitgeber gegenüber fair behandelt wurde, war es ihm egal, wer sein Territorium überwachte.

Mehr über Herrn Burr, dem ich meinen ersten echten Einstieg in die Korruption und ihre Praktiker verdanke. Ohne ihn und seine Hilfe hätte ich mich kaum so schnell in dieses Thema einarbeiten können.

Nachdem ich dem Geschäftsführer meinen Bericht vorgelegt hatte, kehrte ich nach zwei Monaten ziemlich harter Arbeit nach New York zurück, um mich der nächsten vielversprechenden Aufgabe zu widmen, die sich mir bot.

KAPITEL XXIV

Ich versuche, von meiner Feder zu leben

Wie ich bereits sagte, hatte ich zu Beginn in New York verhältnismäßig wenige Freunde und Bekannte. Wenn ich an das erste Jahr in dieser Stadt zurückdenke, glaube ich nicht, dass ich mehr als sechs Männer persönlich kannte, und sie waren, wie ich, auch Anfänger, was New York betraf. Seltsamerweise kam fast jeder von uns aus dem Westen, eine Tatsache, die mich zu der Frage führt, ob in einer Stadt wie New York Westler, Südler und Ostler nicht aufgrund eines seltsamen Gesetzes unweigerlich zusammenfinden? Sicherlich kam diese kleine Gruppe junger Männer, der ich die Ehre hatte anzugehören, unangekündigt zusammen, im Guten wie im Schlechten, ohne sich darum zu kümmern, wen sie trafen, und doch wurden sie durch die Umstände dazu gedrängt, sich als Westler zusammenzuschließen.

Wir wurden die Griffou-Bewegung genannt. Fast jedes Mitglied dieser Organisation war ein Schriftsteller irgendeiner Art oder wollte einer werden. Vielleicht war ich der erste der ursprünglichen Vertrauten dieser kleinen Gruppe, der im Griffou Hotel in der Ninth Street wohnte, das mehrere Jahre lang unser regelmäßiger Treffpunkt war und von dem wir unseren Firmennamen erhielten. Ich begann dort fast unmittelbar nach meiner ersten Arbeit für die Pennsylvania Company zu leben. Der Ort hatte damals etwas seltsam Fremdartiges an sich, das meine Seele befriedigte, und er lag im Viertel Washington Square, das in meiner Zuneigung von keinem anderen in New York übertroffen werden wird. Obwohl ich in der ganzen Stadt gelebt habe, lenken meine Schritte irgendwie, wenn ich die Fähre verlasse und auf einer Reise nach New York zurückkomme, natürlich die Schritte in Richtung einer Unterkunft in der Nähe des Washington Arch. Ich glaube, dass einige der anderen jungen Männer immer dasselbe über diesen Ort gedacht haben. Jedenfalls begann hier mein Kampf um einen Platz in der Geschäftswelt der Stadt. Ich habe gesagt, dass wir Schriftsteller waren, oder eher Anwärter auf Auszeichnung als solche. Warum wir alle diese Tätigkeit als diejenige auserkoren haben, in der wir unserer Meinung nach am besten waren, kann ich kaum erklären. Dass wir bei unserem ersten Zusammentreffen übermäßig literarisch waren, scheint mir nicht der Fall zu sein. Ein oder zwei hatten damals sogenannte akademische Essays geschrieben, aber keiner von ihnen hatte, glaube ich, viel Geld mit dem Schreiben verdient. Aus irgendeinem Grund – vielleicht schien es das Einfachste zu sein – schlossen wir uns alle dieser Armee von Männern und Frauen in New York an, die versuchen, ihren Lebensunterhalt mit der Feder zu verdienen.

Ich versuchte zunächst, eine Stelle als Polizeireporter zu bekommen. Ich dachte, wenn meine Erfahrung und Ausbildung mich darauf vorbereitet hatten, über irgendetwas in einer Großstadt zu schreiben, dann waren sie auch für die journalistische Arbeit als Beobachter in Polizei- und Kriminalkreisen geeignet. Meine Ambitionen in dieser Richtung verliefen im Sande. Ich bewarb mich ernsthaft um die fragliche Stelle bei mehreren Zeitungen, aber die Redakteure konnten sich nicht für meine Fähigkeiten begeistern . Nachdem ich in New York angefangen hatte, ärgerte ich die Redakteure noch mehrere Jahre lang mit meinen Ansichten über ihre Polizeiberichterstattung, aber ohne Erfolg. Da ich einst ehrgeizig war, Auslandskorrespondent zu werden, und dachte, dass ich mit Ausdauer diese Aufgabe erfüllen könnte, musste ich in den Jahren, in denen ich darum bettelte, Polizeireporter zu werden, eine weitere Enttäuschung und Verdruss in mein Notizbuch schreiben. Vielleicht ist es jetzt genauso gut, dass meine Bemühungen bei den Redakteuren in dieser Richtung keinen Erfolg hatten. Aber ob dies nun so ist oder nicht, ich schlage hier in meinem eigenen Buch und in dem von niemand anderem vor, einen kurzen Überblick darüber zu geben, wie sich die Polizeiberichterstattung meiner Meinung nach entwickeln könnte, wenn man sie ernsthaft betreibt.

In den letzten Jahren bin ich zu der Überzeugung gelangt, dass eine Tageszeitung, die sorgfältig über die kriminellen Vorgänge in diesem Land berichtet – und zwar nicht nur auf lokaler Ebene, sondern im gesamten Land, soweit sie abdecken kann –, die dies Tag für Tag gewissenhaft tut und der Öffentlichkeit die kriminellen Fakten über uns so präsentiert, wie wir sie verursachen, eine Arbeit leistet, deren Polizeiberichterstattung von unschätzbarem Wert ist und die ihr den Dank aller Kriminalwissenschaftler einbringt.

In gewisser Weise schwebt mir für eine tägliche Aufzeichnung der Kriminalität der Nation eine Darstellung unserer jährlichen Kriminalität vor, wie sie in der Chicago *Tribune zu finden ist* , wenn sie in dieser Hinsicht unser Soll- und Habenkonto bildet. Es scheint mir durchaus möglich, dass eine Zeitung die täglichen Nachrichten aus der Welt der Kriminalität, soweit sie der Öffentlichkeit zugänglich gemacht werden sollten, auf eine ebenso interessante und nützliche Weise zusammenfasst wie die *Tribune* und bestimmte andere Zeitungen. Ich bin fest davon überzeugt, dass es uns guttun würde, uns jeden Morgen des Jahres, sonntags nicht ausgenommen, so im Spiegel der Kriminalität zu sehen, wie wir sind. Statistiken, stille Berichte über begangene Verbrechen, Anekdoten, anschauliche Vorfälle, die keine Theorien beweisen, sondern lediglich das Ausmaß und die Intensität der Kriminalität in unserer Mitte anschaulich machen – all diese Faktoren müssten wahrscheinlich in das von mir geplante Schema einfließen. Der wesentliche Faktor muss jedoch diese unerbittliche Darstellung unserer

Kriminalität als Volk sein. Es lässt sich nicht leugnen, dass wir alle bereit sind oder, wenn Gefängnis- und Gerichtsakten die Wahrheit sagen, bald die kriminellste Nation der Welt sein werden. Das ist keine angenehme Tatsache oder Aussicht. Die Aufgabe des Polizeireporters sollte meines Erachtens darin bestehen, uns diesen trostlosen Zustand so lange vor Augen zu halten, bis wir aufwachen und sagen, dass es so nicht mehr weitergehen kann. Ein solcher Mann hat, wenn er seine Arbeit gut macht, ein ebenso hohes Gehalt verdient wie sein Chefredakteur. Die hohe Kriminalität in den Vereinigten Staaten ist eines der entsetzlichsten Probleme, das uns direkt ins Gesicht starrt und nach einer Lösung verlangt. Die Beschreibung dieser Kriminalität, ihre schreckliche Bedeutung, ihre bedrohlichen Ausmaße – diese Dinge werden noch von keiner mir bekannten Zeitung täglich behandelt, wie sie es sollten.

Darauf wird mancher entgegnen: „Aber unsere Kinder lesen die Zeitungen, unsere Mütter, Frauen und Schwestern lesen sie. Warum erhöhen wir den Anteil krimineller Inhalte in den Zeitungen, die wir nach Hause bringen müssen? Warum unterdrücken wir nicht so weit wie möglich alle Hinweise auf das, was kriminell und sündig ist?"

Meine Antwort auf diese Fragen ist, dass die Kriminalität zu einem so großen Teil unseres nationalen Charakters geworden ist, dass es höchste Zeit ist, dass wir ein kriminelles Thermometer haben, das uns ehrlich und fair unser kriminelles Fieber anzeigt. Der Polizeireporter, wie wir ihn hier betrachten, kann mit dem Krankenpfleger in unseren Krankenhäusern verglichen werden, der irgendwo in uns oder um uns herum ein Thermometer platziert und versucht, unsere Körpertemperatur zu bestimmen. Der Krankenpfleger kommt regelmäßig zu uns, gemäß den Anweisungen des Arztes im Laufe des Tages; und nachts oder am nächsten Morgen erhält der behandelnde Arzt einen genauen Bericht darüber, wie unser Puls zwölf oder vierundzwanzig Stunden lang geschlagen hat, je nachdem.

Ich schlage vor, dass unser gut ausgebildeter Polizeireporter, der mit den Verhältnissen bei der Polizei und auf den Polizeidienststellen vertraut ist, uns jeden Morgen und Abend darüber berichten sollte, wie wir als Kriminelle und als Bürger der Republik zurechtkommen, und dass ihm dabei unser Wohl am Herzen liegt.

Doch zurück zum Griffou-Vorstoß und zu jenen frühen Jahren des Kampfes mit Redakteuren und so weiter. Das vielleicht schönste Gefühl, das ich in jenen Jahren hatte, waren meine wöchentlichen Ausflüge nach Park Row, normalerweise zur *Sun*- Redaktion, wo ich meine Rechnung für den Platz einreichte und das Geld einkassierte, das mir zustand. Ich werde nie vergessen, wie stolz ich an einem Samstag war, als ich mit siebzehn Dollar

Platzgeld in der Innentasche durch die Bowery – oder die Lane, wie „Chuck" Conners sie lieber nennt – zurück zur Ninth Street schlenderte. Ich erinnere mich, wie ich an einem Zehn-Cent-Museum vorbeikam. Das altmodische Kinderfieber, die Tiere und die Räder sich drehen zu sehen, überkam mich. Es ist unmöglich, jetzt zu sagen, wie viel mich der Besuch dieser wunderbaren Einrichtung gekostet hat. Ich erinnere mich jedoch, dass meine siebzehn Dollar in einem seltsam heruntergekommenen Zustand waren, als ich später am Treffpunkt des Griffou-Vorstoßes ankam. Ich habe mehrere davon seit dieser Erfahrung nie wieder gesehen, aber wenn ich zurückblicke, kann ich nicht sagen, dass ich ihren Verlust bereue. Wenn man sich an einem Samstagabend mit der Gruppe treffen und eine Geschichte darüber erzählen konnte, wie man in der Lane oder anderswo „fertig" geworden war, sorgte das für viel Heiterkeit und, wie ich glaube, auch für gesunde Kritik. Als Anfänger in der Großstadt, als Nachzügler, die sich ihren Weg erkämpften, als Männer, die wussten, dass die Jahre viel zu schnell vergingen – wer fühlt sich nicht so, sagen wir, nach dreißig? –, waren wir entschieden kritisch gegenüber einander und neigten sehr dazu, einem angeblichen kriminellen Mitglied unserer Gruppe zu sagen, was er unserer Meinung nach tun sollte, um erfolgreich zu sein. Aber schließlich waren wir vom Geist und Temperament her jung und neigten viel mehr dazu, bei unseren Zusammenkünften zu lachen als zu trübsalbern oder zu feierlich zu sein.

Es scheint mir kaum fair, hier die Namen der anderen in dieser Gruppe zu nennen, obwohl ich geneigt wäre, nur freundliche Dinge über sie zu sagen. Unsere ursprünglichen vier, wie die Griffou-Gruppe meines Wissens zusammengesetzt war, sind bis heute treue Freunde geblieben, wenn auch nicht Jungen. Später entwickelte sich die Gruppe zu einer größeren Gruppe von Männern, und ich muss leider sagen, dass einige dieser Neuankömmlinge in eine andere Welt übergegangen sind.

Die Männer, mit denen ich angefangen habe, werde ich Hutch, Alfred und Morey nennen. Morey besitzt jetzt ein Auto und ist in der Lage, ein Exemplar abzulehnen, wenn ich ihm ein Exemplar schicke. Hutch schreibt Bücher und schreibt uns ab und zu, wie froh er ist, dass die Tage der Zwangsarbeit vorbei sind und er sich in seiner eigenen Rechtschaffenheit unter der italienischen Sonne aalen kann. Alfred ist ein literarischer Philosoph geworden und denkt, dass ein Anfang in New York, wie wir es getan haben, aus der Ferne besser aussieht.

KAPITEL XXV

Mit den Kräften, die jagen

Ich habe die Erfahrung gemacht, und ich nehme an, die meisten Menschen auch, dass das Erreichen eines Ziels immer von einer Spur Enttäuschung, Geistesmüdigkeit, ja sogar Ekel begleitet wird, und zwar im Verhältnis zu der Anstrengung, die man unternommen hat, um es zu erreichen. Dies ist übrigens nur eine der Strafen, die die *Wanderlust* denjenigen auferlegt, die ihrem unwiderstehlichen Ruf zuhören und ihm gehorchen. Ich weiß, wovon ich spreche, das müssen Sie sich merken. Immer wieder, wenn ich das von meinen Vagabundeninstinkten gesetzte Ziel erreichte, hatte ich eine *mauvais quatre d'heure* davon, wenn ich versuchte, diese Reaktion von Gedanken und Gefühlen zu überwinden, die mit Sicherheit einsetzte und länger oder kürzer anhielt, je nachdem, was vor mir oder um mich herum lag. An solchen kritischen Punkten, egal was ich tun wollte, kamen die eindringlichen Fragen: „Nun, und was haben Sie dafür bekommen?" „Haben Ihre Bemühungen Ihnen auch nur eine einzige Sache gebracht, die für Sie von echtem Wert ist?" „Was ist mit der Zeit und Kraft, die Sie verschwendet haben, um zu erreichen – was?" „Was kommt als Nächstes und warum?" „Wie wird das alles enden?" – und viele weitere beunruhigende Gedanken ähnlicher Art. Natürlich würde auf die Phase des „Blues", wie ich diese Eingebungen des Gewissens oder des gesunden Menschenverstands zu nennen pflegte – ich glaube, die Begriffe sind austauschbar –, dass ich mich wieder auf den Weg machte, im wahrsten Sinne des Wortes oder auf andere Weise. Aber die Selbsterforschung wartete *am* Ende der Wanderung oder des Abenteuers so sicher auf mich, dass ich das Ende des letzteren oft eher fürchtete als begrüßte.

Ich sage das, weil ich daran erinnert werde, dass ich während all meiner Wanderungen nie den „Schock der Errungenschaft" so stark gespürt habe wie an jenem Aprilnachmittag, als das Linienschiff, mit dem ich nach Amerika zurückgekehrt war, die Quarantänestation verließ und langsam die Bucht hinaufdampfte. Um mich herum und vor mir boten sich mir Anblicke, von denen ich geträumt und die ich mir viele Monde lang gewünscht hatte, um sie noch einmal zu sehen. Die in zartes Grün getauchten Küsten von Staten Island und Bay Ridge glitten an uns vorbei; Liberty hob eine winkende Hand zur Begrüßung, die Lagerhäuser von Brooklyn, Governor's Island, New Jerseys Saum aus Masten und Schornsteinen, die pingeligen Schlepper, die stumpfnasigen, geschäftsmäßigen Fähren und Manhattan selbst mit seiner Reihe von Wolkenkratzern, die wie gezackte Zähne in der Luft kauten, waren mir so vertraut und so sehr ersehnt worden! Und doch überkam mich eine plötzliche Apathie ihnen gegenüber und eine Unzufriedenheit mit ihnen und mir selbst, die mich krank und lähmend zu machen schien. Ich wünschte mir tatsächlich, ich müsste das Boot gar nicht verlassen, sondern könnte auf ihm bleiben, bis es wieder die Nase in Richtung der Länder drehte, in denen ich noch vor einer Woche oder so so unzufrieden gewesen war. Und warum? Wer kann die verborgenen Quellen der menschlichen Mentalität erklären?

Sie würden es kaum glauben, wenn ich Ihnen sagen würde, dass eine ähnliche Einstellung oder Geisteshaltung bei einem Gauner (allgemein als „Killer" bezeichnet) keineswegs ungewöhnlich ist, der eine lange „Strafe" oder Haftstrafe hinter sich hat. Natürlich verbringt der Mann die meiste Zeit damit, darüber nachzudenken und zu planen, was er tun wird, wenn der Tag kommt, an dem er dem Gouverneur die Hand schüttelt und den Zug zu seinem Ziel nimmt. Aber die Reaktion setzt mit der Stunde der Entlassung ein, und es entsteht eine mehr oder weniger ausgeprägte Abneigung oder Abneigung gegenüber genau den Dingen, auf die sich der ehemalige Häftling vielleicht jahrelang gefreut hat. Manchmal hat der Mann einen Weg ausgeheckt, wie er es „rundmachen" oder in Zukunft ein ehrliches Leben führen kann. Leider muss ich jedoch sagen, dass es tatsächlich nur wenige „Killer" gibt, die, nachdem sie „ihre Pflicht getan" haben, danach ehrlich bleiben. Normalerweise sind die Gedanken des „verschleppten" Kriminellen darauf gerichtet, Mittel und Methoden zu perfektionieren, um „einen tollen Kram zu klauen und zu verschwinden" – mit anderen Worten, eine beträchtliche Menge Geld oder Wertgegenstände zu stehlen, ohne verhaftet zu werden. Aber wie bei uns anderen scheint auch der „verschleppte" Kriminelle unter vorübergehender Gehirnschwäche zu leiden, wenn er physisch mit Dingen und Angelegenheiten in Berührung kommt, die ihm vorher mental bekannt waren. Anstatt seine Pläne in die Tat umzusetzen, erscheint daher nicht selten ein Zeitungsartikel wie dieser:

> John Smith, keine Adresse, wurde gestern Abend an der Ecke Broadway und Fortieth Street verhaftet. Ihm wird Trunkenheit und Ruhestörung sowie der Angriff auf einen Beamten vorgeworfen. Vor Gericht sagte Polizist Jones heute Morgen aus, der Angeklagte habe mehrere Bürger beleidigt und belästigt, die Schaufenster eines Tabakladens umgeworfen und Jones mehrmals geschlagen, bevor er überwältigt werden konnte. Smith wurde vor Gericht als „Conkey" identifiziert, auch John Richardson, ein Gauner, der erst vor wenigen Tagen nach Ablauf einer vierjährigen Haftstrafe wegen Einbruchs aus dem Staatsgefängnis entlassen wurde. Angesichts seiner Vorstrafen wurde er in Ermangelung einer Kaution von 2.000 Dollar für eine Verhandlung vor Sondersitzungen festgehalten.

Für uns, die wir behaupten, zu den anständigen Klassen zu gehören, ist es gut, dass diese Beschneidung der Absicht angesichts der Tatsachen eher die Regel als die Ausnahme ist. Die Öffentlichkeit wäre in einer ziemlichen Zwickmühle, wenn die Mächte, die Beute machen, ihren im Gefängnis genährten Einfällen immer wieder praktische Ausdruck verleihen würden; denn diese letzteren, wie ich wissen muss, verfehlen, wenn sie in Aktion treten, selten ihren Zweck. Vielleicht 75 Prozent der wirklich großen „Jobs", die erfolgreich „durchgezogen" werden, haben ihren Ursprung im „Aufruhr" oder Zuchthaus oder im Staatsgefängnis, wobei die Einzelheiten von dem „Mob" oder der Bande ausgearbeitet werden, mit der die abgefeuerte „Waffe", der Autor der „Pfanne", in Verbindung steht. Da der Gauner, der eine jahrelange Haftstrafe erhält, diese im Allgemeinen aufgrund seiner beruflichen Fähigkeiten erhält und da es während seines „Auftritts" wenig oder nichts gibt, was ihn daran hindern könnte, sich Gedanken zu machen, ist es kein Wunder, dass seine Pläne selten scheitern, wenn sie jemals das Stadium einer tatsächlichen Prüfung erreichen.

Von einem Foto, aufgenommen in St. Petersburg,

Josiah Flynt, in seinem „Gewand der Straße", während einer Wanderschaft in Russland

Abgesehen vom Verbrecher kann es sein, dass wir selbst und unsere Freunde nicht schlechter dran sind, weil unsere Durchsetzungskraft aus einem ähnlichen Grund abgestumpft oder behindert ist. Was für eine unerträgliche Welt wäre das, wenn jeder Mensch den Marotten und Einfällen Ausdruck verleihen könnte, die ihn, um die Worte der Unterwelt zu verwenden, „auffressen "! Und was für eine Neuordnung der sozialen, kommerziellen und persönlichen Angelegenheiten wäre notwendig, um unter diesen Umständen das Nötigste zum Leben zu sichern!

Ich übergehe die Stunde der Niedergeschlagenheit und des Zweifels, die ich erlebte, bevor unser Dampfer an seinem Pier festmachte, und sage nur, dass meine Depression verflogen war, sobald ich die Gangway hinabstieg und das erreichte, was unter diesen Umständen trockenes Land bedeutete, und ich wieder mein eigener Herr war. Ich ertappte mich dabei, die wartende Menge neugierig zu beäugen, um zu sehen, ob sich darunter bekannte Gesichter befanden, willkommen oder nicht. Ich möchte hinzufügen, dass ich aus Gründen, die ich nicht erklären muss, keinem meiner Freunde von meiner Absicht, in die Vereinigten Staaten zurückzukehren, in Kenntnis gesetzt hatte. Daher wäre ein Treffen mit Bekannten eher das Ergebnis des Zufalls als der Absicht.

Mit einer Mischung aus Verärgerung, Wut und Bedauern, gemildert – wenn ich das gestehen muss – durch eine Spur Belustigung, wurde mir klar, dass ich zu Hause in Form eines breiten Lächelns von einem der cleversten Gauner begrüßt wurde, der jemals in der Wall Street mithilfe seiner mit Mahagoni ausgestatteten Büros und – des Gesetzes selbst – seine Tricks angestellt hat.

Es ist eine ziemlich natürliche, wenn auch, wenn man darüber nachdenkt, eher unvernünftige Erwartung, die uns dazu veranlasst, diejenigen, denen wir bei der Landung an einer fremden oder unserer Heimatküste als erstes begegnen, als repräsentativ für die Bevölkerung des Landes im Allgemeinen zu betrachten. Aber obwohl die Küstenbevölkerung jedes Landes ziemlich verschieden von den übrigen Einwohnern ist, weist sie, zumindest in Europa, die nationalen Merkmale in einem Ausmaß auf, das den durchschnittlichen Touristen zufriedenstellt. Ich muss wohl kaum hinzufügen, dass solche Merkmale bis zu einem gewissen Grad unverwechselbarer und bedeutsamer Natur sind. Die Trachten, Gesten, Manieren und die Sprache der Küstenvorhut scheinen mir immer in angemessener Beziehung zueinander und zu den anderen Dingen zu stehen, denen der Reisende weiter im Landesinneren begegnet.

So etwas Ähnliches kam mir, als ich mechanisch das Lächeln des Mannes erwiderte, der sich seinen Weg durch die Menge bahnte und der Reihe von Stewards und Gepäck auswich, die über die Reling des Schiffes wirbelte. Es war zweifellos ein dummer und unpatriotischer Gedanke, und er war wahrscheinlich auf verschiedene Faktoren zurückzuführen, darunter meine Vertrautheit mit der Unterwelt, aber er kam mir mit zynischer Kraft und Humor, dass es nicht ganz unangebracht war, dass ein gut gekleideter, liebenswürdig aussehender und anscheinend wohlhabender Mensch mit verwerflichen Sitten und krummen Methoden sozusagen an der Schwelle zu einem Land so deutlich in Erscheinung trat.

Verstehen Sie mich nicht falsch. Ich möchte mit dem Vorstehenden nicht andeuten, dass wir eine Nation von Kriminellen sind, egal ob groß oder klein, und dass wir deshalb in diesem Fall auf dem Pierkopf von meinem lächelnden Freund angemessen vertreten wurden. Aber ich glaube ernsthaft, dass die amerikanische Öffentlichkeit sich noch nicht der Gefahr bewusst ist, die entsteht, wenn sich die großen Massen an die aktuelle und zunehmende Unehrlichkeit der kleinen Klassen gewöhnen. Ich sage „gewöhnt", um damit zu sagen, dass die Öffentlichkeit anscheinend das Diktum akzeptiert, dass, wenn ein Mann oder ein Unternehmen in ausreichend großem Maßstab stiehlt, nicht nur das Gesetz durch die Rechtsgelehrten gelähmt wird, die bereit sind, Gebühren von Dieben einzubehalten, sondern dass unsere Jugend außerdem gelehrt wird, einen solchen Diebstahl als gleichbedeutend mit Erfolg zu betrachten.

Meine Beobachtungen haben mich gelehrt, dass Verbrechen wie Wasser sind – sie steigen von oben herab. Eine Nation orientiert sich mehr oder weniger an ihren prominenten Männern. Wenn sich diese bei einer moralischen Analyse als bloße „Trottel" herausstellen, die im großen Stil agieren, umso schlimmer für die Nation, denn auch wenn das Beispiel der betreffenden Männer nicht in dem Maße von der Masse befolgt wird, so ist es doch sicherlich in der Art. Ich fordere jeden heraus, diese Behauptung anhand von städtischen oder historischen Daten zu widerlegen. Andererseits könnte ich, falls nötig, zeigen, dass in wiederholten Fällen auf sogenannte *Finanzcoups* und „Deals" und all die anderen legalisierten Raubüberfälle in hohen Positionen ein reges Treiben vor den Amts- oder Strafgerichten folgte oder sie begleitete.

Es war einmal, da war "Chi" - wie Chicago in der Unterwelt genannt wird - das Hauptquartier von Gaunern aller Art und Klasse - einschließlich der Urheber von Weizenecken und so weiter. Aber New York ist oder wird, so nehme ich an, der Sammelplatz für die meisten der Manipulatoren der Finanzwelt sein. Ich wage die Prophezeiung, dass, wenn sich die Tatsache herausstellt, dass die Metropole ihr Lieblingsquartier ist, es eine entsprechende Aktivität seitens der lokalen "Waffen" aller Art geben wird, ob sie nun noch im Entstehen sind oder schon voll entwickelt, vom Bürojungen, der Briefmarken klaut, bis zum modernen Taschendieb, der einen "Peter" oder einen Tresor mit Hilfe eines Taschenlabors und elektrischer Bohrmaschinen ausräumt. [1]

Ich glaube nicht, dass diese Geschichte den Namen des Mannes mit dem Lächeln erfordert. Bis zum Zeitpunkt des Schreibens ist er nicht ins Gefängnis gekommen, und die Oberwelt hält ihn deshalb für eine ehrenwerte Person — so ist es nun einmal in der Oberwelt, die einen Mann eher nach seinen Ergebnissen als nach seinen Taten beurteilt. Dass er und die anderen Mitglieder seiner Bande die Hudson-Landschaft nicht durch vergitterte Fenster betrachten, liegt meiner Meinung nach daran, dass einer seiner Kumpels ein kluger und äußerst respektabler Anwalt ist, der, weil er sein Geschäft so genau kennt, das Gesetz genau den Gaunern in den Dienst stellen kann, die es eigentlich unterdrücken soll. Daraus lässt sich schließen, dass er einer jener Haie war und ist, die als Finanzanwälte bekannt sind und die stürmischen Meere des Finanzdistrikts heimsuchen. Er ist Mitglied der Union League und einer Kirche an der Fourth Avenue und wurde mit mehreren Bürgerbewegungen in Verbindung gebracht, die sich mit der Verbesserung bestimmter Aspekte der Stadtverwaltung befassten. Er ist einer der gemeinsten, unverhohlensten „Waffen", die je dabei geholfen haben, einer kranken Witwe ein paar Pennys aus dem Kaminstrumpf zu klauen . Das ist keine Redewendung. Die Unternehmungen, mit denen er und seine Bande die Öffentlichkeit überhäufen, sind speziell darauf angelegt, die Hoffnungen und Ängste derjenigen anzusprechen, deren Kenntnisse in Finanzangelegenheiten und persönliche Mittel ebenso gering sind. Zu den Opfern gehört ausnahmslos ein beträchtlicher Prozentsatz von Frauen, die ohne Berater ihre spärlichen Ersparnisse unbedingt anlegen wollen und die glauben, dass Wall Street auf die eine oder andere Weise ein Ort ist, an dem man Geld machen kann. Sie sind bereit, die verlogenen Geschichten zu schlucken, die die Grundlage der Drucksachen der betreffenden Unternehmen oder „Pools" bilden.

Aus der Sicht der Oberwelt ist natürlich jede Bestechung schlecht, auch wenn die Unterwelt das anders sieht. Aber ich bin ehrlich davon überzeugt, dass der wahre „Dip", „Moll-Buzzer", „Peter-Man", „Prop-Getter", „Thimble-Toucher", „Queer-Shover", „Slough-Worker", „Second-Story Man" oder jede andere Art von „Waffe" die „Papierpfeifer" wie meinen Pier-Krummmann und seine Gefährten auf die gleiche Weise betrachtet wie ein Bankräuber einen Dieb, der sich auf der East Side eine Fußmatte zulegt.

Das Letzte, was ich von dem Mann gehört habe, und zwar erst vor kurzem, war, dass er und seine Kumpels eine Firma auf die Beine stellten, die angeblich eine Farbe herstellen und verkaufen wollte, „die in die Substanz des Materials eindringt, auf dem sie verwendet wird, und so ein fester Bestandteil davon wird und infolgedessen praktisch unzerstörbar ist." Ich zitiere aus der vorläufigen Broschüre, die an die „Trottel" geschickt wurde, die auf den glitzernden Köder der Zeitungsanzeigen des Konzerns angebissen hatten.

Die Öffentlichkeit würde wahrscheinlich vor ihm zurückschrecken (wir nennen ihn John Robins, was ungefähr seinem Handelsnamen entspricht), wenn sie wüsste, dass er in Colorado wegen Einbruchs im Gefängnis saß und aus mindestens einem anderen westlichen Bundesstaat vertrieben wurde, weil er Menschen auf eine Weise von ihrem Geld abgezockt hat, die weder von den Gesetzen der Stadt noch von denen der Bergarbeiterlager anerkannt wird. Die „Waffen"-Gemeinschaft – zumindest ein großer Teil von ihr – kennt die Fakten in seinem Fall, aber es ist nicht ihre Aufgabe, „die Guten neben die Korruption zu stellen" oder, mit anderen Worten, Geschichten aus der Schule zu erzählen.

Die Polizei und die Pinkerton Detective Agency sind „weise", aber auch in diesen Fällen gibt es keinen offiziellen Grund, gegen Robins und seine Bande vorzugehen, während es andererseits sehr gute Gründe dafür geben kann und wahrscheinlich auch gibt, ihn in Ruhe zu lassen. Ich denke, meine Leser werden verstehen, was ich meine.

Meine Kenntnis und Bekanntschaft mit dem Mann hatte zwei Seiten. Beide begannen mit Beschwerden, die ein „Trottel" an eine Zeitung in der Großstadt geschickt hatte, dessen Kiefer sich in dem Haken verheddert und gestochen hatte, der in Robins literarischem Material verborgen lag, das in diesem Fall mit einem Grundstücksgeschäft zu tun hatte. Aus seiner Sicht ausreichenden Gründen beauftragte mich der Lokalredakteur der Zeitung mit der Untersuchung.

In derselben Nacht traf ich durch pures Glück auf einen alten Gauner namens „Split" Kelly, den ich früher recht gut gekannt hatte. Ich fragte ihn, ob er mir Informationen über Robins geben könne, und er erzählte mir dann das über den Promoter, was ich bereits erzählt habe und was ich übrigens später durch andere Informanten bestätigt bekam.

„Wie lange ist das alles her?", fragte ich.

„Fünfzehn oder zwanzig Jahre, vielleicht", antwortete „Geteilt." „Der dünne
‚Zahn' – wir nannten ihn so, weil ihm die Zähne vorn fehlten, weil sie der
Faust eines Polizisten im Weg waren – gab an, dass er ihn geradebiegen
wollte. Das war in Frisco, denken Sie. Und die Geradebiegerei nahm die
Form eines Informanten an. Und dann begannen die Dinge gegen den Mob
anzugehen. Big Bill Murray, denke ich, war einer der ersten, die vor das Front
Office [Polizeipräsidium] gezerrt und für einen kleinen Mordfall angeklagt
wurden. Ebenso gab es ‚Sweet' Schneider, einen cleveren Typen, und Jimmy
Cole – er wurde für einen vierten Platz gestreckt – und ‚Cat' Walters – und
– ein Dutzend oder mehr hübsche, nette Typen, die Namen auf alles, was ich
unterscheide."

„Aber wie steht es mit dem Prozentsatz?", fragte ich und meinte damit das
Geld, das die Gauner der Polizei als Gegenleistung für „Schutz" zahlten.

"In diesen Tagen", erklärte "Split", "gab es eine Art Verwechslung im Front
Office; einige der Leute wurden von ihnen rausgereicht, die damit zu tun
hatten, da es frisch aus den Waffen kam. Sie werden sich fragen, Cig., woher
das Gerede kam. Und als dieser Tooth uv youn seinen Hinweis gab, sagten
die Jungs vom Front Office, von denen sie behaupteten, sie hätten etwas
Dreckiges angestellt, ‚Wenn wir nicht so in das Spiel einsteigen, wie wir
sollten, na ja, dann läuft kein Spiel.' Und sie fingen an, es uns zuzuwerfen,
wie ich schon sagte. Das war die alte Geschichte, Cig., die alte Geschichte.
Wenn es Ärger im Front Office gibt , wird das an den Waffen ausgetragen."

„Und, Split", sagte ich, „haben Sie auch Ihren Teil durch Tooth gebracht?"
Ich hatte in der Rede des alten Kerls den Unterton persönlicher Abneigung
gegen „Tooth" bemerkt und den Grund dafür erraten.

"Du hast richtig geraten, mein Mädel, aber der Teufel weiß, wie du darauf
gekommen bist, und ich habe anscheinend nichts gesagt. Und warum der
Trottel mich verklagt hat, weiß ich nicht. Drei Tage bevor ich in die
Schwitzkiste geworfen wurde, habe ich ihn an einen Blechfleck gepflockt,
weil ich nach einem dicken Leder gegriffen hatte." Und "Split" runzelte die
Stirn.

„Und was geschah dann?"

„Split" hielt ein imaginäres Streichholz zwischen Daumen und Zeigefinger,
blies zweimal hinein und schüttelte den Kopf. Daran erkannte ich, dass die
Waffen, die verraten worden waren, oder der Mob, mit dem sie in
Verbindung standen, zweimal versucht hatten, Robins das Leben zu nehmen
oder „sein Licht auszulöschen", und dabei gescheitert waren.

"Und dann?"

„Nun“, antwortete der Veteran gelassen, „mein tapferer Kerl hat sich eingebildet, dass in diesen Gegenden zu viel Blei im Umlauf sei, und dann kommt die Nachricht, dass er festgenommen wurde, weil er eine Gruppe von Ost-Torjägern in Manitou betrogen hatte. Aber sein Herbstgeld [Geldmittel für solche Notfälle!] hat die Ellbogen geschmuggelt [die Detektive bestochen] und er hat dafür gesorgt, dass er ganz gut wegkam, und den Rest kennen Sie. Und von da an habe ich ihn bis heute, vor drei Jahren, nie gesehen oder gehört . Der arme Clivir Saunders, ein alter Hase aus Frisco, hat mir erzählt, dass Tooth ganz oben in der 87. Straße, West, gegenüber dem Park wohnte. Ich hatte Zweifel, aber Clivir hatte recht, denn ich habe die Bude blockiert, und tatsächlich kommt mein Ex-Freund heraus und springt aus seinem großen Benzin-Buggy und davon, als wäre alles locker. „Oh ja“, sage ich, „da ist was los.“ Und ich gebe Clivir einen Hinweis, und am nächsten Tag, als Tooth kaut – wie heißt der – ist das überhaupt der französische Name, Cig.? – als der Kerl mit der Schutzbrille sich in Bewegung setzt, rutscht ein kräftiges Auto, in dem Clivir und ich saßen, in die Spur von Tooth und Nivir verliert ihn aus den Augen, sodass wir ihn in der Nähe dieser Hivin-Bürokneipen am unteren Broadway sehen.

„Aber ich hatte schreckliche Angst, weiter unterhalb der Loine zu gehen [der Grenze des Finanzdistrikts in New York City, über die sich aufgrund des ungeschriebenen Polizeigesetzes kein Gauner hinauswagen darf]. Und das sage ich auch , zu Clivir.

„Wenn es für ihn sicher ist“, sagte er, „ist es auch für uns sicher“ – was nicht stimmte, da ich zu der Zeit den Verdacht hatte, dass ich von einem Sprachrohr wegen einer Kleinigkeit über ein Buch belästigt wurde, das dem mehr oder weniger zweihundertsten Cousin von jemandem im Front Office gehörte. Und es ist schlimm, wie Sie wissen, Cig., sich direkt gegen den Front Office oder seinen Zwillingscousin zu stellen, denn wenn Sie das tun, werden die Finger [der Polizisten] Sie mit der rechten oder rechten Hand packen, wenn sie können.

„Wie dem auch sei, wir haben Freund Tooth in seinem Stammlokal gefunden und am nächsten Tag statten wir ihm einen Besuch ab, gekleidet in unsere Herbstklamotten [gute Kleidung, die man bei einem Prozess vor Gericht trägt] und wollen uns ein bisschen was aus den guten alten Tagen leihen. Seine Federn sind wirklich toll, mit vielen schicken Damen, die auf ihren Schreibmaschinen herumtüfteln, und vielen Teppichen, Messing, glänzendem Holz und anderen Dingen, von denen wir wussten, dass sie nur zum Fangen von Trotteln zu sehen sind.

„Also, Clivir und ich sagten, wir wollten Tooth wegen einer privaten und vertraulichen Investition befragen – das waren Clivirs Worte –, nur nannten wir ihn natürlich nicht Tooth, sondern ‚Mister Robins‘. Und dann eskortierte uns ein Mann mit einer Menge goldener Knöpfe auf seinem zweiten Stock in Tooths Büro selbst. Und es war ein krimineller Schachzug , dachte ich.

„Tooth hat uns, wie ich sehe, schon erkannt, und ich sehe auch, dass seine Finger zu einer schwarzen Blechdose auf der Scheibe zu seiner Rechten wandern.

„„Du kannst deinen Hund lassen, alter Kumpel', sagt Clivir, ganz so, ,wir werden uns wie die Kerle benehmen, für die wir aussehen. Waffen, vielleicht die drei von uns', sagt er, ,aber in diesem Palatschuk hier von dir werden nur drei und keine mehr ausgestellt, es sei denn, du bestehst auf einer Auseinandersetzung, was unwahrscheinlich ist!' Clivir hatte ein gutes Sprachverständnis, also hatte er das.

„„Will', sagt Tooth und sieht uns mit dem schelmischen Gesichtsausdruck eines Polizisten an, dessen Lederjacke gerade gerefft wurde, ,was zum Teufel wollt ihr beiden?'

„Mein Freund", sagt Clivir höflich und zeigt auf mich, „hat seinen Tastsinn verloren, als er in einer berühmten Stadt in Wistrin auftrat, wo er das Essen genoss und es zu deinem eigenen Vorteil zu sich nahm, Tooth. Und da er sich seitdem in verzweifelten Umständen befindet, ist er sicher gekommen, um dich zu bitten, es wiedergutzumachen, dass er seine Mähne durch das Tragen einer unehrlichen Schürze zerstört hat."

„Tooth Nivir drehte sich um, aber ich war verlegen, als ich ihn anlächeln sah . Er rückte seinen Stuhl ein wenig näher an das Telefon heran und dann sagte er mit einer Stimme, die unhörbar leise war:

„Hört zu, ihr habt Waffen gestohlen. Ihr glaubt, ihr könnt mich angreifen und wollt ein paar Hundert Dollar an mich ranmachen, und danach noch ein paar mehr und danach noch mehr. Ich sage euch, dass ihr nicht nur keinen einzigen Cent aus mir rauskriegt, sondern dass ich, wenn ich euch noch einmal in einem halben Morgen Entfernung von diesem Laden sehe, das Front Office informieren und euch dorthin bringen werde, wo ihr hingehört. Oh, es ist einfach genug für mich, das zu tun, also ist es so. Ein Wort an den „Big Man" oder die Leute in der Oberstadt, die sagen, dass zwei korrupte Gauner versuchten, mich zu erpressen – mich, den Präsidenten eines großen und angesehenen Unternehmens, ganz zu schweigen von meiner sozialen und persönlichen Stellung – und wo würdet ihr sein? Wie könnte die Hälfte von uns in einem Spiel wie dem meinen mitspielen? rennen, los, wenn Mulberry Street und der Big Man nicht Leute wie Sie davon abgehalten haben, uns zu belästigen, die in der Vergangenheit ein bisschen in Waffenkorruption verwickelt waren? Um Sie davon abzuhalten, in Zukunft auf dieser Seite der Loine Risiken einzugehen, sage ich Ihnen ganz offen, dass wir von demjenigen, der es kann – und es auch tut, wohlgemerkt – *so gut betreut* werden, dass die Berührung dieses Knopfs oder die Berührung dieses Wans ein paar kräftige Polizisten anlocken würde, die Ihnen die Schale abschütteln würden, bevor Sie das Gerüst aufsetzen, das Sie für den Rest Ihres Lebens in York krank machen würde. Und jetzt geh, ihr beiden.'"

„Und, Cig., wir fühlen uns wie der Schleicher, der feststellt, dass er ein Glas mit schimmeligen Gurken geklaut hat.

„,Ich dachte , ich wüsste das ganze Korruptionsspiel', sagte Clivir, als wir uns über den Fall im Klaren waren, ,jedenfalls theoretisch', sagte er, ,aber, Split, glauben Sie mir, die einzigen Leute, die wirklich dahinter sind und wissen, wie groß es ist, welche Form es hat und wie es sich ausbreitet, wo es beginnt und wie es sich entwickelt und was dahinter steckt , sind das Front Office und die Leute dahinter.'

„Und diese Worte stimmten, Cig. Sie stimmten ganz sicher."

Am nächsten Tag rief ich Robins an und überreichte ihm den Brief des mutmaßlichen Opfers des Grundstücksgeschäfts. Ich fragte ihn, was er dazu zu sagen habe.

Er öffnete einen Schreibtisch, holte eine Kiste Zigarren hervor, reichte sie mir, sah mir direkt in die Augen und sagte lächelnd: „Und was für eine Antwort möchten Sie überhaupt?"

Da spürte und sah ich, dass ich es mit einem coolen, cleveren Hochstapler zu tun hatte, der sich dafür entschieden hatte, im Wall Street-Viertel zu „arbeiten", statt in einem Umfeld der üblichen Art.

Ob Sie es wissen oder nicht, der Hochstapler mit den besten Leistungen pflegt die Kontrolle und den Ausdruck seiner Gesichtszüge mit der gleichen Sorgfalt wie seine professionelle Schönheit – und zwar aus dem Grund, dass sein Aussehen zu seinen wertvollsten Vermögenswerten gehört. Denn der erste Schritt beim „Trick", sei es in einem Hotel am Broadway oder einem Bürogebäude in der Innenstadt, besteht für den Betrüger darin, das Vertrauen seines Opfers zu gewinnen, indem er es durch seinen festen Blick, sein fröhliches Lächeln und seine Aufrichtigkeit im Ausdruck im Allgemeinen mit seiner Offenheit und Ehrlichkeit beeindruckt. Aber „kluge" Leute lassen sich von diesen Dingen nicht täuschen. Abgesehen von allem anderen werden Ihnen diejenigen, die viel mit Kriminellen zu tun hatten – ob ausgeraubt oder nicht – sagen, dass es so etwas wie das „Gaunerauge" gibt, das seinen Besitzer unweigerlich verrät. Es ist, wie ich einmal einen klugen Detektiv sagen hörte, „ein Auge hinter dem Auge" – etwas Unheimliches, das aus dem ausdruckslosen und kindlichen Blick hervorlugt, den der „Betrüger" auf seinen potenziellen Betrüger richtet.

Robins Augen waren groß, blau und klar und hatten einen fast kindlichen Ausdruck. Trotzdem sah ich, wie er mich lächelnd ansah, wie der „Gaunerblick" mich musterte, und ich wusste, dass die Geschichte des alten „Split" mehr oder weniger wahr war. Und spontan begann ich, es ihm im „Geplapper" der Unterwelt „einzuhauen".

Robins Augen verengten sich für einen Moment, aber das war auch schon alles. Sein beherrschtes Gesicht war einfach bezaubernd. Und ich, als *Kenner* von Dingen, die mit Waffen zu tun haben, konnte nicht anders, als dasitzen und bewundern. Dann lächelte er, aber nicht ganz so nett wie die, die er mir zuvor geschenkt hatte. Mr. Robins erkannte, dass er keine professionelle Anstrengung mehr unternehmen musste.

„Nun", sagte er nach einer nachdenklichen Pause, „sehen Sie, dass Sie *dabei sind* oder zumindest glauben, dass Sie es sind. Und was jetzt?" Das Lachen, mit dem er den Satz beendete, war so unverkennbar echt, dass ich sofort misstrauisch wurde.

„Ich schätze, Sie kennen sich gut genug mit Reportern aus", sagte ich ziemlich lahm, „um zu verstehen, dass ich hier bin, um zu fragen, ob die Beschwerden in diesem Brief auf Tatsachen beruhen oder nicht."

„In gewisser Hinsicht ist das eine Tatsache", antwortete er fröhlich, „aber das wird diesem Petzer nichts nützen, denn in dieser Hinsicht sind wir geschützt, wie ich Ihnen zeigen werde."

Er legte einen der Verträge vor, die zwischen seinem Unternehmen und seinen Kunden - oder "Trotteln" - bestanden, und wies auf einen darin enthaltenen "Scherzfaktor" hin, der den Vorwurf des Betrugs seitens des Briefschreibers rechtlich, aber gewiss nicht moralisch, hinfällig machte.

„Sie müssen einen sehr klugen Anwalt hinter sich haben", konnte ich mir nicht verkneifen zu sagen.

„Ja", antwortete Robins selbstgefällig, „er versteht sein Geschäft und er ist einer von uns. Wir müssen auf Tritte dieser Art gefasst sein, denn unser Geschäft bringt sie hervor. Wir sind ständig damit konfrontiert."

Er sprach mit zynischer Offenheit.

„Ich werde diese Bemerkung von Ihnen in meiner Geschichte verwenden", sagte ich.

"Sehen Sie mal, kleiner Kerl", erwiderte er, verfiel in die Umgangssprache der Unterwelt und drehte seinen Stuhl plötzlich so, dass er mich direkt ansah, "ich weiß nicht, wer Sie sind, abgesehen von Ihrer Karte; aber wie ich schon sagte, Sie sind anscheinend *auf der Straße* , und ich möchte einen guten Kerl wie Sie nicht am Kreuz behandeln. Es hat keinen Sinn, dass Sie meine Zeit verschwenden oder ich Ihre mit Spaßen. *Aber Sie können keine Zeile in Ihre Zeitung bringen, die mich verärgern würde.* Sehen Sie? Und in keine andere Zeitung in diesem kleinen Städtchen. Verstanden? Ich schätze, Sie wissen alles über die Berichterstattung bis ins kleinste Detail. Aber es gibt einige Aspekte des Zeitungsgeschäfts, mit denen Sie sich noch nicht auskennen. Dies ist einer davon. Soweit es mich betrifft, können Sie gleich hier aufhören, denn es gibt keine Zeile, die Sie über mich verbreiten."

„Und auch *das* kommt in meiner Geschichte vor", antwortete ich ziemlich hitzig.

Er lächelte nachsichtig, gähnte und stand auf. „Kommen Sie eines Tages mit mir zum Mittagessen", sagte er. „Sie scheinen ein rüstiger Junge zu sein, und vielleicht werfe ich Ihnen etwas in den Weg."

„Ich habe Material für eine Titelseite", berichtete ich dem Lokalredakteur eine halbe Stunde später.

„Ich – äh – glaube nicht, dass wir das brauchen", antwortete der kleine Mann mit den müden Augen, den ich ansprach. „Sie können eine Rechnung für Ihre Zeit einreichen, aber – Sie müssen sie nicht schreiben. Anweisungen vom alten Mann."

Ich wusste, dass die Anzeigenabteilung der Zeitung wieder einmal mit der Redaktion mitgewatschelt hatte und dass man wieder einmal entschieden hatte, dass es besser sei, einen Schurken zu schützen, als seine halbseitige „Anzeige" in der Sonntagsausgabe zu verlieren, ganz zu schweigen von seinen Viertelseiten für den Rest der Woche!

Robins wusste, wovon er sprach, als er mir versicherte, dass in seiner Angelegenheit „nichts zu machen" sei. Als ich sein Büro verließ, rief er einfach seinen Anzeigenagenten an und erklärte ihm die Situation. Dieser wiederum rief die Wirtschaftsabteilung der Zeitung an, und – da haben Sie es.

Merkwürdigerweise schien Robins aus irgendeinem Grund ein Auge auf mich zu werfen. Mehr als einmal machte er mir das verlockende Angebot, als PR-Mann oder Presseagent in seine Dienste zu treten. Aber ich konnte meine Vorurteile gegenüber seinen „Agenten" nicht überwinden, und zweitens hatte ich andere und ausreichend lukrative Geschäfte am Laufen. Trotzdem trafen wir uns manchmal, und er versäumte es nie, mich zu ärgern, weil ich es nicht geschafft hatte, ihn zu übertrumpfen.

Um auf unser Treffen am Pierkopf zurückzukommen: Nach einer anscheinend herzlichen Begrüßung fragte er mich, ob ich „Peck" Chalmers an Bord gesehen hätte. Er erklärte, dass Chalmers mit dem Dampfer, mit dem ich übergesetzt hatte, nach Amerika hätte zurückkehren sollen, dies aber anscheinend nicht getan hatte.

"Natürlich", sagte Robins, "wäre Peck unter einem Decknamen [monacher] gekommen, also war ich mir nicht sicher, ob er auf der Passagierliste stand oder nicht."

Ich kannte den Kerl, von dem er sprach, einen ruhigen, älteren, wohlerzogenen und glattrasierten Mann von etwa fünfundvierzig Jahren, der aussah wie ein Geistlicher in Zivil, in Wirklichkeit jedoch ein gewiefter Spieler und Hochstapler war; jemand aus Robins' eigener Berufsgruppe.

Robins erklärte weiter, dass Peck ins Ausland gereist sei, um zu sehen, ob das „Abhörspiel" oder etwas Entsprechendes auch in Großbritannien funktionieren könne.

„Er ging pleite, weil er – was meinen Sie? – einen Polizisten aus dem Norden des Staates entdeckte, der Raupen im Bart und Grassamen im Haar hatte. Stellen Sie sich vor – Peck, einer der besten Männer im Geschäft, wurde von einer Hummel erwischt, die gerade frisch vom Hartriegel gefallen war! Es geschah folgendermaßen: Der Staatspolizist [Staatsdetektiv] sah aus, als sei er gekommen, um zu sehen, was im Rathaus von Yard vor sich ging, aber er war wirklich ein schlauer Junge, der sich, wie wir später herausfanden, mit vielen guten Leuten eingelassen hatte. Nun, Pecks Bande nahm ihn genauso leicht auf, und er schleppte sie mit, bis sie die dreitausend, die er nach Hause schrieb, fast nicht mehr annehmen wollten. Um zu zeigen, wie ernst es ihm war, ließ er Peck den Brief selbst an die Savings Bank in Geehaw Corners schicken und befahl dem Kassierer, den Brief direkt an Peck zu schicken , damit er ihn auf ein Pferd setzen könne, dem der Unschuldige übermorgen einen Tipp geben sollte.

„An diesem Tag durfte der Eichelhäher also hundertfünfzig gewinnen und hatte mit dem Pöbel eine Menge Spaß. Gegen Mitternacht wurden Peck und die ganze Bande geschnappt, und stellen Sie sich vor, wie sie sich fühlten, als der Landpolizist seinen Mantel zurückwarf und seine Dienstmarke als Staatsdetektiv vorzeigte! Der Pöbel musste bis auf die Hemdknöpfe aus dem Schlamassel herauskommen."

„Wie ist das Drahtspiel in New York?", fragte ich.

„Niemals besser, Kumpel!", war die sofortige Antwort. „Im Front Office läuft alles reibungslos, und die Trottel sind so dick, dass wir uns nicht um sie kümmern können."

„Wir?", sagte ich.

Robins lachte. „Ich sage nichts. Ich bin ein angesehener Geschäftsmann mit Büros – hier ist meine Karte."

Damit trennten wir uns.

Aus all dem lässt sich eine Moral ziehen – und das ist auch gut so.

KAPITEL XXVI

Ehre unter Dieben, so genannt

Ich habe mich oft gefragt, woher und weshalb dieses seltsame Gefühl – wie soll ich es nennen, Genugtuung, Stolz? – kommt, das viele von uns, glaube ich, empfinden, wenn wir mit berüchtigten Persönlichkeiten auf Augenhöhe sind oder mit ihnen reden. Bitte bedenken Sie, dass ich jetzt als Josiah Flynt spreche, der anständige Bürger, und nicht als Josiah Flynt, der Mann der Unterwelt.

Meine Fähigkeit, „zu sehen und zu bewundern", wie Mr. Kipling sagt, war in den deprimierendsten Tagen meiner bewegten Vergangenheit ziemlich ausgeprägt. Das „Sehen und Bewundern" ist das Privileg des Zuschauers, der, weil er ein solcher ist, der Menge nahe sein kann, aber nicht Teil davon ist. In gewisser Weise stand ich also abseits, und meine unersättliche Neugier veranlasste mich oft dazu, einfach zu beobachten, wo ich sonst frei mitgemacht hätte. Diese Neugier war eine meiner wenigen rettenden Gaben, obwohl mir das erst vor kurzem bewusst geworden ist.

Aber diese - darf ich es philosophisch nennen? - Gewohnheit der Beobachtung und das Knüpfen vieler beiläufiger und anrüchiger Freundschaften ist oder war etwas völlig anderes als die stolze Begeisterung, mit der John Brown, Vater, Steuerzahler und Kirchenbankmieter sich an James Jones wendet, dito, dito und dito, und sagt:

„Ist Ihnen der Kerl aufgefallen, der mir zugenickt hat? Das ist ‚Corky Bunch', der letztes Jahr in Colorado mit Jimmy Upcut gekämpft und ihn fast getötet hat. Er mietet seine Wohnung bei uns."

Oder vielleicht sagt James Jones so etwas:

"Das ist 'Billy the Biff', der gerade 'Morgen' zu mir gesagt hat. Du weißt schon - der Anführer der Redfire-Bande. Er soll neun Männer getötet haben. Aber sie können ihn nicht auf den Stuhl schicken, weil er während der Wahlzeit die ganze Gangsterarbeit für Barney O'Brill, den Boss des zehnten Bezirks, erledigt. Sieht doch gar nicht so schlecht aus, oder? Und er kleidet sich auch gut. Kauft seine Hemden in unserem Laden." Und Jones, der ein so gesetzestreuer Bürger ist wie noch nie, wendet sich seinem Freund zu, sein Gesicht ist rot vor Zufriedenheit.

Und nicht lange nach meiner letzten Rückkehr nach New York lernte ich einen netten alten Herrn kennen, der Seniorpartner eines Großhandelsunternehmens für Schreibwaren, Vater einer vornehmen Familie, Diakon einer Harlem-Kirche, Mitglied eines Bürgerkomitees und vieles mehr ist. Außerdem wurde ich ihm aus bestimmten Gründen, die nicht wichtig genug sind, um sie zu erklären, unter einem anderen Namen als meinem eigenen vorgestellt. Er war ein- oder zweimal in New Yorks Chinatown gewesen, im Schlepptau eines professionellen Führers, der wusste, was von ihm erwartet wurde, und seinen Gönner mit erstaunlichen Geschichten über das Viertel und seine Bewohner gefüttert hatte. Der Führer hatte seinen Schützling außerdem in die falschen Opiumkneipen, die Fan-Tan-Spiele und angeblichen Highbinder-Clubs eingeführt, die wiederum zum Empfang und zur Bestrafung von Besuchern organisiert werden. Daher fühlte sich der alte Kerl durchaus in der Lage, beim nächsten Besuch einer Gruppe von Cousins vom Lande selbst den Anführer zu spielen, und ich wurde eingeladen, mich der Gruppe anzuschließen.

„Sie brauchen nicht zu zögern, mitzukommen", gurgelte der Alte fröhlich. „Wenn Sie mit jemandem zusammen sind, der Chinatown so gut kennt wie ich, besteht überhaupt keine Gefahr, glauben Sie mir. Nur Fremde können in Schwierigkeiten geraten."

Und das für mich!

Ich ging jedoch hin, und die große Freude, mit der er als Handlanger, Spieler, Lottoinhaber, Opiumkneipenbesitzer und Mitglieder verschiedener Zangen und dieser Gesellschaft und jener Gilde harmlose Chinesen vorführte, die in Wirklichkeit Ladenbesitzer oder Wäscher waren, die in die Pell oder Mott Street gekommen waren, um eine Nacht frei zu haben, war ein Anblick, den man gesehen haben musste. Es sprach für die fleißige Vorstellungskraft des professionellen Führers, und als alles vorbei war und wir uns wieder auf den Weg in die Stadt machten, bemerkte er strahlend, dass die Menschen – die Menschen – wahrscheinlich sehr engstirnig würden, wenn sie sich nicht mit Leuten aller Art und aus allen Schichten vermischten. Mit anderen Worten, man könne sein Leben nur abrunden, wenn man sich mit zwielichtigen Gestalten abgab.

Ich habe bereits eine Erklärung für dieses soziale Phänomen angeboten oder vielmehr vorgeschlagen, und jetzt fällt mir eine andere ein. Haben Sie als Jugendlicher nicht an einem Wintermorgen Ihre Zehen unter die Decke gesteckt, nur um die Bequemlichkeit des Bettes zu betonen, wenn Sie sie wieder zurückzogen? Ich nehme an, das haben Sie. Und so, denke ich, betonen anständige Menschen ihre Anständigkeit gern, indem sie sie in engen, wenn auch vorübergehenden Kontakt mit ihrem Gegenteil bringen. Das Ergebnis ist eine schauderhafte Freude, die nicht unwesentlich aus der Überzeugung herrührt, dass wir nicht wie die anderen Menschen sind.

Etwas Ähnliches, das ich gerade niedergeschrieben habe, kam mir am zweiten Tag meiner Rückkehr nach New York, als ich in einem Sixth Avenue-Wagen in die Innenstadt fuhr. Es war Montagmorgen, und drei Viertel der Passagiere waren, ihrer Unterhaltung nach zu urteilen, Frauen auf Schnäppchenjagd. Auf der hinteren Plattform saßen zwei „Moll-Buzzer" oder Taschendiebinnen, die sich darauf spezialisiert haben, das schöne Geschlecht auszurauben, und in der Nähe der Vordertür saß eine elegante, „gepflegte", zurückhaltende Frau, die ich sofort als „Angeles Sal" oder Sarah Danby erkannte, eine der cleversten Frauen, die je eine Handtasche gestohlen haben. Mich überkam ein Schauer des Gefühls, von dem ich gesprochen habe. Ich fühlte ein angenehmes Gefühl der Überlegenheit, da ich als einzige von allen Leuten im Wagen so gut mit den Angelegenheiten der Unterwelt vertraut war, dass ich wusste, dass einige der Bewohner dieser Welt an Bord waren. Ich erwartete die Dinge, von denen ich sicher war, dass sie bald geschehen würden.

Sie kamen etwas schneller als ich mir vorgestellt hatte.

Am Herald Square hielt der Wagen, um ein halbes Dutzend Frauen aussteigen zu lassen. Außer den „Moll-Buzzern" befanden sich noch zwei oder drei weitere Männer auf der hinteren Plattform, die daher ziemlich überfüllt war. Das war genau das, was die Taschendiebe wollten. Kaum war die letzte Frau auf die Straße gekommen, als eine von ihnen einen lauten Schrei ausstieß.

Sie drehte sich um, packte den Handlauf des Wagens, der sich inzwischen in Bewegung gesetzt hatte, und rannte mit dem Geschrei „Ich wurde ausgeraubt!" mit, ohne ihren Griff zu lockern. Natürlich sprangen alle übrigen Passagiere auf, und ich sah, wie sich „Angeles Sal" in eine Gruppe drängte, die sich an den Fenstern drängte.

Die Ereignisse folgten mit überraschender Geschwindigkeit. Das Auto hielt mit einem Ruck an, einer der „Moll-Buzzer" – der „Stall" übrigens – öffnete die nahe Bahnsteigtür, sprang auf die Fahrbahn und verschwand so vollständig, als hätte ihn die Erde verschluckt. Der andere schien sich in Luft aufzulösen, und gleichzeitig erschien ein Polizist an den Vorder- und Hintertüren.

Instinktiv suchte mein Blick nach Sal. Sie war gerade dabei, aus der Menge hervorzukommen, und stand mit einer einzigen schnellen Bewegung vor mir. Dann gab sie mit ihren Lippen ein kaum hörbares Geräusch von sich – so etwas wie der Anflug eines Kusses – und als ihre rechte Hand nach links wanderte, offenbar um eine Handtasche zu öffnen, die an ihrem linken Handgelenk hing, spürte ich, wie etwas in die Falten einer Zeitung fiel, die ich aufrecht zwischen meinen Händen trug, deren untere Kante auf meinem Knie ruhte. Die Frau hatte mich als Angehörige der Unterwelt erkannt, hatte mir den Hilferuf und die Warnung des Diebes übermittelt und mir ohne weitere Verhandlungen ihre „Beute" untergejubelt. Tatsächlich war keine Zeit zum Reden, nur Zeit zum Handeln. Im nächsten Augenblick stürmte die aufgeregte kleine Frau, die „berührt" worden war, in Begleitung eines dritten Polizisten in das Auto.

„Also, Madam", sagte der Detektiv brüsk, „ist hier jemand, von dem Sie glauben, dass er Ihre Handtasche gestohlen hat? Wenn ja, suchen Sie die Person heraus, und wir gehen zum Revier." Die Frau zögerte und blickte von einem Gesicht zum anderen.

„Das ist schändlich", sagte Sal in einem Tonfall wohlerzogener Wut zu einer Dame, die neben ihr stand. „Wir sind alle, so scheint es, praktisch des Diebstahls angeklagt." Und sie ging zur Haustür.

„Sie entschuldigen mich, Lady", sagte der wachsame Beamte, „aber bleiben Sie bitte im Auto, bis die Person ihre Meinung gesagt hat."

Sal errötete empört und richtete sich mit prachtvoller Arroganz auf. Dann zog sie ihr Kartenetui heraus.

„Wenn Sie mich nicht kennen, mein guter Mann", bemerkte sie ruhig, „dann haben Sie wohl von meinem Mann gehört?" Und sie reichte ihm eine Pappe.

Der Detektiv verzagte einfach, als er einen Blick auf die Karte warf.

„Ich bitte um Verzeihung, Madam", sagte er. „Das war nichts für ungut, es war meine Pflicht, Madam." Und während er weitere Entschuldigungen murmelte, half er ihr aus dem Auto und machte ihr den Weg durch die Menschenmenge frei, die sich dort angesammelt hatte.

Später erfuhr ich, dass Sal den Detektiv als ihr unbekannt eingeschätzt hatte. Sie hatte die Dreistigkeit, es auf ihren Karten so aussehen zu lassen, als sei sie die Frau eines gewissen Justizbeamten, der über einen internationalen Ruf verfügte.

Es sollte hinzugefügt werden, dass ihr die Karten bei mehreren Gelegenheiten gute Dienste leisteten. Aber als das Licht der Richterbank anfing, höfliche Mitteilungen von Kaufhäusern zu erhalten, in denen er gebeten wurde, so freundlich zu sein, seine Frau zu bitten, bei ihren Methoden zum "Beschaffen teurer Waren etwas diskreter zu sein, da einige unserer Assistenten, die Frau ——— nicht kennt, ihr Unannehmlichkeiten bereiten könnten", begann er, Nachforschungen anzustellen. Diese Mitteilungen bedeuteten, dass sie beim Ladendiebstahl erwischt worden war und sich nur durch ihr *Grande-Dame* -Gehabe und ihre Visitenkarten aus der Patsche gekämpft hatte.

In der Zwischenzeit hatte ich Sals Beute in meiner Zeitung „versteckt" oder versteckt und jeden Augenblick mit einem Quietschen des „Berührten" gerechnet.

Das Quietschen blieb jedoch aus. Ebenso wenig konnte die aufgeregte kleine Frau ihren Verwüster identifizieren. Also fuhr die Polizei weg und der Wagen fuhr weiter. Ich nutzte die Gelegenheit, auszusteigen, und las an einem geeigneten Ort, was in der Zeitung stand – ich meine nicht die Nachrichten.

Sals Bestechungsgeld war eine kleine goldene oder vergoldete Geldbörse, in der sich ein paar Scheine und ein paar wertvolle Ringe befanden, die offensichtlich auf dem Weg zu einem Juwelier zur Reparatur waren. Einer davon war ein Clusterring aus Diamanten und Rubinen, dessen Ring gebrochen war. Der andere hatte zwei große, weiße Steine, die nach Zigeunerart eingefasst waren – es war ein Männerring, oder vielmehr waren die Steine so eingefasst. Aber einer der Diamanten hatte sich gelöst, war herausgenommen und in ein Stück Musselin eingenäht worden, das wiederum am Ring selbst befestigt war. Die Geldbörse gehörte offensichtlich einer Frau.

Man hätte gedacht, dass die Besitzerin der Ringe sich in dem Moment, in dem der Schrei „Dieb" ertönte, versichert hätte, dass die Wertsachen in Ordnung seien und es auch bleiben würden. Dieser Gedanke würde Sie wiederum als Bewohner der Oberwelt und nicht der Unterwelt kennzeichnen.

Angeles Sal war nicht nur eine Meisterin des Handwerks, sondern auch eine Kennerin der menschlichen Natur. Die meisten „Waffen" sind übrigens solche, deren Bestechung etwas ungewöhnlich ist. Als also der „Schrei" losging, behielt sie die weiblichen Passagiere genau im Auge und sah, wie die meisten von ihnen mit den Händen auf den Körperteil schlugen, wo sie ihre Wertsachen versteckten. Die Aktion war unfreiwillig, wie immer in solchen Fällen. Es sagte Sal alles, was sie wissen wollte.

Sie entschied sich, eine Frau zu „berühren", die eine Wildlederhandtasche mit Hantelverschluss trug. Als der Aufschrei ertönte, hatte diese Frau krampfhaft den unteren Teil der Tasche berührt, sie einen Moment lang betastet und dann zufrieden ihre Aufmerksamkeit der Menschenmenge draußen zugewandt. Das war Sals Stichwort, und es war ein Leichtes für sie, die Tasche zu „öffnen", die Geldbörse herauszunehmen und die Tasche wieder zu schließen. Ihre Kenntnis der Natur gewöhnlicher Menschen hatte sie gelehrt, dass, wenn sich die Idee, dass die Ringe sicher seien, einmal in deren Kopf festgesetzt hatte, letztere folglich sicherer zu „berühren" war als sie selbst unter normalen Umständen.

Das erinnert mich daran, dass viele der erfolgreichen „Entkommen" der Mächte, die Beute machen, eher auf Einsicht in die Funktionsweise der menschlichen Psyche als auf flinke Finger oder aufwendige Werkzeugsätze zurückzuführen sind. Wenn Sie wissen, was der andere Mann als nächstes tun wird, gehört er Ihnen, oder vielmehr, seine Besitztümer. Dies ist ein

Aphorismus, der in der Unterwelt immer angebracht ist. So kommt es, dass „Waffen" immer die Kunst der Vorhersage studieren. Die meisten „Plantagen" sind daher so gut angelegt, dass ihr Scheitern meist eher auf unerwartete Zwischenfälle als auf Mängel im Feldzugsplan zurückzuführen ist.

Wenn Sie die obige Geschichte überhaupt interessiert, dann wahrscheinlich deshalb, weil sie ein Beispiel für die sogenannte „Ehre unter Dieben" ist. Mit anderen Worten, Sie werden zu dem Schluss gekommen sein, dass Sal, die glaubte, in mir ein Mitglied der Unterwelt zu erkennen, sich und ihre „Beute" auf meine vermeintliche „Ehre" stürzte und darauf vertraute, dass wir uns mit etwas Glück wiedersehen und uns unter den üblichen Bedingungen „teilen" würden, die zwischen Kumpel und Kumpel herrschen; denn bei allen „Berührungen" teilen sich die Beteiligten gleichermaßen. Tatsächlich war Sals Motiv jedoch ganz anderer Art. Sie wusste, dass sie in der Klemme steckte, sah eine Chance, ihre Beute zu retten, und nutzte sie. Das war alles, worauf es hinauslief, und aus ihrer Sicht handelte sie vollkommen richtig. Zeitungen und billige Romane sind seit der Zeit Robin Hoods für eine Menge romantischen Humbugs in Bezug auf Taschendiebe und ihre Machenschaften verantwortlich, einschließlich der Behauptung der „Ehre der Diebe".

Ich möchte noch hinzufügen, dass ich die Handtasche und die Ringe als „gefunden" gemeldet habe und sie zu gegebener Zeit ihrem Besitzer zurückgegeben wurden.

Ich bin oft gefragt worden, ob „Ehre unter Dieben" Fakt oder Fiktion ist. Die Frage ist nicht leicht zu beantworten. Erstens ist Ehre ein relativer Begriff, seine Interpretation, so scheint es mir, hängt von Ort, Person und Umständen ab. Jene Kasuisten der zynischen Sorte, die behaupten, dass alle menschlichen Motive auf Selbstsucht beruhen, werden das fragliche Attribut kaum von ihrer Verallgemeinerung ausnehmen .

So kritikwürdig diese Verallgemeinerung auch sein mag, soweit sie auf den Durchschnittsbürger zutrifft, bin ich doch geneigt, sie zu akzeptieren, wenn es um den Gauner geht. Sich Dinge anzueignen, die einem nicht gehören, ist ganz klar sehr egoistischer Natur. Es hat seinen Ursprung und seine Umsetzung in dem Wunsch, so viel Vergnügen wie möglich mit so wenig Ärger wie möglich zu bekommen, und das unter Missachtung der damit verbundenen Rechte von jedermann.

Diese Aussage ist meines Erachtens eine ziemlich treffende Definition von Selbstsucht jeglicher Art. Da die meisten Motive von den Handlungen abhängen, aus denen sie hervorgehen oder auf die sie sich beziehen, folgt daraus, dass die „Ehre", die wir uns gerne als zwischen Schurken bestehend vorstellen, in Wirklichkeit etwas ist, das durch die gebührende Rücksichtnahme auf die Person oder den Geldbeutel derselben Individuen hervorgerufen wird. Dies unterscheidet die Ehre, die in der Unterwelt herrscht, von der, die in der Oberwelt meist zu sehen ist. Im letzteren Fall ist der Faktor des guten Namens oder Charakters einer Person beteiligt; im ersteren fehlt er. Aus dieser Charakterisierung werden Sie, wie ich es beabsichtige, schließen, dass die „Ehre" der Mächte, die Beute machen, letztlich nur eine armselige Sache ist und, wie ich angedeutet habe, nur mehr oder weniger dünn verkleidetes persönliches Interesse ist.

Manchmal ist die Verkleidung jedoch so geschickt, dass sie für Außenstehende wie echt aussieht; aber „kluge" Leute versäumen es selten, die Gründe zu finden, die einen Schurken dazu veranlassen, sich zu weigern, einen Freund zu verraten. Selbst wenn dies eine lange Gefängnisstrafe im Gegensatz zu Immunität bedeutet, wenn er nur seine Zunge dazu benutzen würde, seinen Komplizen zu „besänftigen" und so dessen Verurteilung herbeizuführen.

In solchen Fällen neigen die Zeitungen, wie ich bemerkt habe, dazu, den Stummen auf eine Art und Weise zu verherrlichen, *die er nie verdient* . Ich möchte, dass die Worte kursiv gesetzt werden; sie verdienen diese Unterscheidung. Ich wiederhole: Der Gauner, der weder durch die dritte Prüfung im „Front Office" – der oft brutalen Inquisition im Polizeipräsidium – noch durch den Gefängnisseelsorger oder den Stab des Staatsanwalts dazu gebracht werden kann, seine Bande zu „verraten", ist nie stumm, weil seine „Ehre" ihn dazu veranlasst, stumm zu bleiben. Es ist sein Eigeninteresse, das ihn dazu gebietet, den Mund zu halten.

Vor etwa sieben Jahren wurde eine Bank in einer kleinen Stadt in New Jersey, etwa fünfzig Meilen westlich von New York, eines Nachts in gutem Zustand „hergerichtet". Die „Peter-Männer", von denen es vier gab, stellten etwa 18.000 Dollar in Greenbacks sicher, ganz zu schweigen von einem Bündel handelbarer Papiere und ein paar kleinen Juwelentresoren, die jeweils etwa hundert Pfund wogen. Die reichen Einwohner der Ortschaft pflegten ihre Sonnenstrahlen, Diademe und Ringe in diesen Tresoren aufzubewahren, die übrigens im Haupttresor der Bank aufbewahrt wurden. Dies war der Bande bekannt, die den Trick machte, und da der große Tresor sich als leicht erwies, „fielen" infolgedessen die kleinen.

Die „Killer", die an diesem Job beteiligt waren, stammten aus dem Westen und arbeiteten schon seit einigen Jahren zusammen. Sie waren alle „gute Leute", wie der Detektivausdruck für clevere Gauner lautet. Da war „Bandy" Schwarz, ein alter Hase, der jeden „Rühr- und Krug" westlich des Missouri von innen gesehen hatte; „Ike" Mindin, auch „Beak" genannt, ein Experte für Bohrer und Hebel; „Sandy" Hope, ein berüchtigter Einbrecher aus Chicago mit kriminellem Ruf, der zur Zeit der „Fabrik" in New Jersey in Kansas City im Zusammenhang mit der Erschießung eines Wachmanns eines Kurzwarenladens gesucht wurde; und ein weiterer Mann, der, soweit es mich betrifft, namenlos bleiben soll. Ich möchte jedoch hinzufügen, dass er zum Zeitpunkt dieses Schreibens in New York lebt und ein ziemlich erfolgreiches Bestattungsunternehmen (ausgerechnet!) hat, das er seit einem halben Dutzend oder mehr Jahren „in Ordnung" gebracht hat. Wenn er das hier zufällig liest, weiß er, dass der kleine, schmächtige Kerl, der früher in Chicago viel mit Pete Dolbys Bande zu tun hatte, nicht undankbar ist. Nach der Auflösung von Dolbys Bande durch den Spitzel „Dutch Joe" hätte ich oft „das Banner tragen" oder die ganze Nacht durch die Straßen laufen müssen, wenn dieser Mann nicht gewesen wäre, der immer bereit war, auf ein Bett oder eine Tasse Kaffee zu verzichten.

Wie ich bereits sagte, wird die „Fluchtmethode" – das heißt die Methode, mit der „Beute" zu entkommen – von den Planern eines „Plans" oder eines geplanten Raubüberfalls immer sorgfältig ausgearbeitet. In diesem Fall war sie ziemlich aufwendig. Der Safe sollte aufgebohrt und aufgebrochen werden, anstatt gesprengt zu werden, da die Häuser so nah am Ufer lagen. Dann sollte die Beute in einen Buggy geladen werden, dessen Räder Gummireifen hatten, während die Hufe der Pferde in Stoff gewickelt wurden, um ihr Geräusch zu dämpfen. Der Buggy sollte dann zu einem bestimmten Ort in der Nähe von South Amboy gefahren werden, wo ein von Sandy gesteuertes Katamaranboot wartete, zu dem die Gegenstände gebracht werden sollten. Dann sollte das Boot zu einem Fischgrund gerudert werden, wo der Tag verbracht werden sollte, und bei Einbruch der Dunkelheit Kurs auf Gravesend Bay nehmen, wo man glaubte, die Wertsachen ohne Verdacht an Land bringen zu können, entweder als Fisch oder als Ausrüstung einer Fischergruppe.

Doch das Unerwartete geschah. Die „Flucht" wurde gut begonnen, doch ein paar Meilen von der Bank entfernt brach der Buggy unter dem Gewicht der beiden Tresore zusammen. Das war etwa halb fünf und im Juni. Nun traf es sich, dass der Kassierer der Bank in der folgenden Woche Urlaub machen sollte, und deshalb musste er früher zur Arbeit und erreichte die Bank an diesem Morgen um halb sechs. Fünfzehn Minuten später durchkämmten die örtliche Polizei und die Bevölkerung die umliegende Gegend, die „Front Offices" von New York, Philadelphia und anderen großen Städten wurden benachrichtigt, und um den Ort der „Berührung" wurde sozusagen ein Netz dicht gezogen, aus dem es kein Entkommen gab. Alles endete damit, dass Bandy und Mindin erwischt wurden, als sie versuchten, die Tresore in einem Wald in der Nähe des Unfallorts zu „verstecken". Der dritte Mann war mit dem Geld verschwunden. Mindin versuchte, die verfolgenden Männer aus

Jersey durch Schüsse zu erschrecken, wurde dabei aber mit Schrot durchlöchert.

Bandy weigerte sich absolut, seine Kumpels zu verraten. Er wurde schikaniert, beschworen, bedroht, man betete für ihn, bot ihm Immunität an und versuchte ihn auf andere Weise dazu zu bringen, es zu erzählen. Später stellte sich heraus, dass der Grund für all diese Bemühungen der Polizei darin lag, dass sie auf die eine oder andere Weise einen Hinweis bekommen hatten, dass Sandy Hope in den Job verwickelt war, und sie ihn wegen der Kansas City-Affäre unbedingt haben wollten. Mit anderen Worten, sie waren bereit, einen „Peter-Mann" laufen zu lassen, um einen Männermörder zu fassen. Bandy hielt jedoch durch und wurde schließlich zu sieben Jahren Gefängnis verurteilt.

Kurz vor meiner letzten Abreise nach Europa stieß ich zufällig auf ein gut gehendes, hybrides Geschäft in einer hübschen Stadt, etwa eine Autostunde von New York entfernt. Es war eines dieser Geschäfte, in denen man fast alles kaufen kann, von Schreibwaren bis zu japanischem Geschirr, mit Tabak, Süßigkeiten und Bekleidungsartikeln dazwischen. Hinter der Theke stand Bandy selbst, mit einer blauen Schürze, die seinen bequemen Bauch und die Beine mit dem großen O bedeckte, von denen er seinen „Monacher" hatte.

Nun erlaubt die Etikette der Unterwelt es nicht, dass ein Kumpel einen anderen im Alltag erkennt, es sei denn, die „Aufgabe" wird erfüllt und eine solche Anerkennung ist erwünscht – und sicher. Obwohl ich wusste, dass Bandy mich kannte und er wusste, dass ich es wusste, ließ ich mir das nicht anmerken. Doch als er mir die Packung Zigaretten reichte, um die ich gebeten hatte, tippte mein Zeigefinger zweimal auf seinen Handrücken, was in der Zeichensprache der Unterwelt so viel bedeutet wie „Ich möchte mit dir plaudern". Bandy stieß einen leichten, kehligen Husten aus und machte eine kaum merkliche Kopfbewegung in Richtung des hinteren Teils des Ladens. Er hatte geantwortet, dass er zu einem „Plaudern" bereit sei und dass der hintere Raum für diesen Zweck gut geeignet sei. Wohin wir gingen, als der andere Kunde im Laden bedient worden war und gegangen war.

Ich muss nicht über die Erinnerungen sprechen, die wir ausgetauscht haben. Ich komme gleich zu dem Teil unseres Gesprächs, der mit seiner Zurschaustellung von Gauner-"Ehre" in der oben genannten Weise zu tun hatte.

„Sie würden bestimmt nicht ‚streiten'", sagte ich zögernd. „Mancher Mann, der so arrogant war wie Sie, hätte seine Klappe schon losgelassen. Und die Zeitungen haben Sie stolz gemacht. Sie haben eine gute Fassade aufrechterhalten, und die Bande sollte stolz auf Sie sein."

„Nicht gerade stolz!“, sagte der geläuterte Gauner ungeduldig. „Und mir scheint, Cig., dass Sie das Gerede dieser verrückten Zeitungsleute verstanden haben, die die liebe Öffentlichkeit immer mit Typen aufziehen, die nie zu ihren Freunden zurückkehren, weil sie so gebaut sind, und all dem anderen Geschwätz.“

Er blieb angewidert stehen.

"So ist die Sache. Bis wir eine Bude in Chi durchsuchten, die zufällig dem Bruder eines Polizisten gehörte, ging es uns vieren gut und wir hatten viel Geld für den Notfall. Nun, die Bande war sich einig, dass, wenn einer von uns zu kurz kam, die anderen auf seinen Anteil am Geld aufpassen würden, und außerdem sollte er, während er eingesperrt war, einen Anteil von einem Achtel aller Beute bekommen, den er je nach Fall an seine Frau oder seine Kinder schicken konnte. Das war gut genug, oder?"

Ich nickte und Bandy fuhr fort.

"Das war der Grund, warum ich nicht das Sprachrohr geworden bin. Ein anderer Grund war", er lächelte grimmig, "dass es ganz klar war, dass jeder von uns, der *einmal gegenüber der Polizei den Mund aufmachte, dies kein zweites Mal* tun würde . Sandy Hope, wenn ich mich recht erinnere, verkündete diese Tatsache gern auf eine ziemlich beiläufige Art und Weise. Nicht, dass wir einander misstrauten, aber jeder sollte wissen, dass dem Mann, der versuchte, Zeit zu schinden, das Licht ausgemacht würde, sobald sich das arrangieren ließ."

„Aber“, sagte ich, „nehmen wir an, die Leute hätten ihr Wort nicht gehalten – wären mit dem Fallgeld und den Prozenten auf die Berührungen davongekommen, während Sie im Gefängnis saßen?“

„In diesem Fall“, antwortete Bandy ohne einen Moment zu zögern, „wäre alles möglich. Der verhaftete Herr würde einen Aufschrei ausstoßen, der in jedem Detektivbüro in Amerika zu hören wäre. Die Zahl der Gauner würde sofort zurückgehen. Ich weiß genug über Sandy, um ihm den Hals zu reißen –“ Er hielt plötzlich inne.

„Und wurde das auch von der Bande verstanden?“

Bandy rutschte unbehaglich auf seinem Sitz hin und her.

„Du machst mich müde – ganz ehrlich, Cig. Was ist los mit dir? Du weißt genauso gut wie ich, dass jede Bande von Gaunern genau weiß, was ich dir erzählt habe. Wenn es nicht wahr wäre, *was hindert sie dann daran, jedes Mal zu schreien, wenn sie verhaftet werden ?*“

In diesem letzten Satz fasste Bandy die ganze Frage der Ehre unter Dieben zusammen, und aus diesem Grund habe ich das Vorstehende ausführlich dargelegt. Die Reue eines Diebes schließt selten, wenn überhaupt, Wiedergutmachung ein. Diese Aussage trifft jedenfalls auf die Veteranen zu. Bei den jüngeren Männern ist es etwas anders, und dann normalerweise durch die Verwaltung des Gefängnisgeistlichen. Aber nachdem er zum ersten Mal eine Gefängnisstrafe verbüßt hat, übernimmt der junge Gauner die Sophisterei und den Zynismus seiner älteren Kollegen. Ein Dieb empfindet nur dann Reue für seine Missetaten, wenn diese fruchtlos waren oder wenn er den Erlös verloren hat.

Was ich über Gauner gesagt habe, die sich nicht gegenseitig anschwärzen, gilt nicht für professionelle Spitzel oder „Sprachrohre", die übrigens fester Bestandteil jeder Polizei in jeder Stadt und jedem Ort in diesem Land und im Ausland sind. Aber diese Kerle kann man kaum als echte Gauner bezeichnen, zumindest nicht in den allermeisten Fällen. Sie sind eher die Parias der Unterwelt – gehasst, verachtet und geduldet aus genau demselben Grund, aus dem es Kötern erlaubt ist, durch die Straßen zu streifen.

Es versteht sich von selbst, dass, solange das „Sprachrohr" einen integralen Bestandteil des Polizeisystems der Zivilisation bildet, es eine echte, wenn auch nicht eingestandene Allianz zwischen den raubenden und den herrschenden Mächten geben wird, mit einer damit einhergehenden Schwächung und Demoralisierung der letzteren.

Schließlich gibt es Zeiten und Phasen, in denen die Unterwelt freiwillig einen Täter freigibt. Aber diese Gelegenheiten sind selten und nur dann, wenn man das Gefühl hat, dass das Individuum zum Wohle der Gemeinschaft geopfert werden muss. Normalerweise liegt diesen seltenen Vorkommnissen ein politischer Pakt zugrunde.

JOSIAH FLYNT – EINE WÜRDIGUNG

VON ALFRED HODDER

Was mir zuerst auffiel, war seine Verschwendungssucht beim Reden. Er streute Schätze an Anekdoten und Beobachtungen aus, wie Aladdin mit der Wunderlampe seinem Sklaven befiehlt, Goldstücke auszustreuen. Diese Eigenschaft ist unter Literaten nicht üblich; sie sind die schlechteste Gesellschaft der Welt; sie nehmen, anstatt zu geben; wenn sie nicht ein Notizbuch und einen Bleistift brutal vor Ihnen in den Händen halten, arbeiten sie flink mit einem Notizbuch und einem Bleistift in ihren Köpfen; Ihr Vergnügen ist ihre Sache; das Wort, das über ihre Lippen kommt, ist nur ein Provokationsversuch, um noch ein Wort von Ihnen zu bekommen; das Lächeln, das auf Ihr Lächeln antwortet, ist nur eine Grimasse; und ihre guten Geschichten bleiben, bis sie veröffentlicht werden, hinter ihren Lippen verschlossen wie Bücher in einem Bankschließfach. Flynt hatte kein Bankschließfach für seine guten Geschichten und keine Gabe zum Schweigen; die Anekdoten in seinen Büchern sind erstaunlich; die Einzelheiten darüber, wie er an sie kam, sind noch erstaunlicher; er lernte nie, sein Material zu verbrauchen, zu sparen, und er war erstaunlicher als sein Material.

Er lud mich am Abend, als ich ihn traf, ein, ihn auf einer seiner Wanderungen zu begleiten. Ein Abenteuer à la Harun al-Rashed, wie es mir schien. Ich nahm das Angebot sofort an und fragte, wie ich mich anziehen sollte. Ich hatte die Idee, dass ich einen falschen Bart tragen und mir zumindest ein Stilett und einen Revolver besorgen und bereit sein musste, sie zu benutzen. „Na, du wirst es so machen, wie du bist", sagte er. „Ich werde so gehen, wie ich bin." Er wusste es nicht, aber er sagte nicht die Wahrheit. Er wechselte seine Kleidung nicht, aber beim ersten Einbiegen in Seitenstraßen änderte er seine Haltung, den Klang seiner Stimme, seinen Wortschatz. Ich konnte kaum ein Wort von fünf verstehen. Er war ein vollendeter Schauspieler; Sir Richard Burton war natürlich sein Vorbild; in der Unterwelt blieb er immer unverdächtig; immer musste er mir von Beginn unserer gemeinsamen Wanderung an alles erklären. Ich konnte mir sein Benehmen nie merken und war tatsächlich zu amüsiert, um es zu versuchen; er hatte die Angewohnheit, mich flüsternd als Betrogenen darzustellen, und einmal musste ich ihn aus einem Kampf retten, der angezettelt worden war, weil er nicht damit einverstanden war, mit seinem Gesprächspartner den Diebstahl in meinen Taschen zu teilen. Ich musste ihn mehr als einmal retten; er hatte die Größe und den Körper eines schlanken Jungen von vierzehn Jahren, aber nur um zu sehen, was das Tier tun würde, hätte er meinen Herrn, den Elefanten, geärgert, und er nahm eine Tracht Prügel so selbstverständlich hin wie jede andere Härte.

Ein vollendeter Schauspieler, habe ich geschrieben; und ein Schauspieler, der viele Rollen auswendig kennt. Ein Beispiel muss genügen. Ich kam mir normalerweise – ich habe es gesagt – als Betrüger vor. Ich wurde an diesem Abend für die Rolle eines Komplizen besetzt und er für die Rolle eines dreisten, bösen Einbrechers von Tresoren, Türen und Fenstern. Die Figur war im Nu erdacht. Einen Augenblick zuvor waren wir zwei sehr müde, sehr ruhige Männer, die um drei Uhr morgens im bitterkalten Nieselregen durch die Bowery nach Hause schlenderten.

„Sag mal, Kumpel, was willst du von einer Tasse Kaffee?"

Der Sprecher war ein voll gekleideter Offizier der US-Streitkräfte, und auf seiner Mütze standen die Buchstaben *Oregon* . Für mich war die Verkleidung perfekt. Er tanzte ein bisschen Seemannshornpipe auf dem rutschigen, glänzenden Pflaster, auf das der Regen fiel und unter elektrischem Licht gefror.

„Die Chancen stehen gut", sagte Flynt und ging voran in ein nahe gelegenes Haus.

Die Vorderseite des Hauses war so unbeleuchtet, wie es die Ehrbarkeit eines Hauses um drei Uhr morgens verlangt; aber an einer Seitentür brannte schwaches Licht. Wir gingen im Dämmerlicht hinein und fanden Musik und Tanz vor sowie kleine Tische, an denen uns fast alles außer Kaffee serviert wurde. Das „Oregon" nahm „Whisky pur – Hunter's, wenn Sie es haben."

„Draußen auf den Philippinen?", fragte Flynt.

"Sichere Sache."

„Sind Sie um das Kap herumgekommen?"

„Habe ich das? Sag, ich erzähle dir davon."

„Schlacht von Santiago?"

Der Seemann befand sich mitten in der Schlacht von Santiago, als Flynt lächelte und ruhig sagte:

„Haben Sie den Vorstoß am Lake Shore schon gesehen?"

Für mich waren diese Worte damals ein reines Rätsel, doch die Farbe wich aus den Wangen des Matrosen, er ließ sich in seinen Stuhl zurückfallen und sagte:

„Verdammt, Partner, wer sind Sie?"

Der Rest des Dialogs war schnell; ich konnte ihm nicht folgen; ich konnte ihn nur auswendig lernen.

"Wo hast du diese Klamotten her?"

„Hab sie für neun Dollar bei Nr. – Bowery gekauft."

"Was ist Laienarbeit?"

„Ungefähr vier pro Person. Aber der Krieg ist hier vorbei; ich werde in den Staat wechseln. Wo hast du deine Klamotten her?"

"Gerade rausgekommen."

„Ich fand, dass Ihre Hände weiß aussahen. Wo haben Sie Ihre Strafe abgesessen?"

„Joliet."

„Joliet! – ich habe dort selbst fünf Jahre verbracht."

Und sie begannen, über Gefängnisdirektoren zu sprechen. Flynt kannte die Namen der Gefängnisdirektoren.

„Sag mal, hast du was an?"

„Ein kleiner Job heute Abend in der Innenstadt."

„Kannst du mich nicht als Nächstes dransetzen?"

„Es gehört meinem Freund."

Dies mit einem Nicken in meine Richtung. Der kleine Job in der Oberstadt gehörte mir. Da ich noch nie von dem kleinen Job in der Oberstadt gehört hatte, lehnte ich es ab, jemanden als nächsten zu beauftragen. Wir gaben dem Matrosen ein paar Münzen, damit er den Babysittern eine Hornpipe vorspielte, und gingen vermutlich, um den kleinen Job zu erledigen. Wir gingen in einem Hauch von Heiligkeit, fast von Ehrfurcht. Man hielt uns für versierte und wohlhabende Einbrecher, Prinzen und Millionäre der Unterwelt.

Ein vollendeter Schauspieler – darauf komme ich zurück – und die Straßen waren seine Bühne und das erste zufällige Wort sein Stichwort. In einem Haus fühlte er sich nicht zu Hause; wenn er die Uniform anzog, die er beim Abendessen tragen musste, verdrängte er sein Gedächtnis, seine Erfahrung, seinen Witz. Seine Anekdoten, seine guten Geschichten lebten in seinem „Geschäftsanzug", und er weigerte sich, einen Prinz Albert oder sogar einen Smoking zu tragen, und winkte ihm beim bloßen Anblick eines Crush-Huts zum Abschied. Lassen Sie sich nicht täuschen; die Anekdoten waren so sauber wie das, was er veröffentlicht hat; aber er war bis zum Ende ein Junge; er war schüchtern; und außer auf seiner eigenen Bühne war er so schüchtern, dass er schwieg oder stammelte. Er kannte Bücher; die Bücher über die Unterwelt kannte er ziemlich gut; aber ich glaube, er las sie nie, außer wenn er krank war. Sein Buch waren die Männer auf der Straße; jeder Mann, in jeder Straße; Polizisten, Taxifahrer, Sträflinge oder Männer von vornehmer

Herkunft; ihn las er von Morgengrauen zu Morgengrauen sehr klug und fröhlich, solange der Tabak gut war; und wenn der Tabak nicht gut war, las er trotzdem. Ich habe ein Beispiel dafür gegeben, wie er sich unter die Obhut eines Mannes begab, ihn auf den Kopf stellte und ihn nicht unfreundlich musterte. Es war seine Gewohnheit, sich unter die Obhut eines jeden zu begeben, den er traf, ihn auf den Kopf zu stellen und ihn nicht unfreundlich zu mustern. Er sprach mit jedem, der ihm eine Gelegenheit bot; aber der Mann, der zuerst zuhörte, war der Vagabund. Auf unseren Spaziergängen kamen wir nie an einem vorbei, ohne anzuhalten, ein Gespräch zu führen und eine Kopie zu bekommen. „Sie sind alle Freunde, Schwindler", sagte er philosophisch; „ich bin selbst einer von ihnen gewesen." Aber er gab immer großzügig für seine Mittel, und obwohl er damit begonnen hatte, mich für das Geben zu tadeln, für das Geben aus Unwissenheit, erwartete er von mir, dass ich immer auch gab.

Auch hier muss eine Anekdote vielen genügen. Der Schauplatz war die Fifth Avenue, zwei Blocks nördlich vom Washington Square. Der Bittsteller war ein gut gebauter, kräftig gebauter Engländer, glattrasiert, 25 Jahre alt, der zu mir sagte:

"Wie bitte?"

„Ja?", sagte ich und hielt inne.

„Es ist ziemlich scheußlich, aber ich brauche etwas zu trinken und habe keinen Penny – keinen Sou."

Ich sagte „Diable" und steckte meine Hand in die Tasche. Die Kleidung, der Akzent und das Verhalten des Mannes ließen so viel vermuten, dass er, wenn er etwas zu trinken brauchte, etwas zu essen brauchte. Sofort griff Flynt ein. Was gesagt wurde, weiß ich nicht; die beiden traten beiseite; aber bald darauf lachten sowohl Flynt als auch mein Bettler; und wir drei saßen später am Tisch, erzählten Geschichten und tauschten unsere Geheimnisse aus. Mein Bettler war ein Gentleman auf Sauftour (es war natürlich Kipling), der für alle Ewigkeit verdammt war, aber wenn er einmal seine Deckung gebrochen hatte, war er amüsant, und Flynt kannte den Trick, um seine Deckung zu brechen.

„Also, nachdem ich aus dem Dienst entlassen wurde und es darum ging, den Schmuck meiner Frau zu verkaufen, würde ich lieber betteln, und ich kann keine Arbeit finden", sagte er einfach. „Sie sagen, meine Kleider seien zu gut. Was zum Teufel ist mit meinen Kleidern los? Aber Betteln ist nicht so schlimm; ich mache etwas Gutes daraus."

Im Moment möchte ich darauf hinweisen, dass Flynt seinen Landstreicher in aller Öffentlichkeit kannte. Er empfand tiefe Verachtung für die Bücher von Herren im Gehrock, die akademische Positionen innehaben, „Soziologie" sagen, die Schädel vermessen und die Geständnisse des Landstreichers in Gefangenschaft aufnehmen. Schädel für Schädel glaubte er, dass es kaum einen Unterschied zwischen dem des ersten Schurken und dem des ersten Predigers des Evangeliums gab. Ich halte das, so viel es wert ist, für seine Meinung. Die Geständnisse eines Landstreichers in Gefangenschaft sind immer falsch, sagte er. Ich stelle mir vor, dass das fast stimmt.

Ich hatte einen ziemlich langweiligen Seminarkurs in Harvard gewählt, in dem die gesamte Literatur der Kriminologie aufgesucht und besprochen wurde. Ich selbst hatte mir einige der Bücher angesehen – zu viele – einige sind zu viele. Fünf Minuten von Flynts Vortrag verwandelten meine Bücher in einen Müllhaufen. Fünf Stunden Spaziergang mit ihm ließen mich vergessen, dass es diesen Müllhaufen gab. In seinen besten Momenten – und in seinen besten Momenten kannte ich ihn – war er das, was er sein wollte – die führende Autorität unter denen, die ihn in den Seitenstraßen kannten.

Er hatte für sein Wissen bezahlt – mit seiner Person. „Old Boston Mary" ist meiner Meinung nach zum Teil erfunden; ich könnte den kleinen Mann nie zu einem Geständnis überreden; aber er hat auf den Waggons eines Pullmans gelegen und in der blendenden Asche und dem Staub gesehen, wie sein Begleiter vor lauter Müdigkeit den Halt verlor und losging – um Boston Mary zu treffen. Er hatte seinen eigenen Griff verstärkt und es tat ihm leid. Er konnte nicht mehr tun.

JOSIAH FLYNT – EIN EINDRUCK

VON EMILY M. BURBANK

In „Mein Leben" sagt Josiah Flynt: „Ich habe von Arthur Symons' Interesse an meinen ersten Versuchen gesprochen, das Leben eines Landstreichers zu beschreiben. Ich glaube, es waren er und die Zeitschriftenredakteure, die mich bei meinen Kritzeleien unterstützt haben, und nicht die Universität und ihre Doktrinen der ‚eigenen Forschung'. … Seine (Symons') Bücher und seine persönliche Freundschaft sind beide wertvoll für mich, aber aus ganz unterschiedlichen Gründen. Ich denke selten an Symons als Menschen, wenn ich seine Essays und Verse lese, und ich denke nur selten an seine Bücher oder an ihn als Literaten überhaupt, wenn wir zusammen sind."

Josiah Flynt bewunderte den angesehenen Engländer Arthur Symons nicht nur sehr als Dichter, Prosameister und Kritiker, sondern hatte auch eine liebevolle Zuneigung für ihn, die sich unter anderem in seinem Spitznamen „Symonsky" äußerte. Als Flynt in Berlin zu Gast war, hatte Symons einige Schwierigkeiten, einen Briefträger davon zu überzeugen, dass eine Nachricht aus London für Arthur *Symons, Esq.* , und nicht für einen *Herrn Symonsky bestimmt war* ! Die slawische Note des Namens amüsierte Flynt, der sie aufgriff. Seine schüchterne, liebevolle Natur fand ein Ventil darin, enge Freunde umzubenennen.

Nach einem seiner Besuche in London fragte ich Flynt, ob er viel von Symons gesehen habe.

„Symonsky hat mich untergebracht, wissen Sie", antwortete er, warf dann einen schnellen Seitenblick zu, lächelte und zündete sich eine Zigarette an, „aber um ganz ehrlich zu sein, als *ich* ins Bett ging, stand *er gerade auf!*"

Damit haben wir in einem Satz den Unterschied zwischen den beiden Männern definiert. Ihre Naturen und ihr Leben verliefen nie parallel; sie berührten sich nur flüchtig in ihrer Vorstellungskraft!

Flynt studierte damals die Londoner *Unterwelt* – die schwärzesten Ecken und dunkelsten Orte der Großstadt; Symons hingegen verließ, wie es der Zufall wollte, selten das Rampenlicht der Londoner Konzerthallen und bereitete sich auf das Schreiben seiner „London Nights" vor.

Beide Männer waren Söhne von Geistlichen und stachen ungefähr zur gleichen Zeit in die ruhigsten und sichersten Gewässer des Lebens, wenn auch auf entgegengesetzten Seiten des Atlantiks. Es war ihr eigener Wille, der sie dazu brachte, sich auf die hohe See des Lebens zu begeben. Symons verließ seine Kleinstadt und ging nach London, das trotz kontinentaler

Aufenthalte sein ständiger Ankerplatz geblieben ist. Flynt hingegen liebte schon in jungen Jahren das „offene" Leben und machte in jedem Hafen fest, in den ihn der Sturm trieb. Obwohl er Amerikaner von Geburt und Blut war , fühlte er sich in Russland, Deutschland, Frankreich oder auf den Britischen Inseln zu Hause, wenn man ihm die *Maske der Identitätslosigkeit* gab .

Einer der reißendsten Ströme des Londoner Lebens fließt den Strand hinunter. Dort konnte Josiah Flynt, in welcher Verkleidung er auch immer seine „Arbeit" verrichten und, wenn er wollte, über die Schwelle des alten Tempels steigen und sich von seinem Freund willkommen heißen lassen, der seine Wohnung im Fountain Court hatte, jenem stillen grünen Platz, der zur Themse hin abfällt und durch seine Wasserfontänen und großen Schatten spendenden Bäume frisch und kühl gehalten wird. Symons wohnte in dem Gebäude rechts, nachdem man den Court betreten hatte und eine gewundene Treppe aus alten Steinen hinaufstieg.

In seiner Junggesellenwohnung (er hat inzwischen geheiratet und ist weggezogen) sah ich Symons zum ersten Mal, ein Jahr nachdem Flynts „Tramping with Tramps" im *Century Magazine erschienen war* . Ich war an einem kühlen Nachmittag im Juni über einen gemeinsamen Freund zum Tee eingeladen worden, und wir saßen auf einem riesigen gepolsterten Sofa vor dem Kamin, während unser Gastgeber mit dem Rücken zum Feuer stand und über die Arbeit anderer Leute sprach.

Ich sehe ihn noch vor mir, groß, blond und sehr englisch, die Hände tief in den Taschen seines grauen Tweeds; eine alte, braune Samtjacke, verblichene blaue Socken und weiche, hellbraune Pantoffeln, die mit seinem „Bühnenbild" harmonieren – das durch die Zeit gut gemildert wurde. An den Wänden hingen Bücher, und in einer Ecke stand ein Spinnett, auf dem Symons spielte, wenn er allein war. Er hatte Tee und raffinierte Süßigkeiten für uns zubereitet und dann vergessen, sie anzubieten, so beschäftigt war er damit, von seiner Freundin Christina Rossetti zu sprechen, deren Gedichte er gerade herausgegeben hatte! Als er von Olive Schreiner sprach, fragte ihn jemand, ob sie interessant sei, und ich erinnere mich noch gut an Symons' Antwort: „Ich stand die ganze Nacht da und hörte ihr zu!"

Schon mit neunzehn Jahren hatte Symons in seiner von Robert Browning selbst gelobten „Einführung in das Studium von Browning" bewiesen, dass er ein Künstler ist, und er ist immer lyrisch. Flynt war in seinem literarischen Werk – und episch bis zum Schluss – nie ein Künstler im gleichen Sinne! Er kannte und verstand die Art der Menschen und hatte die Gabe der Worte; aber wenn er für die Veröffentlichung schrieb, schien seine Vorstellungskraft an die Erde gekettet. Es kann sein, dass er zu sehr „im Inneren" war, um sein Thema in die richtige Perspektive zu rücken. Außerdem muss man bedenken, dass Flynt der schreibende Landstreicher war, nicht der wandernde Literat.

Ausgestattet mit angesehenen Vorfahren, Geburt, Ausbildung, Bildung und dem Einfluss kultivierter Eltern, verabscheute er alle sozialen Anker und Verpflichtungen. Ich erinnere mich, wie er einmal zu mir sagte: „Meine Mutter hat mir meine Bücher aus Berlin geschickt. Ich glaube, sie will mir einen Anker geben, aber ich werde sie für eine Weile in einer Kiste lassen, denn ich bin mir über meine Pläne nicht im Klaren." Er war „immer in Bewegung!"

Flynt war kein großer Leser, aber er hatte ein breites Wissen über Bücher – man weiß kaum, wann er es erworben hatte. Als Kind bücherliebender Eltern hatte er von Anfang an eine wertvolle Ausstattung – einen angeborenen Respekt für Bücher und ihre Autoren. Ich glaube jedoch, dass sein Hauptinteresse in jedem Fall dem Menschen galt und nicht seinem literarischen Schaffen. Trotz des schmutzigen Realismus seiner Schriften, der Art seiner letzten Jahre und der bedauerlichen Umstände seines Todes gab es eine poetische Ader, die sich wie ein einziger goldener Faden durch sein Denken zog. Dies zeigte sich in Gesprächen mit Vertrauten und bei der Diskussion über Reisebücher oder deren Autoren. Besonders Sir Richard Burton und George Borrow beflügelten seine Fantasie . „Lavengro" und sein Autor wurden während eines unserer letzten Gespräche besprochen.

Die „weiße Straße" und das Meer mögen ihm als solche etwas bedeutet haben, aber mir gegenüber sprach er nie von ihnen, außer als von Autobahnen; daher schließe ich, dass sie ihn nur als solche anzogen. Der Mensch, nicht die Natur, zog ihn an, und es war immer der Mensch, der in die Maschen der Zivilisation geriet.

Er litt unter krankhafter Selbstbefangenheit, und dies war einer der Gründe, warum er Menschen aus seiner eigenen Schicht mied. Wenn man ihm eine Rolle in einem Theaterstück gab – er war ein begabter Schauspieler –, ihm die Verkleidung eines Vagabunden oder Whisky zur Stärkung gab, sprang der Geist des Mannes aus seinem Fleischgefängnis wie ein freigelassener Vogel.

Diese Wirkung, die Whisky auf ihn hatte, veranlasste Flynt, ihn als Grund für den „ewigen Durst" mancher anzugeben. Er pflegte zu sagen: „Whisky ermöglicht es mir, auf Männer zuzugehen, ohne dabei Klassenschranken zu beachten. Reichen Sie den Whisky weiter, und es geht von Mann zu Mann – ob Landstreicher, Holzfäller oder König!"

Flynt war ein Sklave des Tabaks, den er in Form von Zigaretten bevorzugte. Man kann ihn nie ohne eine Zigarette sehen, also kein Wunder, dass er in Trampdom „Zigarette" genannt wurde!

Seine Familie war der Meinung, dass der zu frühe Tabakkonsum sein Wachstum hemmte, denn im Sitzen ließ sein breiter und kräftiger Oberkörper auf einen größeren Mann schließen, als er im Stehen war. Er war nicht größer als 1,60 m. Er war von Natur aus dünn und nervös, mit schnellen Körperbewegungen und einem ständig wechselnden Gesichtsausdruck – ein glattrasiertes und eher jungenhaftes Gesicht. Keines seiner Fotos vermittelt einen Eindruck von seinem Aussehen, denn der bleibende Eindruck, den man von ihm erhielt, wurde durch seine magnetische Persönlichkeit und seine individuellen Eigenarten hervorgerufen, zu denen eine Art gehörte, den Kopf nach vorne zu neigen und durch die gerunzelten Augenbrauen nach oben zu blicken. Er schmückte seine Sprache mit russischen, französischen oder deutschen Wörtern, die er willkürlich in einen Satz einfügte, und sprach mit tiefer, rhythmischer Stimme. Er hatte eine beeinflussbare, unberechenbare Natur und schien wirklich einer der Rasse zu werden, die im Moment sein geistiges Gesichtsfeld ausfüllte.

Flynts ethischer Kodex entsprach dem der Unterwelt und war in mancher Hinsicht dem an der Oberfläche des Lebens geltenden überlegen.

Ein prominenter Soziologe sagte kürzlich: „Flynt hatte das Feld für sich allein; es gibt derzeit niemanden, der seinen Platz einnehmen könnte. Nur wenige Menschen, die das Leben in der Unterwelt so kennen und leben wie er, verfügen über seine geistige Ausstattung. Viele können sich die Fakten merken, sind aber nicht in der Lage, sie so zufriedenstellend zu verarbeiten; und um Freund und Begleiter von Landstreichern und Kriminellen und von Menschen wie Tolstoi und Ibsen zu sein, muss man über ein breites Spektrum an menschlicher Erfahrung und geistiger Auffassungsgabe verfügen!"

Dank Flynts Sprachtalent gelang es ihm, sich in unglaublich kurzer Zeit selbst die Umgangssprache des Untergrund-Russlands anzueignen.

Wie er selbst sagt, war es nicht die Neugier eines Wissenschaftlers, Theorien zu überprüfen, sondern *seine Wanderlust*, die ihn zu seinem wohlverdienten Ruhm als Kriminologe und schließlich zu seinem Untergang im jungen Alter von 38 Jahren führte.

„Jenseits des Ostens der Sonnenaufgang,
jenseits des Westens das Meer und zwischen Osten und Westen die
Wanderlust
, die mich nicht loslässt."

Obwohl Flynt die meisten Gelüste hatte, gute wie schlechte, die der Mensch nur haben kann, war er kein schwacher Mensch, sondern ein körperlich egoistischer, der fest entschlossen war, „zu genießen". Durch übermäßigen Konsum von Stimulanzien zu einem frühen Tod verurteilt, willigte er ein, sein „Leben" zu schreiben, schrieb es und schloss sich dann in seinem

Zimmer in Chicago ein, um – furchtlos, unbegleitet, unkontrolliert – ein charakteristisches Ende zu finden!

Dass Josiah Flynt seine lange Reise angetreten hat und dass diese Welt ihn nie mehr sehen wird, ist für seine engen Freunde unmöglich zu begreifen, so sehr sind sie an sein regelmäßiges Verschwinden und seine unfehlbare Rückkehr in ihre Mitte gewöhnt.

Er, der die Nebenwege und die krummen, gewundenen Pfade bevorzugte, hat endlich den breiten, geraden Weg gefunden, auf dem es kein Zurück gibt. Er ist es, der jetzt auf uns warten muss, während wir weitergehen, während uns sein fröhliches „Viel Glück! Sei brav! Vergiss mich nicht!" in den Ohren und Stevensons Worte in den Herzen klingen:

"Er ist nicht tot, dieser Freund, nicht tot,
Aber auf dem Weg, den wir Sterblichen beschreiten, Hat er ein paar unbedeutende Schritte vor sich
und nähert sich dem Ende,
So dass auch du, sobald du die Kurve hinter dir hast, diesem Freund, den du für tot hältst, wieder von Angesicht zu Angesicht gegenüberstehst...

"Mache fröhlich weiter, starkes Herz! Während du Meile für Meile vorwärts reist ,
Bis du ihn einholen kannst, Strengt er seine Augen an, um sein Kielwasser zu erkunden,
Oder, pfeifend, wenn er dich durch die Lücke sieht,
Wartet er auf der Trittstufe."

(R. L. S.)

Flynt sprach oft über seinen Tod, nachdem er von einer Krankheit heimgesucht worden war, aber immer ohne jede Bedeutung für das, was hinter dem Grab lag – nicht aus Tapferkeit, sondern aus der Zustimmung des Philosophen zum Unvermeidlichen, was auch immer es sein mochte. Er hatte großes Vertrauen in die Loyalität von Freunden, die ihn vielleicht überleben würden. „Der und der wird ein gutes Wort für mich einlegen, das weiß ich!", sagte er. Die geographische Distanz störte ihn nie, aber er schrieb nur wenige Briefe. Er schien Befriedigung aus seinem Glauben zu ziehen, dass er und seine engsten Freunde durch Gedankenübertragung kommunizierten: „Die Leitungen sind immer aktiv!" Zweifellos starb er in der Überzeugung, dass dies so weitergehen würde.

Der Mann blieb in seiner zarten, vertrauensvollen und reinen Seele kindlich, obwohl er seinen armen Körper durch den Sumpf des Lebens schleppte.

Sein großzügiges Wesen und seine treue Freundschaft haben Strömungen in
Gang gesetzt, die ewig währen.

EIN SCHLUSSWORT [2]

VON BANNISTER MERWIN

Es ist keine leichte Aufgabe, die Lebensgeschichte von Josiah Flynt zu Ende zu erzählen. Zwar verbrachte er seine letzten Jahre in aller Öffentlichkeit, und die Einzelheiten seiner Aktivitäten waren in jedem Fall mindestens einem seiner Freunde bekannt; doch seine Liebe zum Geheimnis und die Freude, die er daran fand, andere in Rätsel zu verwickeln, führten dazu, dass er vor einem Freund verbarg, was er dem nächsten freimütig erzählte.

Wenn alle seine Freunde zusammenkämen und ihre Erfahrungen austauschten, könnte das Ergebnis ein fortlaufender Bericht über das sein, was er in diesen Jahren getan hat. Aber leider sind einige von ihnen tot. Alfred Hodder, der mehr wusste als die meisten von uns, starb nur wenige Wochen nach Josiah.

„Mein Leben" erhebt jedoch nicht den Anspruch, eine vollständige Biographie im üblichen Sinne zu sein. Vielmehr ist es die unzusammenhängende Aufzeichnung jener Ereignisse, die ihn in ihrer Gesamtheit am ehesten zum Verständnis seiner selbst brachten. Die bloßen Tatsachen des Lebens schienen ihm nicht sehr wichtig zu sein; Gefühle waren alles. Und nur wenige Männer, die sich daran machten, ihre eigenen Geschichten zu schreiben, konnten sich so wahrheitsgetreu zeigen wie er. Das liegt daran, dass er im Grunde ein gefühlvoller Mensch war – sensibel, stolz, voller Empfindsamkeit – obwohl nur seine engen Freunde dies von ihm wussten.

Als er sein „Geständnis", wie er es gerne nannte, fast abgeschlossen hatte, sagte er eines Tages zu mir: „Ich habe ihnen mein Inneres gegeben." Er unternahm tatsächlich die größte Anstrengung, der Welt zu zeigen, wie er sich selbst ehrlich sah – und ich glaube, er sah sich selbst ehrlicher als die meisten Menschen, denn er war frei von Selbstüberschätzung. Er war sich seiner eigenen Grenzen immer bescheiden.

Wenn man dem, was er über sich selbst geschrieben hat, etwas hinzufügen möchte, dann sollten es jene Erfahrungen sein, die er am ehesten hätte erzählen können, wenn er noch gelebt hätte, um mehr zu schreiben. Und erstens hätte er zweifellos etwas über seine Arbeit bei der Untersuchung von „Korruption" in mehreren unserer größeren Städte erzählt. Soweit ich weiß, war er für die Einführung des Wortes „Graft" ins Buchenglisch verantwortlich. Es war ein Wort der Unterwelt, und er hat es ins Oberlicht gehoben. Die Artikel in *McClure's Magazine* , in denen er die Korruption bei der Polizei aufdeckte, waren, wenn ich mich nicht irre, auch die ersten wichtigen Beispiele moderner „Skandalforschung". Sie sind noch immer in gedruckter Form erhältlich, und Josiah hätte in seinem Buch wahrscheinlich wenig darüber gesagt. Aber er hätte sicherlich mit Vergnügen von dem Wunder seiner Flucht vor der New Yorker Polizei berichtet, das er in der Woche erlebte. Als der Artikel über „Korruption" in New York veröffentlicht wurde, verurteilten die „Mächtigen" der Metropole Josiah Flynt lautstark. Sie schworen, dass sie ihm das Leben schwer machen würden, wenn sie ihn schnappten, und die Tagespresse verkündete, dass er verhaftet und gezwungen werden sollte, seine Aussagen zu bekräftigen. Doch Josiah Flynt war verschwunden. Die Polizei fand ihn nicht, und es dauerte eine Weile, bis er zu seinen alten Treffpunkten zurückkehrte.

Es gab Grund zu der Annahme, dass die Polizei nur „bluffte". Es gab auch Grund zu der Annahme, dass Josiah in der Lage wäre, „wiedergutzumachen", wenn er gefasst und von einem Polizeigericht verhört würde. Trotzdem versteckte er sich in einer abgelegenen Unterkunft in Hoboken. Ein entflohener Verbrecher würde seine Spuren nicht sorgfältiger verwischen. Die Wahrheit war, dass die Möglichkeit, etwas zu täuschen, ihn unwiderstehlich anzog. Er übertrieb die Notwendigkeit der Verborgenheit, um das Gefühl, vergeblich gejagt zu werden, in vollen Zügen genießen zu können. Denn wie ich schon sagte, liebte er es immer, Geheimnisse zu stiften. Ich habe gesehen, wie er während eines ziemlich harmlosen Streifzugs durch eine New Yorker Straße bei Nacht aufwendige Vorsichtsmaßnahmen traf, um sich nicht Fremden zu nähern, in der Annahme, es handele sich um „Räuber". Eine solche Vermeidung hypothetischer Gefahren war für ihn ein äußerst faszinierendes Spiel – ein Spiel, für das er bestens geeignet war.

Er fand auch ein melancholisches und sentimentales Vergnügen daran, sich in Zeiten im Hintergrund zu halten, in denen eine solche Untätigkeit seinen glücklicheren Wünschen zuwiderlief. Ich erinnere mich, dass er 1887, als er in der Unterwelt lebte, nach seiner Flucht aus der Besserungsanstalt und vor seinem Wiederauftauchen im Haus seiner Mutter in Berlin, einen kurzen und charakteristischen Auftritt hatte, der Licht auf diesen Charakterzug in ihm werfen könnte. Josiah war mein Cousin. Zu dieser Zeit war das Zuhause meiner Familie in Detroit, Michigan, und eines Tages erschien Josiah im Büro meines Vaters. Er war zerlumpt und ungepflegt und unsicher in seiner Selbstdarstellung. Seiner eigenen Aussage nach war er ein Detektiv, der mit einem wichtigen Fall beschäftigt war, und er bat um genug Geld, um in eine nahe gelegene Stadt zu reisen. Mein Vater versuchte ihn zu überreden, mit ihm nach Hause zu gehen. Der kleine Vagabund lehnte ab, fügte aber hinzu: „Ich habe herausgefunden, wo du wohnst, bin hinaufgegangen und habe mir das Haus angesehen, und ich stand da und habe den Jungen [meinem Bruder und mir] beim Ballspielen auf dem Nachbargrundstück zugesehen." Er war eine Zeit lang am Rand des Grundstücks geblieben und hatte ein seltsames, wehmütiges Vergnügen an seiner eigenen Verlorenheit empfunden.

Andere haben darauf hingewiesen, dass es in Josiahs Leben eine romantische Leidenschaft gab. Jahrelang betete er aus der Ferne ein Mädchen an, das Anmut, Intelligenz und Schönheit besaß, obwohl er sich ihr, soweit seine Freunde wissen, nie hingab. Im Juli 1894 war ich für ein paar Tage bei ihm zu Hause in Berlin. Er erzählte mir damals, dass das Mädchen, das er liebte, auf dem Kontinent war und den Sommer in einem Bergkurort verbrachte. Er sei zu dem Schluss gekommen, sagte er, dass es für ihn an der Zeit sei, zu ihr zu gehen und sich zu offenbaren. Dementsprechend unternahm er eine Pilgerreise von vielen hundert Meilen zu dem Ort, an dem sie sich aufhielt, und träumte – wir können nicht erraten, was sie unterwegs träumte . Es dauerte viele Monate, bis ich ihn wiedersah. Als er begann, in den gleichen alten Ausdrücken der fernen Anbetung von dem Mädchen zu sprechen, fragte ich ihn nach seiner Reise im vergangenen Sommer. „Nun", sagte er, „ich war dort und habe sie gesehen, aber ich habe nicht mit ihr gesprochen." „Hat sie dich gesehen?", fragte ich. „Nein", antwortete er. Wieder war er der Beobachter am Wegesrand gewesen, der in schüchterner Zurückhaltung dastand, während das Mädchen seines Herzens vorbeiging.

Einige Jahre vor seinem Tod ging Josiah, zweifellos in einem ehrlichen und ernsthaften Entschluss, seine Gesundheit und seine Gewohnheiten zu verbessern, nach Woodland Valley in den südlichen Catskills und ließ sich dort auf dem Gelände eines wunderschön gelegenen Sommerhotels eine gemütliche kleine „Hütte" bauen. Während seiner Zeit in den Bergen begleiteten ihn verschiedene Freunde, doch hin und wieder wurde der Ruf der Stadt zu stark, als dass er widerstehen konnte. Während er in der „Hütte" lebte, unternahm er einige der üblichen Ausflüge zu den Gipfeln der nahegelegenen Berge , doch sein Interesse galt in der Regel nur dem „Erreichen des Gipfels". Sobald er das Ziel erreicht hatte, genoss er für einige Augenblicke das angenehme Gefühl, Hindernisse überwunden zu haben, und sagte dann nach einem flüchtigen Blick auf die „Aussicht": „Gut, jetzt lass uns zurückgehen." Sein wahres Leben in Woodland war sein Interesse an den Eingeborenen des Tals. Er lernte sie gut kennen und versuchte, ihren Standpunkt zu verstehen. Selbst nachdem er seine Hütte aufgegeben hatte, hielt er am Tal als seinem Zufluchtsort fest. Er kaufte dort ein kleines Stück Land und sprach bis zu seinem Tod davon, darauf ein gemütliches, aber dauerhaftes Heim zu errichten.

Mr. Charles E. Burr, auf den sich Josiah in seinen Erzählungen so oft bezieht, erzählt die Geschichte einer interessanten Zeit. Ich werde ihn zitieren. „Im Sommer 1904", sagt er, „hatte ich einige Korrespondenz mit Flynt, der damals in Berlin war. Der Ton seiner Briefe ließ mich glauben, dass ihm ein paar Monate im Indianergebiet, wo strenge Prohibitionsgesetze gelten, gut tun würden. Ich bot ihm daher eine Stelle als Wagenschlepper bei der Southwest Division der Saint Louis and San Francisco Railroad mit Sitz in Sapulpa im Indianergebiet an. Das Angebot wurde angenommen und Flynt kam etwa Mitte August über Galveston, Texas, nach Sapulpa.

„Die ihm zugewiesenen Aufgaben hielten ihn die meiste Zeit auf Reisen. Wann immer sich die Gelegenheit bot, sorgte ich dafür, dass er die Bekanntschaft interessanter Persönlichkeiten machte, die im Territorium und in Oklahoma lebten. Unter ihnen waren mehrere stellvertretende US-Marshals, die als ‚Killer‘ bekannt waren, und er erzählte mir später, dass er von diesen Männern einen ziemlich vollständigen Bericht über den ‚Apache Kid‘ und seine zahlreichen Schießereien erhalten hatte. Einmal schickte ich Flynt nach Fort Sill, Oklahoma, um den berühmten Apachen Geronimo zu interviewen, aber der alte Häuptling war schlecht gelaunt und wollte nicht reden.

„Im September wurden in Okmulgee im Indianergebiet Pferde aus einem Auto gestohlen, und Flynt und zwei US-Marshals begleiteten mich bei der Verfolgung der Diebe.

„Die Spur führte uns in die waldreichen Niederungen von Arkansas, lange Zeit die Heimat der Gesetzlosen und ‚Viehdiebe‘ des Territoriums. Am Ende eines 40-Meilen-Ritts fanden wir einige der Tiere, und Flynt, der es nicht gewohnt war, auf einem Pferd zu sitzen, erklärte, er würde lieber auf der Prärie sterben, als noch weiter auf diesem Pferd zu reiten. Er fuhr mit einem Rancher, den ich anheuerte, um die geborgenen Pferde abzuholen, nach Okmulgee zurück.

„Später gewöhnte sich Flynt mehr an einen Sattel und ritt zu vielen interessanten Orten in der Nähe von Sapulpa. Er erzählte mir einmal, dass er mehrere Ausflüge zum Haus eines Mischlingsnegers gemacht hatte, der in der Nähe eines Felsvorsprungs namens ‚Moccasin Tracks‘ lebte, etwa fünf Meilen von Sapulpa entfernt. Dieser Mischling hatte eine schlechte Vergangenheit. Die US-Marshals hatten ihn ‚markiert‘ und planten, ihn bei der ersten Gelegenheit ‚zu kriegen‘, aber Flynt sagte, dass er ein sehr interessanter Mann sei, mit dem man sich unterhalten könne.

„Ich verließ Sapulpa im Oktober und Flynt begleitete mich nach Chicago, wo er bis März blieb. Er war sehr stolz auf die Urkunde, die man ihm ausstellte, als er seine Verbindung mit der Saint Louis und San Francisco abbrach.

„Diese Urkunden werden allgemein als ‚Identitätsbriefe‘ bezeichnet. Flynt bezeichnete seinen immer als seinen ‚Denty‘ und zeigte ihn seinen Freunden mit großer Freude. Er gab ihn mir ein paar Tage vor seinem Tod und bat mich, ihn für ihn aufzubewahren."

Aus diesem „Denty" erhalten wir eine grobe Beschreibung von Josiah Flynt, wie er im Jahr 1904 war. „Alter: 35 Jahre. Gewicht: 125 Pfund. Größe: 1,65 m. Hautfarbe: hell. Haare: hell. Augen: braun." Darin werden auch seine „Gründe für das Ausscheiden aus dem Dienst" genannt: „Ausgeschieden. Dienste und Verhalten vollkommen zufriedenstellend."

Im Herbst 1905 nahmen die Aufstände in Russland solche Ausmaße an, dass ein ernsthafter Unabhängigkeitskrieg nicht unwahrscheinlich war. Josiah erhielt von einer Zeitschrift den Auftrag, nach Russland zu reisen und die Lage zu untersuchen. Sein Gesundheitszustand war keineswegs gut, und sein gemäßigtes Leben in Oklahoma hatte keine dauerhaft gute Wirkung auf seine Gewohnheiten gehabt, aber er machte sich eifrig an seine Arbeit. Er sammelte viel interessantes Material und schrieb die erforderlichen Artikel. Er wurde jedoch sehr krank und lag lange Zeit dem Tode nahe in einem deutschen Krankenhaus. Als er in den ersten warmen Tagen des Jahres 1906 zum letzten Mal nach Amerika zurückkehrte, war er gebrochen, sein Aussehen verändert, ein schwacher Schatten seiner selbst. Er erzählte mir damals, dass, während er in Deutschland dem Tod so nahe war, zwei Gedanken ihn mehr als alles andere wieder auf die Beine brachten: sein Wunsch, seine Mutter zu sehen, und seine Entschlossenheit, mit seinen Artikeln „wieder gut zu werden", die er erst fertigstellte, als seine teilweise Genesung eingesetzt hatte. Ich hatte ihm geholfen, diesen russischen Auftrag zu bekommen, und er schien immer im Sinn zu haben, dass er nicht scheitern dürfe, da ich „für ihn eingestanden" hatte – so drückte er es aus. Aus seinem Bett der Schmerzen schleppte er sich, um „es wieder gut zu machen". Loyalität wie diese war eine seiner stärksten Eigenschaften. Ich erinnere mich, dass einmal, als er in den Catskills lebte, ein entfernter Verwandter eine Bitte um etwas Geld schickte, um ihm aus einer Notlage zu helfen. Josiah kam mit dem ersten Zug, den er bekommen konnte, nach New York und ging zu einer der Sparkassen, bei denen er seine Gelder aufbewahrte. Der Verwandte erhielt das Geld, das er brauchte. Bevor er nach Woodland zurückkehrte, erzählte mir Josiah von dem Auftrag, der ihn nach New York geführt hatte. Er fügte hinzu: „Wir müssen immer zur Familie stehen."

Ende 1906 begann Flynt seine letzte Aufgabe. Er wurde vom *Cosmopolitan Magazine nach Chicago geschickt*, um über Billardspiele zu schreiben. Da er nicht mehr in der Lage war, dieser Arbeit die alte Energie der Recherche zu widmen, halfen ihm Leute, die über die gewünschten Informationen verfügten, zu einer glaubwürdigen Leistung. Er muss gewusst haben, dass er sich dem Ende näherte. In jedem Brief, den er mir in diesen letzten Wochen schrieb, erwähnte er immer wieder, dass er „Mutter" gesehen hatte, oder dass er erwartete, den nächsten Tag mit „Mutter" zu verbringen, oder dass er vorhatte, „einen kurzen Ausflug mit Mutter zu machen“. Je näher sein Tod rückte, desto stärker konzentrierte sich seine ganze Liebe auf sie, obwohl seine Hauptgedanken tatsächlich jahrelang bei ihr gegolten hatten. Sie verbrachte diese letzten Wochen in einem Vorort von Chicago, und er war besonders froh über die Arbeit, die ihn nach Chicago führte, weil sie es ihm ermöglichte, sie oft zu sehen.

Doch als er Mitte Januar 1907 an einer Lungenentzündung erkrankte, erlaubte er seinen Freunden nicht, sie in sein Zimmer im Chicagoer Hotel zu lassen. Sie sollte sein Leiden nicht miterleben. Er starb am 20. Januar um 19 UHR nach zwei Stunden Bewusstlosigkeit.